国家检察官学院检察实务培训讲义

行政检察实务培训讲义

XINGZHENG JIANCHA SHIWU
PEIXUN JIANGYI

主　编◎徐鹤喃　温　辉
副主编◎赵　丹　迟晓燕

法律出版社
LAW PRESS · CHINA

图书在版编目（CIP）数据

行政检察实务培训讲义 / 徐鹤喃，温辉主编. -- 北京：法律出版社，2019
ISBN 978－7－5197－3141－0

Ⅰ. ①行… Ⅱ. ①徐… ②温… Ⅲ. ①行政诉讼－检察－研究－中国 Ⅳ. ①D926.3

中国版本图书馆 CIP 数据核字（2019）第 026742 号

行政检察实务培训讲义
XINGZHENG JIANCHA SHIWU PEIXUN JIANGYI

主　编 徐鹤喃　温　辉
副主编 赵　丹　迟晓燕
责任编辑 赵明霞
装帧设计 汪奇峰

出版 法律出版社
总发行 中国法律图书有限公司
经销 新华书店
印刷 三河市龙大印装有限公司
责任校对 李景美
责任印制 胡晓雅
编辑统筹 法商出版分社
开本 710 毫米×1000 毫米　1/16
印张 15.5
字数 266 千
版本 2019 年 2 月第 1 版
印次 2019 年 2 月第 1 次印刷

法律出版社／北京市丰台区莲花池西里 7 号（100073）
网址／www.lawpress.com.cn
投稿邮箱／info@lawpress.com.cn
举报维权邮箱／jbwq@lawpress.com.cn
销售热线／010－83938336
咨询电话／010－63939796

中国法律图书有限公司／北京市丰台区莲花池西里 7 号（100073）
全国各地中法图分、子公司销售电话：
统一销售客服／400－660－6393
第一法律书店／010－83938334/8335　西安分公司／029－85330678　重庆分公司／023－67453036
上海分公司／021－62071010/1636　深圳分公司／0755－83072995

书号：ISBN 978－7－5197－3141－0　**定价**：58.00 元
（如有缺页或倒装，中国法律图书有限公司负责退换）

《检察实务培训讲义》
编委会

出版说明

为适应新时代对检察教育培训工作的新要求，通过教育培训推动检察队伍建设迈上新台阶，学院在充分发掘近一年优质师资和课程的基础上，决定编写一套贴近检察实务、满足培训需求的高质量系列讲义和教材。本次出版的4本检察实务培训讲义即是该系列的重要组成部分，包括《刑事检察实务培训讲义》《民事检察实务培训讲义》《行政检察实务培训讲义》《公益诉讼检察实务培训讲义》。所收录的专题文章，主要是在学院课堂上备受学员好评的教学成果，还有个别立足办案能极大助力检察人员业务素能提升的特约稿件。现整理结集出版，作为学院教育培训的辅助用书。

本套讲义具有以下突出特点：

第一，理念引领，知识方法并重。方向决定道路，理念事关全局。本套讲义深入贯彻社会主义法治理念教育，强化政治意识、大局意识，把新时代检察工作新理念传导给广大检察人员。不仅强调传授知识、技能，更重要的是传授方法，切实帮助检察人员全面提高业务素质和工作能力。

第二，内容合理，重点难点突出。本套讲义在兼顾体系完整性的前提下，着力突出对办案中重点、难点和疑点问题的研究。同时还关注司法实践和司法改革前沿热点问题，让检察人员了解立法司法的最新情况。力求在内容上直面热点、回应关切、重点突出，不必面面俱到，但要皆为“干货”和“精华”。

第三，面向实战，讲究实用实效。本套讲义的目的重在加强理念引领和提升职业素能，书中的问题均来自实践第一线，解决问题的办法也来自实践第一线，是实实在在理念思维、技能方法的传授。讲义内容主要根据讲课录音整理，尽量保留口语授课通俗易懂、生动活泼的表达特点，力求再现课堂教学的良好效果。

近年来学院以争创“中国一流的干部学院、世界一流的司法官学院”为目标，下大力气推动教学改革，以培训项目化管理为抓手，全面推行集体备课、教学会商、课程体系完善、教学质量评估等一系列创新举措，积极推动检察教育培训创新，现已初显成效。

在庆祝改革开放40周年暨检察机关恢复重建40周年之际，特别是落实“十三五”规划的关键时期，编写系列讲义和教材既是对检察教育培训创新成果的总结和呈现，也是对新时代的献礼。我们真诚期盼这套讲义和教材能够在培育检察专业精神和素养方面切实发挥作用，做到既授人以鱼更授人以渔。随着司法改革和检察改革的不断深入，学院将会编写出版更多更好的系列教学科研成果，提供更加优质的教育培训，全面促进检察工作更大发展。

尽管我们力求编写出上品佳作，但由于水平有限，加之时间仓促，难免存在疏漏与不足，诚请读者批评指正。

编委会

2018年12月26日

目录 contents

行政诉讼检察监督制度的改革与完善*

应松年 等** 中国政法大学

目 次

---

* 本文是中国政法大学应松年教授主持的最高人民检察院理论研究重点课题“行政检察监督与法治政府建设”（GJ2013B01）的阶段性研究成果。

** 应松年，中国政法大学终身教授，中国行政法学研究会名誉会长；胡卫列，国家检察官学院教授；张步洪，最高人民检察院司法体制改革领导小组办公室处长、法学博士；杨伟东，国家行政学院法学部教授、博士生导师；王建新，中国人民公安大学治安学院讲师、法学博士，中国城市公共安全研究中心副主任；杜宏伟，审计署审计科研所博士后、法学博士；崔俊杰，中国政法大学法学院博士研究生；刘洋，湖北省人民检察院行政诉讼监督处助理检察员。

行政诉讼检察监督制度当前正面临着不少亟待解决的问题:首先,立法不完善的问题始终没有解决;其次,在理论界,完善和强化检察监督与弱化甚至废除检察监督的争论从来没有间断过;最后,在司法实践中,检察机关和审判机关对这一原则的理解也存在较大差异。仅就检察机关自身而言,对于这项工作,无论是人力、物力的投入,还是实际开展的情况都差强人意。因此,进一步加强对行政诉讼检察监督工作重要性的认识,深化这一领域的理论研究,对于完善相关立法规定,推动司法实践仍具有积极的意义。

一、改革和完善行政诉讼检察制度的现实意义

(一)强化行政诉讼检察监督是完善专门法律监督体系的需要

我国宪法和人民检察院组织法规定,人民检察院是国家的法律监督机关。一方面,在我国的宪法框架下,检察机关作为独立于行政和审判机关的法律监督机关,是国家权力的重要组成部分。另一方面,我国检察机关作为专门的法律监督机关的性质,也在刑事诉讼法、民事诉讼法、行政诉讼法等重要诉讼法律中有着充分体现。我国检察机关绝不仅仅是国家的刑事公诉机关,更是享有法律赋予的监督职权的机关。虽然由于立法的滞后性,使民事和行政诉讼检察监督的内容没有能够在先行制定的人民检察院组织法中反映出来,但民事诉讼法和行政诉讼法都在总则部分对检察监督原则作了与刑事诉讼法类似的规定。刑事诉讼检察监督的完整规定恰恰说明了我国检察机关的法律监督权是完整的、全面的。这种法律监督权在民事诉讼、行政诉讼的运用中同样应该是完整的、全面的。这也是人民检察院作为专门法律监督机关的应有之义。在此基础上探索不同诉讼体系中检察监督的不同特点,正是完善我国专门法律监督体系的基本要求。

(二)强化行政诉讼检察监督是完善行政诉讼制度的需要

行政诉讼是一种具有司法审查性质的诉讼活动,其诉讼标的是行政行为的合法性。这表明行政诉讼的目的与法律监督的目的具有同质性,都是为了维护国家法律的正确、统一实施。同时,由于行政机关行使的是国家行政权,其职权和职责是统一的,必须由国家法律授予和确定,必须在法律规定的权限范围内、以法律规定的方式和程序行使,不能自由处分,因而更需要进行监督和制约。

强化行政诉讼检察制度有多重作用:一是监督人民法院公正行使审判权,为防止审判权滥用,纠正错误裁判提供可能;二是增强人民法院对行政行为进行司

法监督的整体效力，切实保障行政相对人的合法权益；三是促进行政诉讼制度的良性发展。针对当前“行政官司难、行政官司少”的问题，[①]不少学者已主张发展新的诉讼类型，以增强诉讼的活力[②]。如检察机关能够采用更为积极的方式更多地参与行政诉讼活动，无疑将对打破目前行政诉讼的困境具有积极意义。

（三）强化行政诉讼检察监督是促进依法行政的需要

党的十五大提出了依法治国，建设社会主义法治国家的基本方略。而“依法治国的核心、重心和难点是依法行政”，[③]提高依法行政水平的一个重要环节就是完善行政权力制约和监督体系，特别是完善行政权力的外部制约和监督机制。

在我国，对行政活动的监督并非由某一特定机关独享，也不仅仅是国家机关的职能，而是包括党内监督、人大监督、民主监督、行政监督、司法监督、审计监督、社会监督、舆论监督在内的完整体系。在以上完整监督体系中，检察机关作为法律监督的专门机关，无疑具有至关重要的作用。不过，在检察机关开展监督的具体形式方面，重新恢复1954年《宪法》所规定的“一般监督”，既不科学，也不现实，充分利用和完善行政诉讼这一制度资源，是最经济、最有效的办法。通过由检察机关扮演行政诉讼监督程序的启动力量，使具有“不告不理”特征的审判机关在司法监督中发挥更加积极有效的作用。

（四）强化行政诉讼检察监督是维护公益的需要

我国目前正处于转型时期。由于社会和经济的迅速发展，新科技的广泛适用，生产规模不断扩大，经济活动的涉及面越来越广，社会的一体化进程日益加剧，涉及国家、社会公益的事务和领域越来越多，对行政管理活动也提出了更高的要求。而行政机关在这些活动中，没有很好地履行职责，因违法行政和行政失职损害国家、社会、公共利益的现象大量存在。但由于这些损害中，有的没有直接的受害人，有的是当事人由于各种原因不能很好地行使权利，致使国家、社会公共利益不能得到切实保护。

相反，在特别强调保护私有财产、个人利益的西方国家，却十分重视对公共利益的保护，一般以检察机关作为公益代表人。德国《行政法院》第35条规定：“在联邦行政法院内任命一名检察长，以维护公共利益。”在高级行政法院和行政法院

---

① 郑传坤、刘群英：《行政公诉初探》，载《现代法学》1994年第6期。

② 参见余向阳：《行政诉讼法第十条之理解及适用》，载《人民司法》1996年第9期。

③ 应松年：《依法行政论纲》，载《中国法学》1997年第1期。

内也都有公益代表人，作为行政诉讼参与人，参与诉讼，提出上诉或要求变更。①在英国，总检察长是王权的代表，而王权又代表社会，对于公共机构越权损害公益的案件，总检察长可以随时介入诉讼；同时总检察长可以授权公民以其名义提起诉讼。②《美国法》第 28 卷第 518 条第 2 款规定："联邦总检察长可参与或争议他认为美国利益要求他参与的任何民事或行政案件。"联邦最高法院也通过判例确立了一些原则："无论什么时候被控的行为影响到整个国家利益，涉及宪法要求关心的国家事务；或涉及国家有确保全体公民平等权利的义务等，联邦总检察长都有权提起民事、行政，甚至刑事诉讼。"③另外，国会有权以法律形式指令检察长以外的其他当事人就行政行为申请司法审查，主张公共利益。这就是重要的"私人总检察长"理论。④ 借鉴西方国家的公益代表人制度，建立和健全具有我国特色的公益代表人制度，强化行政诉讼检察监督，使检察机关通过行使对行政诉讼的检察监督权，对行政机关违法行使职权造成国家和社会公共利益损失的行为进行监督，避免权力及监督权力活动的"黑箱"运作，具有透明度、公开性，符合民主与法制的发展潮流，也更有助于社会主义市场经济秩序的建立。

（五）强化行政诉讼检察监督是防止司法腐败的需要

客观地讲，我国审判人员的素质整体上还不够高，相当一部分审判人员的法律知识、业务水平和职业道德水平都有待于提高。行政审判活动中徇私情，屈于权势枉法裁判，甚至收受贿赂违法犯罪的情况时有发生，这一状况不可能在短期内改变。就审判人员而言，仅靠其自律是不够的，还必须加强监督和制约。而检察人员介入行政诉讼活动可以进一步规范行政审判工作，增强办案人员的责任感，从而减少由于疏忽而造成的审判程序上和适用法律上缺陷，也可以减少行政审判人员徇私枉法行为的发生概率，保证行政审判活动中的违法行为能及时得到纠正，进而提高行政诉讼的整体质量。

（六）强化行政诉讼检察监督是推进依宪治国建设的需要

党的十八大、十八届三中全会对全面深化改革作了部署，十八届四中全会对

---

① 《外国国家赔偿行政程序行政诉讼法规汇编》，中国政法大学出版社 1994 年版，第 353 页。

② 参见王名扬：《英国行政法》，中国政法大学出版社 1987 年版，第 192 ~ 193 页。

③ 参见［美］维瑞·兰格：《三大法系检察官在公益方面的作用》，转引自金明焕主编：《比较检察制度概论》，中国检察出版社 1991 年版，第 623 页。

④ 参见［美］施瓦茨：《行政法》，群众出版社 1986 年版，第 422 页；王名扬：《美国行政法》，中国法制出版社 1995 年版，第 623 页。

推进法治中国建设作出新的安排，提高运用法治思维和法治方式治国理政的能力，推进国家治理体系和治理能力的现代化，已经提高到一个新的高度。在法治中国建设中，进一步健全和完善现有的法律和司法手段、途径，充分发挥其在推进国家治理体系和治理能力的现代化过程中的作用，应当是这一轮司法改革的题中之义。由于肩负监督和制约行政权力的司法职能，同时也是一项社会职能、政治职能，是“监督、制约国家权力”的依宪治国精神的集中体现①，故而在已经叠床架屋的权力监督机构和权力监督规则中，行政诉讼以其“本身所蕴含的思想意义、制度意义与技术意义”，更有可能成为“当代中国依宪治国建设的突破口”，一个“逻辑起点”。通过行政诉讼制度，可以把政治性的权力制约问题和权力监督问题，技术性转化为法律问题、诉讼问题。② 为实现这些目标，由检察机关利用行政诉讼的现有制度开展行政诉讼检察监督无疑是一个便利、可行的途径。

二、行政诉讼检察制度应当具备的时代品格

（一）权利救济的理念

在不同国家的检察制度模式中，对权利救济的传统认知是不同的。总体上说，苏联以监督为主线的检察制度模式和大陆法系以权力为主线的检察制度模式，注重的是对权力的监督和制约，虽然客观上也可以起到权利救济的效果，但不以权利救济作为直接出发点的；而英美法系以权利为主线的检察制度模式，则以权利救济为制度的基点。

作为大陆法系国家，我国如能在传统权力监督的理念之上，进一步强化权利救济的理念，必将对行政诉讼检察监督制度的改革和创新产生重大的影响。第一，权利救济的理念要求保障每个受损害的权利都有机会得到救济，也就是要保障救济渠道的健全和畅通。一方面，要在立法上适当降低起诉的门槛，使更多的行为能够进入诉讼的环节，获得司法救济；另一方面，由于审判权“不告不理”的消极被动性，可以通过检察机关的参与，由其主动提起诉讼，从而也使更多的行为能够进入诉讼的环节，获得救济。第二，权利救济的理念要求保障每个受损害的权利都实际地得到救济。这就要求在行政诉讼活动中，不仅要注意纠正违法的行政行为，还要同时注意保障因行政活动而受损害的权利都切实地得到补偿和赔

---

① 参见［美］戈登：《控制国家——西方宪政的历史》，应奇等译，江苏人民出版社2001年版。

② 参见喻中：《权力制约的中国语境》，山东人民出版社2007年版，第177～190页。

偿。仅监督和纠正违法的行政行为,并没有实现行政诉讼的全部目的。

(二)谦抑的理念

传统的检察监督理念基于消除一切违法行为,保障法制统一的崇高理想;而行政诉讼检察中的谦抑理念,则是对这种传统理念的修正。第一,就制度设计而言,行政诉讼检察监督的范围应该是有限的,不应该是对所有的行政诉讼活动的监督,也不可能是对所有的行政行为的监督,要将行政诉讼检察监督的范围限定在确有必要监督的事项和内容之上。第二,就制度的功能定位而言,要抛弃过高的定位和不切实际的幻想。要清醒地认知,检察监督制度只不过是国家、社会监督体系中的一个环节,而不是全部,不要期望通过行政诉讼检察监督活动纠正所有的违法行为。第三,要有自我克制的态度,慎用检察监督干预权。虽然与“不告不理”的审判权相比,检察权具有一定的主动性,但检察权的这种主动性毕竟不同于行政权的主动性。故不宜像传统的监督模式中那样,主动出席其他部门的会议、检查监督、介入其他部门的活动中。即使是对于监督范围内的事项,也要注意把握好主动干预和自我节制的尺度。第四,谦抑所针对的不是法定应当干预的情形,而是指在法律没有明确规定,可干预可不干预情况下的一种态度。要求是该干预的一定要尽到职责,不该干预的就自我克制。如何能够准确地判断哪些情形该干预,哪些情形不该干预,实际上也对检察官提出了更高的素质要求。

(三)维护公益的理念

检察机关是国家的法律监督机关,是代表国家进行法律监督的,必须坚持以维护国家利益和社会公共利益为出发点和落脚点。维护公益的理念,从消极的意义上讲,要求检察机关在审查受理申诉和决定是否抗诉时,要从法律监督职责的性质出发,居于独立公正的立场,不能先入为主,仅从申诉人的角度来考虑问题,更不能沦为当事人的代理人。若被赋予提起行政公诉的权利,也要恪守公益的原则,不宜仅仅为行政相对人的个人权益提起诉讼,而应将诉讼严格地限于公共利益的范围。而从积极的意义上讲,则要求检察机关不断完善行政诉讼检察制度和机制,在法律的框架内努力探索新的监督方式,对于严重损害公共利益的行为,要运用法律手段积极主动地实施干预。

(四)尊重和维护依法独立行使审判权与裁判权威的理念

尊重依法独立行使审判权与尊重裁判权威是由审判行为的性质决定的。人们之所以走进法院，将纠纷提交给法官裁决，是因为相信能够从法庭上获得正义。而这种正义正是源自审判权的依法独立行使。因此，审判行为的性质本身，要求人们尊重依法独立审判、尊重裁判权威。检察机关作为法律监督者，更应该自觉地尊重和维护审判的独立和司法的权威，因为这本身就是法治建设的重要组成部分，是法律监督所要追求的目标之一。如果检察机关和审判机关相互攻讦，①互相鄙视，司法的权威乃至法治的建成将遥遥无期。尊重和维护依法独立审判和裁判权威的理念，对行政诉讼检察而言，可以归纳为几个要求：第一，检察机关要遵循谦抑的原则，在提出抗诉等干预活动中，恪守维护司法公正和维护公益的理念，限制在必要的范围内；第二，在出席法庭审理的程序活动中，严格遵守法庭规范，尊重审判人员；第三，尊重法院对抗诉的生效判决，抗诉只有再审程序的启动权，除此之外不能附加别的认识，不能把抗诉权理解为纠正权，一定要求法院按抗诉意见纠正，检察官就成为“法官之上的法官”，是与法治原理相冲突的；第四，在接待对法院生效裁判的申诉中，对于正确的裁判要主动做好息诉工作，维护裁判的权威性。

三、完善行政诉讼检察的具体制度

在新的时代背景下改革和完善行政诉讼检察制度，涉及许多方面，是一项复杂而细致的技术工作。基于学术研究的立场，本文仅从法理角度对两个最重要的问题提出改革意见。

（一）合理规制对生效裁判的抗诉权

检察机关对人民法院已经发生法律效力的裁判，认为确有错误的，有权提起抗诉。这一制度构造的目的，在于保证判决的正确性。不过，也需同时处理好判决正当性与法的安定性的平衡。作为国家公权力强制性解决纠纷的制度，法的确定性和安定性的体现在裁判的终局性方面，即裁判的存在及内容不能轻易地被动摇或改变。如果法院对一项纠纷的判决可以一再被推翻或改变，或者可以对一项纠纷反复进行裁判，法的确定性和安定性就无法实现。

终局性在大陆法系国家体现为既判力规则，即法院对实质性问题做出的终局性判决对于双方当事人及其他利害关系人是结论性的，据此构成对涉及相同请

---

① 实践中这种情况屡有发生。刘荣军认为，检察监督权是中国宪法规定的重要法律制度，在没有修改的前提下针对宪法规定进行司法变更，可以视为对宪法制度的冲击。参见刘荣军：《民事诉讼中“新职权主义”的动向分析》，载《中国法学》2006 年第 6 期。

求、要求或诉因的后来诉讼的绝对禁止。① 既判力的依据是讼争不应该无止境地拖下去。当事人已享受司法组织审理层次的保障,法官的判断会有错误,新的判决同样会有错误,所以最好的办法是,如果第一次判决是在所有正规保证已经做到的情况下作成的,就视为讼争已经得到一次性的解决。② 但是,也有学者认为,判决所产生的既判力,是以判决具有正当性作为前提的。如果判决不具有正当性,即判决出现事实认定或者法律适用错误,或者出现程序瑕疵,这将导致判决的既判力基础发生动摇。故而各国的诉讼程序中都设置再审程序以对错误裁判进行救济,就是为了确保判决的正当性。

我国目前在价值的选择上偏重于实体正义的实现,在制度的建构上,对诸多主体赋予了提请再审权,对再审的理由和期限缺乏必要的限制,导致大量案件进入到再审程序。这种单方面强调实体正义的价值取向,忽略了对秩序价值的关照,使得再审程序原本作为对司法错误进行事后弥补的非常救济渠道有了常规化的倾向,破坏了法的安定性,也在某种程度上对法的效率价值造成损害。有的学者指出,再审程序对司法终局性和权威性的破坏已严重威胁到整个社会对司法的信心,从根本上动摇着司法的正当性。③ 但是,中国司法目前的状况也要求不宜过分强调对秩序价值的维护,一是因为司法官整体素质没有达到贯彻这种理念的要求;二是冤错案件在各地的法院判决中时常发生,社会公众还没有接受这种理念的心理基础。因此,需要认真分析研究目前司法的实际状况,科学地进行价值的衡平和选择,在价值选择的基础上,指导再审法律制度的设计。

基本的观点是,要通过合理规制检察机关提起再审的权力,进一步限制再审的提起。一是要明确提起抗诉的主体,基层人民检察院对同级法院的裁决的抗诉,只能提请上级检察院向其同级法院提起,也就是将抗诉权限由分、市级以上人民检察院行使,不放大到基层检察院。二是要限制行政抗诉案件的范围。新修订的《行政诉讼法》改变旧《行政诉讼法》对行政抗诉案件范围没有限制的规定,明确最高人民检察院对各级人民法院已经发生法律效力的判决、裁定,上级人民检察院对下级人民法院已经发生法律效力的判决、裁定,发现有该法第 91 条规定情形之一,或者发现调解书损害国家利益、社会公共利益的,应当提出抗诉。地方各级人民检察院对同级人民法院已经发生法律效力的判决、裁定,发现有该法第 91

① 参见《布莱克法律辞典》对既判力的定义。

② 参见沈达明:《比较民事诉讼法初论》(上册),中信出版社 1991 年版,第 156 页。

③ 参见傅郁林:《审级制度建构原理——从民事程序视角的比较分析》,载《中国社会科学》2002 年第 4 期。

条规定情形之一,或者发现调解书损害国家利益、社会公共利益的,可以向同级人民法院提出检察建议,并报上级人民检察院备案;也可以提请上级人民检察院向同级人民法院提出抗诉。这一方面,有利于维护法院的既判力和增强判决裁定的严肃性;另一方面,也能够保证确有错误、有影响的裁判得到纠正。

(二)赋予检察机关提起行政公诉的权力

关于检察机关提起行政诉讼问题的争论由来已久,行政诉讼法起草颁布之初,赞成和反对的两种意见就已尖锐对立。赞成的人认为,为保护公共利益,必须赋予检察机关作为公诉人提起行政诉讼的权力;[①]反对的人认为,由于存在提起诉讼后,检察机关的地位及权利义务不好确定等问题,不应赋予检察机关提起行政公诉的权力。[②] 近年来,学术界对于行政公诉问题有了新的认识,尽快建立行政公益诉讼制度已经成为行政法学界的共识。《中共中央关于全面推进依法治国若干重大问题的决定》亦明确指出:"检察机关在履行职责中发现行政机关违法行使职权或者不行使职权的行为,应该督促其纠正。探索建立检察机关提起公益诉讼制度。"

1. 关于检察机关作为行政公诉提起主体的问题

尽管将检察机关作为行政公诉的提起主体的主张在我国历来存在争议,但直接赋予检察机关提起行政诉讼的职权是可行的。一是由于我国社会主义法制的性质,法律监督和维护公共利益在性质上是完全一致的。即使是抗诉,其目的也是维护司法公正,维护公共利益。二是我国《人民检察院组织法》第4条本身就规定了检察机关保护包括国家、集体利益在内的各种利益的任务。三是检察机关有较强的诉讼能力和专门人员。四是检察机关不从属于行政机关,直接对权力机关负责,可以代表国家、代表人民和公共利益。相应地,在行政公益诉讼中,应当规定检察机关具备支持起诉的资格,以更好地实现行政公益诉讼的目标。

2. 关于检察机关提起行政公诉的范围

行政公益诉讼案件与目前行政诉讼法规定的行政案件具有完全不同的性质。从我国现有的立法体制来看,无论是民事诉讼还是行政诉讼,其制度设计均仅限于传统诉讼法建立于"诉讼利益"理论之上的"被害者诉讼",而公益诉讼中原告起诉并不是因为自己的权利或利益受到某种直接的侵害,而是为了维护客观的法律秩序或普遍的公共利益,因而是一种他益形式的客观诉讼。

---

① 参见杨佳君、房佳时:《浅议检察机关对行政诉讼的法律监督》,载《现代法学》1989年第4期。

② 参见章志远、汪秋慧:《行政公诉质疑》,载《行政法学研究》2002年第2期。

与“被害者诉讼”以权利救济作为根本目的、以司法救济作为最后的救济手段不同，客观诉讼所涉及的案件主要是以监督为目的，对法律秩序和公共利益的维护手段也不限于司法渠道。上级机关的层级监督、权力机关的监督等都是我国的法定监督形式。因此，行政公益诉讼的范围不但“应遵守司法审查的有限性原则，以确保行政的自主性”，[①]而且要结合我国的政治、经济、文化发展水平，综合考虑与其他制度的价值、功能和结构的融洽与和谐，以及司法的承受能力、社会各个层面的接受程度等诸多因素。

具体而言，有关行政公益的纠纷主要集中于行政规划、行政公产管理、公共服务、国有资产保护、行业竞争监管、自然资源保护、公共工程建设、政策性行政垄断、产品质量监管、环境监管、医疗损害监管等领域。不过，并非这些领域的所有公益侵害都适合一步到位地纳入行政公益诉讼。考虑到我国法治建设的特殊阶段，在规定行政公益诉讼的范围时，应采用列举加兜底的方式。其中，应明确列举的事项有：导致自然环境和自然资源遭到破坏的行为；导致违法出让、转让国有资产，或者非法侵占、毁坏公共财产的行为；导致食品、药品等公共卫生、公共安全受到危害，致使社会公众的人身权、财产权遭受到严重威胁的行为；导致行政相对人违法受益的行为；导致或者加剧垄断，干扰社会经济秩序的行为。这些事项主要是行政行为违法损害重大公共利益，又没有适格原告，现实需求也较为迫切的几类案件。

关于行政公益诉讼的范围，还有两个尚需说明的问题。第一，关于对抽象行政行为提起行政公诉的问题。对抽象行政行为提起行政公诉，尚有争议，但多数学者从建立和完善具有中国特色的违宪违法审查机制的角度出发，认为应予规定，具体审查范围则可与行政复议法的规定相统一，即排除行政法规、规章和国务院的规范性文件。可提起诉讼的范围应当是国务院各部门及其所属机构、地方人民政府和其工作部门以及所属机构、其他公共管理机构的规章以外的其他规范性文件违反法律、行政法规的，规章以上的法律文件则按照立法法的规定进行监督。第二，关于兜底条款的问题。行政公益诉讼制度尚处于探索阶段，范围不宜过宽，考虑给行政公益诉讼制度的发展留下空间，兜底条款中可以将其他具体案件范围留给其他法律来规定，即明确对于“其他法律规定可以提起行政公益诉讼的情形”也可以提起公诉。

---

① 马怀德：《行政诉讼原理》，法律出版社2003年版，第7页。

3. 关于检察机关提起行政公诉的程序

由于行政公益诉讼与一般行政诉讼性质不同,相应地,在诉讼程序方面也应当作出与传统的诉讼模式不同的制度安排。

第一,关于管辖。为便于检察机关就地调查案件情况,履行公诉的职责,在地域管辖上应规定行政公益诉讼案件由被告所在地的人民检察院受理,在级别管辖上则与法院的审判管辖协调一致。

第二,关于调查权。为了证明其诉讼主张,检察机关在办理行政公诉案件时应当享有调查取证权。这种调查权在性质上是检察机关享有的法律监督权的具体体现,有关单位和个人不能拒绝。只不过,检察机关在行政公诉中的调查取证权与在刑事诉讼中的调查取证权存在不同。在行政公诉中,检察机关不应采用刑事侦查中讯问、搜查等带有强制性质的侦查措施和手段。

第三,关于检察机关提起公诉的前置程序。检察机关提起行政公诉是抗衡行政违法的最后手段,这种方式耗时较长且成本较为高昂,非确有必要不应发动。如果行政机关在检察机关提起公诉前能及时纠正违法行为,行政公诉的目的即已实现,也就没有进一步提起行政公诉的必要。作为行政公诉必经的前置程序,先由检察机关向相关行政机关提出检察建议。只有在检察建议不足以阻止违法行为的情况下,检察机关才能提起公诉。检察建议本质上是一种程序性的行为,并不要求行政机关必须按照检察机关的意见作为,其实质是提醒行政机关对行政决定重新进行审慎的考量。事实上,检察机关不能代替行政机关变更或撤销它认为违反法律的行政行为,也不能要求行政机关直接作出某种行为。接受检察建议的行政机关应当在规定期限内作出处理,并书面回复人民检察院。不回复或不作出处理的,检察机关审查后可以进一步作出是否提起公益诉讼的决定。

第四,关于审查起诉的期限和救济。鉴于检察机关的公权属性,提起行政公益诉讼不仅是其权力,也是一种职责。为体现对公权的约束和限制,应规定其审查起诉的期限。具体期限的设置既要保证检察机关能够对案件进行全面、深入审查,也要充分考虑提高诉讼效率和节约司法成本,并维持与其他诉讼环节有关办案期限的协调和平衡,以 60 日为宜,重大复杂案件,可以延长 30 日,但要明确延长办案期限的决定主体和程序。由于公民、法人或者其他组织申请检察机关向人民法院提起行政公诉是公民行使民主权利监督行政权力的一种重要方式,因此,检察机关是否决定提起公诉,不仅具有程序意义,还具有实体意义,故仍应规定可向上一级检察机关进行复议的救济程序。

第五,关于诉前临时禁令制度。由于行政诉讼是一个程序烦琐、期间较长的过程,为避免违法行政行为的进一步实施可能给国家和社会公共利益带来无法挽回的重大损失,应当规定诉前临时禁令程序。亦即,经检察机关提出,由法院审查决定迅即暂停该行政行为,以作为一种必要的诉前救济措施和制度安排。

此外,行政公益诉讼还需要其他一系列配套的程序或相关制度。比如,明确行政公益诉讼不收费的制度,改造和完善行政诉讼代表人制度,改革相应的审理程序和裁判形式以及判决结果的承担方式等。

中国行政法发展的创新之路

应松年 * 中国政法大学

目　次

* 应松年，中国政法大学终身教授。

一、创新的基础和规律

中国现代行政法制建设,开始于1978年改革开放以后。中华人民共和国成立后,宣布废除国民党的旧六法、旧法统。随即开始新的法制建设,但行政法制建设进展较迟缓,仅根据需要制定了一些行政组织法和一些社会管理的法,20世纪50年代中期后则基本停滞。改革开放以后,十一届三中全会明确提出:"为了保障人民民主,必须加强社会主义法制,必须使民主制度化、法律化,使这种制度和法律具有稳定性、连续性和极大的权威,做到有法可依,有法必依,执法必严,违法必究。从现代起,应当把立法工作摆到全国人民代表大会及其常务委员会的重要议程上来。检察机关和司法机关要保持应有的独立性;要忠实于法律和制度,忠实于人民利益,忠实于事实真相;要保证人民在自己的法律面前人人平等,不允许任何人有超于法律之上的特权。"这一决定,开启了中国当代法制,包括行政法制的新进程。

就行政法制而言,决定其进展道路的,首先是时代和形势的特点和要求。1978年后,建立现代化生产力和社会主义市场经济,都要求建立与之相适应的现代行政法制,而且必须与经济社会的快速的"跨越式"发展相一致。党和国家掌握了这一客观规律,强力推进,因而有经济社会和法治的同步快速发展。其次,法治建设必须根据国情推进,否则就会水土不服。一方面要适应经济的高速度跨越式发展的要求;另一方面,要回应中国社会的某些特殊性,也就是中国的法治建设必须走中国特色的社会主义创新之路。可以说,我们的现代法制建设,是沿着这一富有中国特色的社会主义法治道路迅速前进的,其中尤以行政法制的建设最为明显。中国行政法制近30年的发展历程已使我国在不长的时期里取得巨大进展,并且正在向着建成法治政府的目标迅速推进。

二、行政救济制度的创新

我国的行政法制建设,首先从行政诉讼制度的建立开始。我们一般都把1989年《行政诉讼法》的颁行作为我国推进依法行政的第一块里程碑。其实,从对行政诉讼的法律规定来看,应始于1982年施行的《民事诉讼法》(试行),其中第3条第2款规定:"法律规定由人民法院审理的行政案件,适用本法规定。"由此为行政诉讼制度的建立开启了一个窗口。从这一规定来看,当时曾将行政诉讼与民事诉讼合于一法,以填补因为尚未制定行政诉讼法而形成的行政诉讼制度的空缺,其后,1986年施行的《民法通则》也将国家赔偿制度纳入民法通则调整的范围。《民法通则》第 121 条规定:“国家机关或者国家机关工作人员在执行职务中,侵犯公民、法人的合法权益造成损害的,应当承担民事责任。”以民事法律先行,由此孕育和推进行政救济法制,是当时中国行政法制的特点。1986 年,《民事诉讼法(试行)》启动修改,于是就有了制定《行政诉讼法》的动议和立法实践。为适应政治体制改革的需要,《行政诉讼法》用了两年多时间,就先于《民事诉讼法》的修改而完成,于 1989 年经全国人民代表大会通过,1990 年施行。

有单独的《行政诉讼法》,并从诉讼制度开始法制建设,这是很多大陆法系国家共有的做法。但是,我国的《行政诉讼法》有自己的特点和优点。我国行政诉讼采用在普通法院内单设行政庭的审理体制,这与大陆法系和英美法系都不同。大陆法系是单设行政法院,法国的行政法院属行政系统,德国的行政法院属普通法院内的专门法院,我国则在普通法院内单设行政庭,不是成体系的行政法院,也与英美法系在普通法院内行政民事审判不分不同,行政庭单设。这样既保证司法的共同性、统一性,又突出行政的特殊性。这在当时世界各国中是独一无二的。近年来英国也开始在普通法院内单设行政庭。

我国《行政诉讼法》最重要的特点和优点之一是关于举证责任的规定,被告对做出的具体行政行为负有举证责任,应当提供做出具体行政行为的证据和所依据的规范性文件。举证责任是诉讼中最重要制度之一,三大诉讼的举证责任由于诉讼的性质不同而不同。民事诉讼是“谁主张,谁举证”,因为当事人双方是平等的。刑事诉讼是原告承担举证责任,因为原告主张被告有罪,就必须提供出被告有罪的证据。行政诉讼由被告行政机关承担举证责任,因为是被告做出行政行为,被告不能举证证明其所做行政行为的合法性,就将败诉。所以,行政诉讼实质上是审被告,由此促进行政机关依法行政。各国在行政诉讼中虽然实际上也这样做,但很少有像我们这样作出明确的规定。

1994 年制定的《国家赔偿法》也是一部富有中国特色的法律,国外的国家赔偿,由于此前大都已制定了冤狱赔偿法,因而所谓国家赔偿法,实际上只是行政赔偿。我国虽然也有冤狱赔偿,但并没有制定为法律,而仅止于政策,因而得到赔偿和没有得到赔偿,赔多赔少,常常同时存在,在赔偿中并不能完全做到公平、公正,因此在制定《国家赔偿法》时,我国就将行政赔偿与司法赔偿熔于一炉。实际上,无论是行政赔偿还是司法赔偿,都是国家承担赔偿责任。赔偿后,再检查引发赔偿的行政或司法工作人员有无故意或重大过失,再行追偿。其法理基础是共同的。因此,合为一法也完全可行。《国家赔偿法》中最重要也是分歧较大的是国家赔偿的归责原则,也就是国家工作人员做了什么样的行为造成公民权利损害,才应该承担赔偿责任。英国采用的是过错原则,美国采用过错与不法原则,都要求能证实做出侵害行为的国家工作人员有主观上的故意或重大过失。要证实国家工作人员主观上有过错,显然这是比较困难的,不利于受害人请求赔偿。为了更好地保护公民的权利,我国的《国家赔偿法》采用了违法归责原则,即国家工作人员的行为违法造成公民权利损害的,国家就应承担赔偿责任。只要客观上违法,就可归责。实际上,在行政赔偿中,基本的规则是:行政行为违法、损害公民权益的,由国家赔偿;行政行为合法造成公民权益损失的,国家给予补偿,使公民权益得到完全的保护。至于司法刑事行为,新修改的《国家赔偿法》已进一步规定为结果责任,对公民权利的保护更加完善有力。

1990 年《行政诉讼法》实施,同年,国务院发布、并于 1994 年修订了《行政复议条例》。1999 年全国人民代表大会制定了《行政复议法》。至此,行政救济立法体系基本完成。

三、行政实体与行政程序的法典化

就行政立法总体设计而言,当然希望能有一部像民法典那样的行政实体法典。在制定《行政诉讼法》之前,也曾做过尝试。但行政实体法包含的内容实在太过广泛,且变动又极频繁迅速,难以集中制定一部实体法典。几次探索,没有成功,因而于 1986 年转而制定《行政诉讼法》。在行政救济法立法体系完成以后,行政立法的重点应在何处?就实体与程序而言,行政法与其他法律体系的不同在于:民法、刑法相对的程序法是民事诉讼法和刑事诉讼法,行政法也有行政法和行政诉讼法。但不仅如此,行政本身还要有行政程序法,因为要规范行政权力的行使,就不仅需要行政实体方面的法律,还必须对权力行使的程序进行规范,因而就必须有行政程序法。实际上,实体法的制定和实施,也同样需要程序法的保障。从 19 世纪末西班牙制定第一部行政程序法开始,发展到今天,世界上已有很多国家制定了行政程序法典,对规范行政权力的行使起到了良好的作用。我国的《行政诉讼法》在规定行政行为的合法性要件时明确行政行为合法要符合三个条件:一是证据确凿,有事实根据;二是适用法律法规正确,有法律依据;三是符合法定程序。其中,第三部分是司法在对行政行为合法性进行审查时与民、刑事审判的不同之处。因此,在当时曾考虑过先制定行政程序法,但从当时的实践经验和理论准备来看,条件还很不成熟,因而转向行政行为的立法。

当时我国正处于由计划经济向市场经济迅速转型、经济社会得到极为迅速发展的时期,同时也在经济和社会领域出现了诸多问题。市场经济必须也只能是法治经济,行政机关的重要任务之一,是要用法治手段来建立和维护经济和社会秩序。既要使公民、法人自觉遵守市场和社会秩序,也需要政府加强管理,并保证自身行为的规范。建立良好的秩序行政是行政法的重要使命。

西方在建立秩序行政的过程中,大多是一部法律一部法律规定的。例如许可制度,美国的加利福尼亚州建立了五百多项许可,但都是通过一个个具体法案建立的,随着时间的推延而逐步完成,没有统一的行政许可法,至今如此。我国经济和社会的发展,基本上是跨越式发展的,行政法治也必须与经济社会的发展同步,由此可知:

第一,我们不能在建立一项带有共同性的规范某一行政行为制度时,而是由各个法自行规定,随着时间推移而逐步完善。例如,行政许可,我们必须先制定《行政许可法》,从总体上对行政许可制度作出全面规范,再依法迅速推行和完善各单行法中有关行政许可的制度。

第二,秩序行政中,行政法的实体制度极为丰富复杂,但是,也有一些行政行为,如行政处罚行为,是众多具体的秩序法中都要规定和运用的,带有共同性。这些共同行政行为可以单独立法,在秩序行政中将成为基本支柱,对经济社会的发展起到巨大作用。实际上,这是一种变通的办法,是将实体行政中几项重要行政行为制定为单项的小法典,以适应我国的特殊国情和需要。这些共同行政行为,当时确定为四类,即行政处罚、行政强制、行政许可和行政收费。前三种,即行政处罚、行政许可、行政强制立法都已完成,又被称为"行政三法"。实践证明,这三部法律是我国数量巨大的行政立法和行政执法中经常使用的基本制度。这种小法典式的立法创举,在我国法治行政的构建中起了规范、统一的巨大作用。回看西方有些国家,由于没有共同行政行为的法典式规定,实践中就显得比较混乱。

第三,能对秩序行政作出全面规范的还有行政程序法,在对行政程序立法作理论和实践准备时,就应该在行政处罚、行政强制、行政许可和行政收费的立法中,既作出实体规定,也作出程序规定。在建立基本的共同行政行为的实体制度的同时,也就为行政程序法的制定准备了比较扎实的理论认识和实践经验,①这样,我国的行政立法就走上了一条适合中国特点的创新之路。

---

① 《李鹏委员长在主持九届人大常委会第二十三次法制讲座时的讲话》,参见全国人大培训中心编:《九届全国人大常委会法制讲座》,中国民主与法制出版社2003年版,第506页。

四、行政“三法”的创新

当时确定第一部共同性行政行为法是《行政处罚法》，这是因为，当时实践中行政处罚的情况极为混乱，任意一级国家机关（连乡政府）都可以规定，你干了什么，罚你多少钱，且没有任何程序规定。按照当时的中国实际情况，就先制定《行政处罚法》，并对四个问题作了明确规定：一是处罚种类；二是处罚设定权；三是作出处罚决定的程序；四是处罚决定的执行。

处罚种类一般分为申诫罚、财产罚、行为罚和自由罚，但考虑到用这样的名称来分类，可能不易为公众所理解和掌握，因此当时采用了日常用语：警告、罚款、没收违法所得、没收非法财物、责令停产停业、暂扣或者吊销许可证、暂扣或者吊销执照、行政拘留等六类。只有法律和行政法规才可设定新的种类。种类的明确和限制，对于消除处罚的混乱也起到了良好的作用。

处罚设定权的规范是《行政处罚法》中最重要的内容之一。《行政处罚法》在处罚设定权上贯彻法律保留原则和法律优先原则，这是行政法中最重要的基本原则，在我国法律中还是第一次被确立，因而成为此后共同行政行为立法的必有内容，也为制定《立法法》奠定了基础。

从行政“三法”的设定权来看，《行政处罚法》的授权最为广泛。许可法规定部委规章不得设定许可，地方规章只能设定临时许可。强制法规定行政强制执行只能由法律设定。这是因“三法”不同的性质和特点而决定的。

《行政处罚法》中程序规范占了一半以上的篇幅，这也为以后制定行政不利处分时的程序提供了规范先例。《行政处罚法》规定，在作出处罚决定时，按情况设立了简易程序和一般程序，并明确了采用简易程序和一般程序的条件。在一般程序中，第一次设定了正当程序，并在听取意见中确立了听证程序。处罚决定作出后还必须有复审程序。正当程序的规定，其影响是深远的。在执行程序中，确立了裁执分离制度和收支两条线制度，加强了对行政执行的监督。

《行政处罚法》中所规定的这些程序制度，都是在作出行政不利处分时必须遵循的一些基本程序。实践证明，这些程序规定都行之有效，对规范行政行为起了很好的作用，也为今后制定行政程序法典提供了范例。

《行政处罚法》中还有一个属于中国特有的重要特点，这就是第 16 条关于相对集中行政处罚权的规定。由于我国实践中存在职权分散现象，因而一个违法行为常引起数个行政机关的多头执法、执法扰民等情况，《行政处罚法》特别作出规定：经批准，一个行政机关可以行使有关行政机关的行政处罚权。经过几年的实践,已形成为综合行政执法制度,使城市执法有了很大的改善和发展。

《行政处罚法》成功实施后,使立法机关深感有必要将我国的立法体制和制度作出明确统一的规定,于是就在2000年制定了《立法法》,全面规范了我国立法的体制、原则、基本制度以及违宪、违法的审查制度等,使立法进一步走上了科学化、民主化和法治化的道路,这也极富中国特色。

《行政许可法》(2003年)是继《行政处罚法》后第二部规范行政行为的法律。与行政处罚不同的是,《行政许可法》是属于规范授益行政行为的法。

从18世纪中后期开始,西方国家开始运用许可制度来控制社会和市场,经历了二百多年,各领域的许可制度产生了相应的作用,许可种类达数百种。经过长期的历史检验,许可制度已较稳定,无须制定一部统一的许可法。

但我国情况不同,我国在计划经济时期,政府无所不管,审批、许可极多,进入市场经济后,新的许可也有所发展,因此许可制度混乱、泛滥,急需一部统一的许可法进行规制,以期在短期内理顺我国行政许可的体制、制度,使我国经济社会走上法治的轨道。因此,于2003年制定了《行政许可法》,这是世界上独一无二的规范行政许可制度的共同行政行为法。

《行政许可法》也分别规定了许可的种类、设定权、程序等,其中有两点特别引人注意:

一是关于许可设定权。中央层面,明确了部委规章不得设定许可,以防止出现既当运动员,又当裁判员的情形。但此前,法律和行政法规设定的许可很少,绝大部分都是部委规章设定,多达几千件,这样,就要把规章设定的许可全面进行清理,对那些仍需保留的,用国务院重新发布的办法予以保留,其他都予以废除。几年来,经过几轮废除,已大为减少。但问题还不少,成为简政放权中的一个重大问题。

二是许可的程序。各地建立了行政大厅,把可以集中的许可事项全部集中在行政大厅,使办理许可的手续、程序大为简化,大大方便了许可的申请者。但某些许可的程序烦琐,尚待改变。应当说,许可制度的改革还在继续进行。

另一个共同行政行为的法律是《行政强制法》,也已于2011年完成。

我国的《行政强制法》把行政强制分为行政强制执行和行政强制措施。就行政强制执行而言,我国的体制在世界上也是独一无二的。

英美法系的行政强制执行权属于司法,只有法院才能作出行政强制执行的裁判。美国在法院作出裁判后,裁执分离,交由司法部的执行署具体执行落实。大陆法系在第二次世界大战前后有很大不同。第二次世界大战前,对不履行行政义务的，由该行政机关自己执行。第二次世界大战后，则认为这种制度使行政机关的权力过大。日本废除了强制执行法，改为代执行法，除税法有特殊规定外，不再由行政机关直接强制。德国虽仍然由作出决定的行政机关自行执行，但实行起诉停止执行原则，公民对行政决定不服，一旦提起诉讼，就停止执行，等待法院作出判决，因而使行政决定的执行变得极为困难，以此来抑制行政权力。

我国应该建立什么样的行政强制执行体制？当时全国人民代表大会的领导认为，英美体制要通过诉讼决定，效率大低，大陆法系在第二次世界大战前是行政机关自己作出行政决定，自己强制执行，缺乏监督，权力过大。我国应采取行政机关依法作出行政决定，公民不履行义务的，由行政机关申请人民法院强制执行，强制执行的决定权属于人民法院。法律规定由行政机关自行强制执行的，按规定办。这就是以申请人民法院强制执行为原则、行政机关自行强制执行为例外，公正与效率并重。

但是，对申请法院强制执行，法院裁判应该强制执行的，是由法院自己强制执行，还是交由行政机关去组织执行，即是否实行裁执分离制度，尚未完全统一建立。目前仅在国有土地上房屋的强制拆迁方面，最高人民法院出台了专门的司法解释，作出了行政机关申请、法院裁决、交行政机关执行的规定。

《行政诉讼法》制定以后，就开始了对行政程序法的研究，当时，国内在行政程序立法方面，基础十分薄弱，法律法规对行政程序的规定十分稀少，对国外行政程序立法和实践的情况，也缺乏研究。但从《行政诉讼法》实施以后，特别是通过《行政处罚法》和《行政许可法》的制定，对行政程序的认识有了很大提高，众多法律中有关程序的规定也大大增加，与此同时，对国外行政程序理论和实践的研究也迅速展开，国外重要的行政程序法典都已翻译过来，同时举行过多次行政程序法的研讨会，在此基础上，当时全国人大的行政立法研究组开始起草《行政程序法》的试拟稿，共 14 次易稿，但仍感学术气太浓，接地气不足，因而决定先从地方开始，使之与中国实践紧密接合，从而开启了地方的行政程序的立法实践。2008 年，《湖南省行政程序规定》实施，迄今已有十余个省、市制定了行政程序规定。应该说，制定全国统一的《行政程序法》的条件正在成熟。

从世界范围来看，制定《行政程序法》有一定难度，因为行政程序是规范行政权力的行使的。日本制定行政程序法就经过了 30 余年。

综上所述，可以看出，中国的行政立法，走的是一条富有中国特色的创新之路。

五、立法引领和推动了法治政府建设

立法与执法实践推动了国家的法治建设。1990 年《行政诉讼法》实施以后，1993 年，《中共中央关于建立社会主义市场经济体制若干问题的决定》明确指出："各级政府都要依法行政，依法办事"。同年，国务院在向全国人大作政府工作报告时，提出了"依法行政"的要求。1997 年，党的十五大提出要"依法治国"，这充分说明在经济社会迅速发展中，党和政府对于掌握社会发展规律、进行法治建设的高度自觉，这也是世界法治史上极少见到的。

为了迅速推进依法行政，国务院作出了一系列努力。1999 年，国务院召开全国全面推进依法行政大会，并发布了国务院关于全面推进依法行政的决定。2004 年，国务院发布《全面推进依法行政实施纲要》，提出并明确了建设法治政府的基本原则和要求。2007 年，国务院制定了《政府信息公开条例》。信息公开使政府成为阳光下的政府，这是依法行政中最重要的举措之一，可以称为我国在走向法治政府进程中的第二块里程碑。2008 年，国务院又发布了《关于加强市县政府依法行政的决定》，要求地方政府特别是市县政府要加强依法行政，使法治政府建设在地方取得扎实的基础。

2012 年，党的十八大明确提出要在 2020 年建成小康社会的宏伟目标，在此期内，必须全面推进依法治国，总目标是建设中国特色的社会主义法治体系，建设社会主义法治国家。

2014 年，十八届四中全会作出了《关于全面推进依法治国若干重大问题的规定》。

2015 年，中共中央、国务院又发布了《法治政府建设实施纲要》，对法治国家、法治政府的建设提出了明确的时间表和具体的方向和要求。此后，我国的法治建设就进入了"快车道"。

全面推进依法治国是一个系统工程。必须坚持依法治国、依法执政、依法行政共同推进。坚持法治国家、法治政府、法治社会一体建设。实现科学立法、严格执法、全民守法，促进国家治理体系和治理能力的现代化。而依法行政，建设法治政府又是建设法治国家的重点所在。要把经济社会的发展与法治建设紧密结合，法治建设也必须全面推进，符合历史发展的客观规律。全国人民正在党的领导下向着这一伟大目标奋进，这在世界法治发展史上将是史无前例的。

新时代中国行政法和行政法学的转型与使命*

姜明安** 北京大学法学院

目 次

---

* 本文是作者参加2018年中国行政法学研究会年会提交的论文。本文参考和引用了作者2015年9月7日在《人民日报》(学术版)上所发表的《行政法学范式转换》和2018年1月22日在《人民日报》(学术版)上所发表的《在国家治理现代化中翻开行政法学新篇章》这两篇文章中有关观点,但根据中共十九大报告的有关精神做了若干修改和深化。

** 姜明安,北京大学法学院教授。

在全面推进我国国家治理创新，实现我国国家治理体系和治理能力现代化的进程中，中国行政法和行政法学面临诸多新的挑战，其体系、内容和研究范式发生了重大变化，中国行政法和行政法学必须履行新时代赋予的诸多新的历史使命。

一、中国行政法和行政法学在新时代面临的新挑战

在新时代，中国行政法和行政法学面临的新挑战是多方面的，其中最重要的有下述三个方面：

其一，在新时代，传统行政管理向公共治理转化，对传统的行政主体理论、行政行为理论形成了挑战。

在传统行政管理（Administration or Regulation）的语境下，行政主体通常仅指行政机关，而不包括法律法规授权的组织或其他社会公权力主体。事实上，法律法规授权的组织或其他社会公权力主体在过去的时代行使公共职能的情况也较少。我国第一代行政法学教科书《行政法概要》这样表述行政管理的主体，“国家行政机关是统治阶级运用国家权力对国家行政事务进行组织和管理的机关，亦称国家管理机关，或简称政府”。“领导、组织和管理国家行政事务是国家行政机关特定的任务”。① 我国第二代行政法学教科书《行政法学》亦这样表述作为行政法律关系主体一方的行政机关，“行政法律关系主体，亦称行政法主体，由行政机关和相对的一方构成”“行政机关是国家机关的一种，它是由国家依法设立并代表国家依法行使国家行政权，掌管行政事务的机关。”②这种情形，我国如此，西方传统行政法学教科书亦认为行政主体一般只是行政机关，行政行为只能由国家行政机关作出。如《德国行政法》指出，“行政机关是作为与司法机关相对应的，在行政中作出政府行为，即行政行为的机构”“行政机关还可在一定情况下授权另一行政机关行使其权力，但不能授权给一个不是行政机关的机构”。③

但在现代公共治理（Public governance）的语境下，行政主体除行政机关外，大量社会组织、团体（如行业协会、基层自治组织、公益事业组织、生态环境保护组织、社区组织等）通过法律法规授权或行政机关委托，或者根据社会自治组织章程，亦可作为行政主体，行使一定的公共职能，如律师协会对律师和律师事务所的管理，注册会计师协会对注册会计师和注册会计师事务所的管理等。我国第三代行政法学教科书《行政法与行政诉讼法》这样阐述行政机关与行政主体的关系：

---

① 王珉灿主编：《行政法概要》，法律出版社 1983 年版，第 61、63 页。

② 罗豪才主编：《行政法学》，中国政法大学出版社 1989 年版，第 46、48 页。

③ ［德］奥托·迈耶：《德国行政法》，刘飞译，商务印书馆 2002 年版，第 98、99 页。

“行政机关是行政主体的一种”，而非全部。“在传统的国家—臣民或国家—公民的二元社会里，公权力通常由国家垄断，行政权一般只能由国家行政机关行使，从而使行政主体只有国家行政机关一家。但在现代社会，在国家和公民之间，生长出大量的非政府组织（NGO）、非营利组织（NPO），社会形成多元化结构，国家公权力越来越多地向社会转移。”国家行政机关虽然仍然是公权力的主要行使者，但它不再是公共职能的唯一行使主体。① 行政主体这种变迁在我国发生较晚，社会组织的生长和参与公共管理主要在改革开放以后才成为趋势，西方国家公权力向社会转移的情况则多发生在20 世纪中叶以后。如《法国行政法》将那时的公法主体——公法法人分成两类：一类与领土行政区划相适应的传统的行政机关，即与生活在同一行政区域的各种人群相适应，诸如国家、大区、省和市镇政府；另一类为公用事业机构即公立公益机构，如负责经营管理社会性（如医院）或知识性（如大学、学院）的公用事业机构、经营管理工商性公用事业机构、管理某些行业组织和行业代表处的机构（如商会、农业公会）等。公法法人还包括各种非营利法人，如职业工会、各种协会、各种基金会。②

在传统行政管理（Administration or Regulation）的语境下，行政行为的主要形式是行政规制，如行政审批、行政许可、行政处罚、行政强制等，其基本特征是单方性和强制性。我国第一代行政法学教科书《行政法概要》这样表述行政行为的特征，“不论这种关系的对方意志如何，只要国家行政机关依法下达了指示或命令，这种法律关系就形成了，关系的对方就必须履行作为或不作为的义务”“国家行政机关的行政行为，有国家强制力作保证。义务人违反行政法义务的时候，国家行政机关可以依法强制执行或追究行政责任”。③ 我国第二代行政法学教科书《行政法学》亦这样表述因行政行为形成的行政法律关系的特征，“行政机关是以国家的名义参与法律关系并以国家强制力保证其职权的行使。当相对人不履行义务时，行政机关可以采取强制措施……行政法律关系中的意思表示也是不对等的，国家行政机关单方面进行意思表示即可引起行政法律关系，而无须征求相对一方的同意……行政机关可以不经对方同意径自变更行政法律关系，限制权利、增加义务或特许权利、豁免义务”。④

① 姜明安主编：《行政法与行政诉讼法》，北京大学出版社、高等教育出版社 2015 年版，第 84、111 页。

② ［法］让·里韦罗、让·瓦利纳：《法国行政法》，鲁仁译，商务印书馆 2008 年版，第 60 ~ 63 页。

③ 王珉灿主编：《行政法概要》，法律出版社 1983 年版，第 5 ~ 6 页。

④ 参见罗豪才主编：《行政法学》，中国政法大学出版社 1989 年版，第 15 ~ 16 页。

但在现代公共治理(Public governance)的语境下,行政行为的形式除了行政规制外,公共服务(如为居民提供社保、低保、公交、义务教育、公共医疗、廉租房等)具有了越来越重要的地位,行政行为通常被认为不但具有单方性和强制性的特征,而且越来越多地具有了协商性和互动性的特征。我国第三代行政法学教科书《行政法与行政诉讼法》从多个方面描述了行政行为特征的这种转变:如从单方性到广泛公众参与性的转变;从单纯行政命令到越来越多运用行政契约的转变;从过多依赖行政强制到越来越多运用行政指导的转变;从主要依赖政府监管到越来越多地通过公私合作、公私互动以达成行政目标的转变等。①

行政管理到公共治理的上述发展转变即形成了对传统行政主体理论、行政行为理论的重要挑战。

其二,在新时代,党和国家机构改革,行政机构与党的机构合并或者合署办公,对传统的民主、宪制和法治理论形成了挑战。

传统民主法治理论是与议会代表人民行使主权和有限政府和责任政府等理论密切联系的。这些理论认为,国家一切权力属于人民;人民选举代表机关代表人民行使国家权力;代表机关制定反映和体现人民利益和意志的法律;政府由人民代表机关产生,向代表机关负责,接受代表机关的监督;政府实施行政管理必须严格依据和执行人民代表机关制定的法律,其行为应接受司法审查和司法监督。西方学者将这种传统民主法治模式称为“传送带模式”(Transmission belt)。②

在现代,上述传统民主法治模式首先受到了当今公民直接参与民主和协商民主的理论和实践的挑战。参与民主虽然并非取代代表民主,协商民主也并非取代票决民主,但它们在现代国家治理过程中实际上具有越来越重要的地位和发挥越来越重要的作用。正是参与民主和协商民主促使行政法治由单纯的有法可依、有法必依、执法必严、违法必究的形式法治向良法善治的实质法治转变。③

在我国,上述传统的民主法治模式更受到新时代党和国家机构改革、行政机构与党的机构合并或者合署办公趋势的挑战。中共十九大报告明确指出,在党政机构改革中,要“赋予省级以下政府更多自主权。在省市县对职能相近的党政机关探索合并或合署办公”。④ 过去隶属于政府的新闻、出版、电影、电视、广播、民

---

① 姜明安主编:《行政法与行政诉讼法》,北京大学出版社、高等教育出版社2015年版,第30~32页。

② [美]理查德·B.斯图尔特:《美国行政法的重构》,沈岿译,商务印书馆2002年版,第10页。

③ 参见姜明安:《新时代中国特色法治论》,法律出版社2018年版,第16页。

④ 参见习近平:《决胜全面建成小康社会,夺取新时代中国特色社会主义伟大胜利——在中国共产党第十九次全国代表大会上的报告》,人民出版社2017年版,第39页。

族、宗教、公务员管理等行政机构在新时代均逐步隶属于党的部门。而党的部门不由人民代表机关产生,向人民代表机关负责和接受人民代表机关监督,党的部门也不能成为行政诉讼的被告,其行为不接受人民法院的司法审查。对于新时代的这种新的治理模式,我们不仅要从治理体系和治理能力现代化的角度考察和阐释,还必须从现代民主法治理论的角度考察和阐释,用新时代中国特色社会主义法治理论说明和解释这种全新的治理模式。这对新时代行政法学无疑是一种新挑战。

其三,现代高科技迅猛发展,互联网、大数据、人工智能、信息技术等对传统的行政管理方式及其理论形成了挑战。

传统行政法学研究行政管理方式,主要是对行政程序的研究,认为行政主体对行政相对人的管理,必须遵循正当法律程序:作出和送达书面决定,并说明理由,听取申辩等。传统行政法学较少研究行政管理的技术手段。但是在当今的信息化时代,大数据、人工智能、互联网信息技术大量地运用于政府治理,电子政务成为政府治理的重要内容。"互联网+"、人工智能、大数据运用于政府治理。这些在行政法学研究中不再仅仅视为行政管理技术问题,而被视为行政法治模式的转型。例如,"让数据多跑路,让群众少跑腿"反映的是行政法治"为民""便民"的理念和宗旨,而不只是管理技术和行政效率的问题。在中国当下,国家治理创新、政府治理创新大量是通过电子信息技术实现的。这些给新时代中国行政法学带来了重要挑战。新时代中国行政法学必须将之纳入研究范畴,以不断增强行政法学的活力和生命力。

二、适应国家治理创新的实践,中国行政法和行政法学的体系和内容逐步转型

传统行政法和行政法学的体系和内容奠基于旧的行政管理法制模式。旧的行政管理法制模式的特点主要有四:一是其管制性。法制的目的主要不是为行政相对人提供服务,而是对行政相对人实施管理,管制重于指导。二是其强制性。法律赋予行政管理的手段主要不是规范、说服、指导,而是命令、强制、制裁,强制重于指导。三是其单方性。法制调整行政主体与行政相对人关系的方式主要不是协商、参与、互动,而是赋予行政主体单方执法权力、行政相对人只有服从的义务而无陈述、申辩和抵制的权利,权力优于权利。四是其保密性。法制对政府运作的信息要求主要不是公开、透明,而是保密,政府信息保密优于相对人对政府信

息的知情权。①

随着法治政府建设目标的提出，特别是在党的十八大和十九大明确制定法治政府建设的路线图和时间表以后，旧的行政管理法制模式开始发生根本性变化，国家治理创新的步伐日新月异。行政管理的目的、功能开始由管制为主向公共服务为主转化；行政管理的手段开始由行政强制为主向行政指导为主转化；行政管理的方式开始由单方命令式为主向参与协商式转化；政府信息由以保密为常态，以公开为例外向以公开为常态，以保密为例外转化。

随着旧的行政管理法制模式向新的国家治理法治模式转化，以行政法制、行政法治为基本研究对象的行政法学体系和内容不能不发生深刻的变化。新的中国行政法学学术体系、话语体系和教材体系必须适应行政法制、行政法治模式的转型，反映我国国家治理不断探索、不断创新的实践。尽管目前我国行政法制、行政法治模式的转型尚未完成，国家治理创新仍处在方兴未艾的发展过程中，但其目标、方向已经确定，其模式框架已经确立。新的中国特色行政法和行政法学体系和内容正是对这一初步形成的中国行政法治模式的反映。

毫无疑问，新的中国特色行政法学将重点研究我国国家治理创新实践中的新问题，对中国行政法治实践的新鲜经验作出行政法学的理论概括。我国国家治理创新实践中的新问题和新鲜经验是大量的，多方面的。例如，十八届三中全会提出的“简政放权、深化行政审批制度改革”“完善决策权、执行权、监督权既相互制约又相互协调的行政运行机制”“处理好政府和市场的关系，使市场在资源配置中起决定性作用和更好发挥政府作用”“推动公办事业单位与主管部门理顺关系和去行政化”等；十八届四中全会提出的建立健全“公众参与、专家论证、风险评估、合法性审查、集体讨论决定”，“确保决策制度科学、程序正当、过程公开、责任明确”的重大行政决策程序、“完善行政组织和行政程序法律制度、推进机构、职能、权限、程序、责任法定化”“坚持法定职责必须为，法无授权不可为”“深化行政执法体制改革”“推进综合执法”“建立健全行政裁量权基准制度”等；②十九大提出的“转变政府职能，深化简政放权，创新监管方式”“增强政府公信力和执行力，建设人民满意的服务型政府”“科学配置党政部门及内设机构权力……在省市县

① 关于行政管理法制模式的转型，可参见姜明安：《全球化时代的新行政法》，载《法学杂志》2009年第10期。

② 参见中共十八届四中全会《关于全面推进依法治国若干重大问题的决定》第三节“深入推进依法行政，加快建设法治政府”。

对职能相近的党政机关探索合并设立或合署办公”等。①

当然,新的中国特色行政法学也要在国家治理创新中批判性地继承传统行政法学,借鉴国外行政法学。创新,无论是国家治理和政府治理创新,还是以国家治理政府治理作为重要研究对象的行政法学学科的创新,都不意味着与传统割裂,而是在批判性地继承传统的基础上的创新。我们今天的行政法学,虽然与传统行政法学在体系和内容上均有着重大的质的区别,但是仍然继承了传统行政法学的许多基本概念、范畴和原理,如行政主体、行政行为、行政法律关系、行政救济等,只是我们在承继这些基本概念、范畴和原理时对之赋予了一定的新的内涵而不是全盘接受。另外,我们今天的中国特色行政法学也借鉴了国外,包括西方国家行政法学的若干理念、知识、原理和原则。中国行政法学的“中国特色”并不意味着要摒弃国外行政法学的一切理念、知识、原理、原则,而只是要摒弃国外,特别是西方国家行政法学中与我国法治政府建设不相适应的理念、知识、原理、原则。② 对于国外,包括西方国家行政法学中有助于推进我国法治政府建设的理念、知识、原理、原则,③我们是持开放态度予以吸收、借鉴的。尽管在吸收、借鉴时也根据我国国情有所扬弃而非照单全收。

三、总结国家治理创新经验,中国行政法和行政法学基础理论、基本原则、基础知识不断创新和发展

党的十八大和十九大以后,我国国家治理创新全面展开。行政法学是研究作为国家治理最主要领域——政府治理法治化的学科。因此,总结国家治理创新的经验,特别是政府治理法治化的经验,是今天中国行政法学的重要历史使命。中国行政法学也正是在总结国家治理创新经验的过程中,使其基础理论、基本原则和基础知识获得了创新和重要发展。这些创新和发展在行政立法、行政执法、行政法制监督和行政争议解决四个领域表现得尤为突出:

其一,在行政立法领域。行政法学总结党的十八大以后、十九大以来公众参与立法(听证会、论证会、座谈会和网上征求意见等)的经验和地方行政立法权扩大(由原 49 个主体扩大到 287 个主体,由原“较大的市”扩大到“设区的市”)的经

---

① 参见习近平在中国共产党第十九次全国代表大会上的报告:《决胜全面建成小康社会,夺取新时代中国特色社会主义伟大胜利》第六节“健全人民当家作主制度体系,发展社会主义民主政治”。

② 这些理念、知识、原理、原则主要指三权分立、文官中立、私权至上和不适当地放松规制,实行完全放任的自由经济等。

③ 这些理念、知识、原理、原则主要指正当法律程序、公众参与、政府信息公开、隐私权保护等。

验,[①]提出了中国特色行政立法权与行政立法程序理论。

其二,在行政执法领域。行政法学总结和探讨新时代行政执法体制改革(根据事权和职能,减少层次,重心下移,合理配置执法力量)、完善行政执法程序(明确操作流程,规范裁量基准,建立执法全过程记录制度和重大行政执法决定法制审核制度等)、创新行政执法方式(推广行政指导、说服教育、劝导示范,建立统一执法信息平台和网上执法办案及信息查询系统,推行执法公示制度等)的经验,[②]提出了严格执法、规范执法、公正执法和文明执法的理论。

其三,在行政法制监督领域。行政法学总结和探讨新时代坚持用制度管权管事管人(严格规范作出各类行政行为的主体、权限、方式、步骤、时限,公示权力清单、责任清单等)、健全人大监督、司法监督、审计监督、社会监督、舆论监督、强化内部流程控制(如在权力集中的部门和岗位实行分事行权、分岗设权、分级授权、定期轮岗等)、完善纠错问责机制(包括追究主体责任、监督责任和领导责任等)的经验,[③]提出了中国特色的行政权运行监督制约理论。

其四,在行政争议解决领域。行政法学总结和探讨新时代建立健全依法解决各种行政纠纷机制(包括社会矛盾预警机制、利益表达机制、协商沟通机制、救济救助机制等)、改革行政复议体制,增强行政复议专业性、透明度和公信力,完善人民调解和行政调解、行政裁决、行政仲裁制度,把信访纳入法治化轨道,实行诉访分离、网上信访的经验,[④]提出了构建公正、高效、便捷、成本低廉、多元化解纷机制的理论。

四、直面国家治理创新对法治理论的迫切需求——中国行政法和行政法学面临的新使命

党的十八大以后、十九大以来,中国行政法和行政法学主动适应国家治理创新的需要,总结国家治理创新经验,不断创新自己的学术理论和知识体系,并以其创新理论指导国家治理新的创新。在这一进程中,广大行政法学工作者勇于担当,敢于探索,为国家治理现代化、法治化做出了重要贡献。但是,时代发展日新

---

① 参见2015年十二届全国人大第三次会议通过的《立法法》及《关于立法法修正案的说明》。

② 参见中共中央、国务院2015年12月27日印发的《法治政府建设实施纲要(2015~2020年)》(以下简称《纲要》)及国务院法制办负责人就《纲要》热点问题答记者问。

③ 参见中共十八届四中全会《关于全面推进依法治国若干重大问题的决定》第三节第五项"强化对行政权力的制约和监督"。

④ 参见中共十八届三中全会《关于全面深化改革若干重大问题的决定》第十三节第四十九项"创新有效预防和化解社会矛盾体制"。

月异,国家治理创新的速度和频率史无前例,我们的行政法学者也有的没有能跟上时代的步伐,他们在思想和理念上还停留在传统行政法学的学术框架中,没有把学术注意力和研究重心转移到我们党和国家今天所做的事情——国家治理现代化和法治化上来。这是必须引起我们特别重视的。我们的学术研究如果不能与时俱进,我们的学科将丧失发展的机会和失去生命力。

国家治理创新没有完成时而只有进行时,以国家治理、政府治理为重要研究对象的行政法学理论创新同样也没有完成时而只有进行时。当下,中国行政法学应直面国家治理、政府治理创新对行政法治理论的迫切需求,认真展开对下述重大课题的深入研究:

一是党内法规与行政法治关系的研究。在我国,党内法规与行政法治有着极为密切的联系。因为在我国,80%以上公职人员是中共党员,95%以上的领导干部是中共党员。因此,全面从严治党是保证政府依法行政、依法治国,建设法治政府和法治国家,实现国家治理现代化、法治化的关键,而党内法规乃是全面从严治党的重要保障。所以,党内法规无疑应成为未来中国行政法学研究的重要课题。①

二是行政决策法治研究。行政决策权是最重要的行政权。绝大多数行政权的运作均取决于行政决策。行政决策失误可能导致国家利益、社会公共利益和人民生命财产的重大损失。要保证行政决策科学,减少失误,必须实现决策法治化。因此,如何通过行政法治规范行政决策,亦应成为当下中国行政法学研究的重要课题。

三是行政执法程序法治研究。行政执法程序是保证严格执法、公正执法、规范执法、文明执法的关键。过去我们在行政管理过程中屡屡出现的野蛮执法、暴力执法和执法不作为,其重要原因是我国尚未建立完善的行政程序法治,没有严格的行政程序法治规范、制约公职人员的行政执法行为。行政执法关涉最广大公民、法人和其他组织的合法权益,公民、法人和其他组织最经常、最广泛、最直接与政府打交道和发生关系的即是行政执法行为。因此,行政法学过去、现在和未来均应以行政程序法治为重要研究课题。②

---

① 近年来,一些高校和研究机构设立了专门研究党内法规的研究中心,甚至设立了培养党内法规建设人才的专门硕士博士专业。

② 在新时代,我国行政程序法治研究已经取得阶段性成果。2015年,北京大学宪法与行政法研究中心"行政程序法典化研究课题组"草拟了《中华人民共和国行政程序法》(专家建议稿),并出版了相应专题研究报告。参见姜明安等:《行政程序法典化研究》,法律出版社2016年版。

四是生态环境法治研究。生态环境法治是行政法学与环境法学共同的研究领域。作为行政法学，主要研究生态环境保护和治理的主体、权限、责任、手段和行政主体行使保护、治理生态环境权力、职责的程序。传统行政法学对生态环境领域的法治不重视，但在现代社会，生态环境问题日益严重，关系人类的可持续发展，因而行政法学不能不将此列为重要研究课题。

五是廉政和反腐败机制研究。传统行政法学仅在公务员制度中附带研究廉政和反腐败问题。鉴于腐败久治不愈的严峻形势和反腐败在国家治理中的重要地位，当下世界绝大多数国家和地区均将廉政和反腐败课题作为公法学，特别是行政法学研究的最重要课题之一。我国目前在反腐败方面，已成立集中统一权威高效的反腐败国家机构——国家各级监察委员会。监察委员会虽然不是国家行政机关，但是它以国家行政机关及其公职人员为重要监督对象，从而对国家监察机关及我国整个反腐败机制的研究必然成为我国行政法学今后研究的重要课题。①

五、新时代中国行政法和行政法学体系、内容和研究方法的重构

中共十八大以后、十九大以来，中国的改革和法治建设进入了一个全面深化、全面推进和加速发展的新时代。适应这个新时代的要求，中国行政法学的范式需要重构：反映和体现传统的行政管理（administration）和经济、社会规制（regulation）模式的行政法学范式需要向反映和体现新的现代国家治理（governance）和行政法治（rule of law）模式的行政法学范式转换，重构行政法和行政法学的体系、内容和研究方法的范式是当下中国行政法学学者的历史使命。

其一，管理向治理转换：行政法和行政法学体系重构。20 世纪，国内外行政法学者通常将行政法定义为"关于行政的法"（如日本行政法学者南博方）、"调整行政机关的法"（如美国行政法学者施瓦茨）、"有关行政管理的法规总和"（如我国行政法学者张尚鷟），以调整行政管理的法规范逻辑结构架构行政法学的体系，将行政法学分为行政组织法、行政行为法和行政救济法三大板块。②

尽管传统英美行政法与传统大陆行政法在体系和内容上有重大区别，前者偏

---

① 2018 年 3 月 20 日，十三届全国人大第一次会议通过了规范国家监察体制改革和监察制度运作的《监察法》，宪法学、行政法学和刑事诉讼法学界均展开了对这一反腐败重要法律的研究，并有初步的研究成果，如姜明安：《监察工作理论与实务》，中国法制出版社 2018 年版。

② 分别参见［日］南博方：《行政法》（第 6 版），杨建顺译，中国人民大学出版社 2009 年版，第 1 页；［美］施瓦茨：《行政法》，徐炳译，群众出版社 1986 年版，第 1 页；王珉灿主编：《行政法概要》，法律出版社 1983 年版，第 1 页。

重于研究行政行为的程序和行政救济(特别是司法审查),强调控权,后者较重视行政组织的法律地位和行政行为的合法性要件与效力研究,更注重效率。但是,行政管理和规制及其法律制约构成传统行政法和行政法学体系的内核,传统英美行政法与大陆行政法学是没有区别的。二者的区别只是集中在更关注行政管理和规制的效率,还是更关注行政管理和规制的控制。

相较于传统行政法,现代行政法的内核已经和正在,并且还将继续发生变化:"管理"愈益向"治理"转换,行政管理愈益向公共治理转换。"治理"与"管理"的区别主要有五:一是目标,管理追求的目标主要是效率和秩序,治理追求的目标主要是国民的福祉(以人为本)。二是主体,管理的主体是单一的:行政机关和法律法规授权组织,治理的主体则是多元的:除行政机关和法律法规授权组织外,还包括社会组织、行业协会、公民团体和其他各种 NGO、NPO 组织。公民和社会参与是治理的最重要特征。三是客体,管理的客体主要是个人和组织,治理的客体除个人和组织外,还特别重视生态环境,治理是全方位和立体的。四是手段和方法,管理的手段和方法主要是权力性、强制性的,如行政处罚、行政强制、行政许可、行政裁决等,治理的手段和方法除仍保留必要的权力性和强制性外,更多地具有服务性和柔性,如行政指导、行政协商、行政合同、行政给付、政府购买服务等。五是依据,管理的依据主要或基本是硬法(法律、法规、规章),治理的依据除硬法外,还包括各种软法,如我国执政党的党内法规、十八届四中全会决定提到的市民公约、乡规民约、行业规章、团体章程等。①

行政管理向公共治理转化,行政法的基础和内核发生变化,行政法学的研究对象和体系不能不随之发生变化:传统行政法学研究行政法主体只研究行政组织或行政机关,最多再加上法律、法规授权的组织,新行政法学则必须同时研究社会公众对治理的参与。公民和公民组织在行政管理的语境下只是行政相对人,而在公共治理的语境下则不仅是管理相对人,而且同时是治理主体,从而必须在行政法学的主体编中研究公民和公民组织。传统行政法学研究行政法运行只研究作为国家公权力主体的行政机关的行政行为,新行政法学则必须同时研究作为社会公权力主体的社会自治组织的自治行为,如律师协会对律师事务所和律师的管理、惩戒行为,村民委员会制定村规民约和实施村规民约的行为。传统行政法学研究行政救济只研究行政复议、行政裁决、行政诉讼等正式解纷机制和正式法律救济行为,新行政法学则必须同时研究信访、调解、协商、协调、意见沟通、谈判、网

① 关于管理和治理的区别,可参见姜明安:《改革、法治与国家治理现代化》,载《中共中央党校学报》2014 年第 4 期。

上讨论等各种非正式解纷机制和非正式法律救济行为。

目前,中国行政法学体系正在重构,一个反映现代国家治理特色和反映中国行政法治特色的全新中国行政法学体系正在形成。

其二,硬法之治向硬软法兼治转换:行政法和行政法学内容重构。中国传统的法理学受苏联法理学的影响,认为“法”只是国家制定或认可的,由国家强制力保证实施的人们行为规范。传统法理学关于“法”的这一定义不仅不能反映现代法的多样性,甚至也不能完全适用于所有传统的法。例如,国际法就不是国家制定或认可并由国家强制力保证实施的;民间习惯法更不是国家制定或认可,由国家强制力保证实施的。上述定义只适用于传统硬法,可以认为是对传统硬法基本特征的界定,而不适用于调整广泛现代社会生活的“软法”(soft law),不能反映软法的社会性、自治性、非强制性等诸多特征。[①]

传统行政法学研究行政法,受法理学关于“法”的教条定义的影响,也只研究调整行政关系(包括行政管理关系、行政救济关系、行政法制监督关系和某些外部化的内部行政关系)的作为硬法的法律、法规和规章,而不研究或很少研究软法。

但是,现代法治不同于传统法治:传统法治只是或基本上是硬法之治,而现代法治,无论是英美法,还是大陆法,均是硬软法兼治。虽然硬法较软法更具普遍性、稳定性和独具强制性,是法治的基本法,但是软法以较硬法有更高的民主性、社会自治性及调整对象的更大可接受性和自觉履行性,在法治过程中发挥着广泛的、为硬法不可能取代的重要作用。

目前,我国行政法中的软法法源主要包括下述五类:(1)行政法的基本原则。如依法行政原则,行政公开、公正、公平原则、诚信和信赖保护原则,比例原则,正当法律程序原则,有限政府与责任政府原则等。(2)中国共产党党内法规。中国共产党党内法规之所以构成行政法的软法渊源,是由中国共产党在整个国家和社会生活中的领导地位决定的。例如,“党管干部”的原则和制度,决定了党制定的关于干部任用、考核、反腐倡廉和问责制等方面的党内法规不仅适用于党员干部,也适用于作为公务员的其他非党员领导干部。(3)社会自治规则。社会自治规则之所以构成行政法的软法渊源,是由传统行政管理向现代治理转化决定的。党的十八届四中全会决定虽然没有使用“软法”这一概念,但它列举了作为社会自治规则的各种软法形式:市民公约、乡规民约、行业规章、团体章程等。在现代公共治理中,这些软法规则无疑是不可或缺的。(4)行政惯例。行政惯例在传统的

---

① 关于作为公共治理重要规范的软法,可参见罗豪才、宋功德:《软法亦法——公共治理呼唤软法之治》,法律出版社2009年版。

行政法中即是行政法的辅助法源，在我国当下处在改革和转型的历史时期更具重要性。因为很多改革和制度创新措施（如确定相对集中执法权的范围和度、规定作为行政处罚适用听证情形之一的“较大数额罚款”的“较大数额”的额度等）在一定时期内不具备制定硬法的条件，但又不能朝令夕改，反复无常，因此行政机关应逐步将之形成不能任意改变的惯例，使行政相对人对之有“合理的预期”。(5)行政执法基准。为防止行政执法人员任性、恣意执法，这些年来，国务院相关部门和各地行政机关都制定了大量的行政执法基准。这些基准不是硬法，在某些特定场合下执法人员有在硬法规定的范围内灵活适用的裁量权，但在一般情况下，执法人员不得违反基准，应在执法中严格适用基准。

当然，行政法中的软法渊源并不止上述种类，国家在改革、发展过程中也不断创新和发展着新的软法类型，如近年来京津冀地区和其他许多地区为开展区域协作而签订的各种协议，联合制定的各种规则。毫无疑问，我们今天的行政法学应该全面和深入研究这些软法形式，行政法学的内容必须重构，必须扩充。

其三，静态研究向动态研究转换：行政法和行政法学方法重构。传统行政法学对行政法规范、制度和法律关系的研究往往是平面的和静态的。如行政法学对行政行为的研究，往往是分别从行政行为的一般原理和行政行为的具体制度两个层面进行研究。前者阐释行政行为的概念、特征、成立要件、合法要件与效力等，后者分别探讨各种不同行政行为的制度、规则，如行政许可、行政征收、征用、行政给付、行政裁决、行政确认、行政处罚、行政强制等。

这种研究方法的长处是对行政法的每一种具体制度、具体规则探讨得较细、较深入，缺点是难以对行政法治的整体运行机制以及行政法具体制度所根植于其中的社会经济、政治、文化环境进行全面透视、分析，从而难以发现行政法整体运行机制中的问题、缺陷及其原因，并在此基础上提出改革和创新行政法治的对策、方案。

20 世纪末到 21 世纪初，国内外许多行政法学者开始尝试以有别于这种传统行政法学研究方法的新的方法。如日本的远藤博也、盐野宏、大桥洋一等教授倡导“行政过程论”的研究方法，注重探讨行政的运作过程，研究行政过程中行政机关与私人的互动，分析行政过程中的政府信息公开、公众参与、公民知情权的保障、隐私权的保护等。[①] 我国罗豪才教授倡导“平衡论”的研究方法，注重探讨行政权运作过程中行政权力与公民权利的平衡，在研究法律如何控制、制约行政权，

---

① 关于行政过程论的研究方法，可参见[日]大桥洋一：《行政法学的结构性变革》，吕艳滨译，中国人民大学出版社 2008 年版。

防止公权力腐败和滥用时，同时重视研究如何设计对行政的激励与保障机制，以促进行政积极履责，改进公共治理，向社会提供优质公共服务；在研究法律如何对行政相对人合法权益进行维护和救济，切实保障公民的权利和自由时，同时重视研究如何设计对行政相对人的引导和自律、他律机制，促使行政相对人正确行使权利，不滥用法律赋予的权利和自由。①

21 世纪以来，特别是中共十八大、十九大以来，我国行政法学界在研究方法上不断创新。许多学者不但借鉴经济学、政治学、社会学、管理学等社会科学学科的研究方法，而且借鉴自然科学学科的诸多研究方法，相继将系统论、控制论、博弈论、大数据方法等引入行政法学研究，注重对行政法进行立体和动态研究。近年来，不少学者展开对行政决策、行政调查、政府信息公开、公民知情权、隐私权保护、公众参与、行政立法必要性及可行性论证、风险评估和立法后评估、电子政务、公权力向社会转移、行政问责制以及在行政法学研究中如何运用大数据、人工智能、互联网技术等专题研究，打破了传统行政法学的平面、静态研究格局。②

我国行政法学范式转换目前正处在进一步推进的过程中，行政法学研究领域出现了全新的氛围，研究者们问题意识更浓厚，研究视野更广阔，研究成果更具宏观性、全局性和实用性，从而对我国公共治理和行政法治实践将更具指导价值。

---

① 关于平衡论的研究方法，可参见罗豪才主编：《现代行政法的平衡理论》，北京大学出版社 1997 年版；罗豪才主编：《现代行政法的平衡理论》（第 2 辑），北京大学出版社 2003 年版；罗豪才主编：《现代行政法的平衡理论》（第 3 辑），北京大学出版社 2008 年版。

② 关于新时代行政法学研究方法的创新，可参见马怀德、王玎：《行政法学的新使命——2016 年行政法学研究述评》，载《北京行政学院学报》2017 年第 3 期。

行政检察的基本原则

张步洪* 最高人民检察院第七检察厅

目 次

* 张步洪,最高人民检察院第七检察厅副厅长。

基本原则,是整个法律体系或者某一法律部门所适用的、体现法的基本价值的原则。行政检察作为一种以检察权监督行政权的制度安排,它应当尊重行政活动应遵从的基本原则,遵循检察活动的一般原则。行政检察的基本原则,是检察机关取得、行使行政检察权应当遵循的原则,而不是它要求行政机关遵循的原则。行政检察的基本原则不同于行政法的基本原则。同时,检察机关和行政机关同为国家机关,检察权和行政权又具有许多共性。例如,诚实信用原则、正当程序原则,不但是行政权行使的基本原则,①而且是检察权行使的基本原则。因此,行政法学中有关行政法基本原则的研究成果对于我们研究行政检察的基本原则具有重要的借鉴意义。然而,检察职能毕竟不同于行政职能,检察权的设置与行使又有其特殊规律。本章我们结合检察权取得与行使过程中存在的一些突出特点和问题,分别探讨行政检察权设置原则和行政检察权行使原则。

一、行政检察权设置的原则

检察机关对公共行政的监督作为一种国家权能,首先受制于检察机关在国家权力系统中的功能和定位,这也是检察权与其他国家权能划分的基本准则。同时,作为一种公权力,行政检察权的取得应当遵循公权力取得的一般原则。作为一种旨在保障法律在全国统一实施的,对应地方权力的国家权力,行政检察权应当由中央立法创设。同时,由于我国检察机关在体制上独立于行政机关,因而检察权不应由国务院通过行政法规来创设。基于此,我们提出行政检察权设置的三个原则:法律监督原则、法律保留原则、职权法定原则。

(一)遵循检察机关宪法定位原则

法律监督既是我国宪法关于检察机关的职能定位,也是检察权区别于其他国家权力的基本特征。我们将遵循检察机关宪法定位作为行政检察权设置的一个基本原则,意在表明法律授予检察机关监督行政的职能,应当符合检察机关的宪法定位,符合宪法确定的检察机关与行政机关之间的基本关系,至少不能与检察机关承担的法律监督职能相冲突。

1. 法律监督的制度与观念

法律监督是宪法确定的我国检察机关的性质和地位。检察职权的功能与检察机关的宪法地位密切相关。检察机关的宪法地位是指人民检察院在国家权力

---

① 应松年主编:《当代中国行政法》,中国方正出版社2005年版,第104~119页。

体系中的位置,以及在国家法治建设中充当的角色。1954 年《宪法》、1978 年《宪法》均规定:“最高人民检察院对于国务院所属各部门、地方各级国家机关、国家机关工作人员和公民是否遵守宪法和法律,行使检察权。地方各级人民检察院和专门人民检察院,依照法律规定的范围行使检察权。”这两部宪法没有明确规定检察机关是法律监督机关,但在这两部宪法中,检察机关也是按照法律监督机关的要求设置的。1982 年《宪法》不仅明确“检察机关是国家的法律监督机关”,[①]而且规定“人民检察院依照法律规定独立行使检察权,不受行政机关、社会团体和个人的干涉”。[②]

一般认为,法律监督是对法律执行和遵守情况的监督。理论上,法律监督有广义、狭义之分。狭义的法律监督是指检察机关为保障法律统一实施所进行的监督。广义的法律监督不仅包括检察机关的监督,还包括党的监督、权力机关监督、社会监督、行政系统内部监督等。与行政机关对公民、组织是否遵守法律进行监管不同,法律监督是一种以公权力监督公权力的制度安排,前者在法理学中被称为“法律适用”。在百度“百科”中,法律监督被解释为“有关国家机关依照法定职权和程序对立法、执法和司法活动的合法性进行的监察和督促”。其含义(特点)被归纳为专门性、程序性、事后性等。

关于我国确立检察机关为法律监督机关的原因,有的学者归结为三点:首先是列宁的法律监督思想,其次是符合我国建设社会主义法制的需要,最后是由我国的国体和政体决定的。[③] 不少学者认为,我国将检察机关确定为法律监督机关,其直接理论基础是列宁的法律监督思想。列宁认为,社会主义国家的法制应当是统一的。“法制……应该全苏维埃共和国联邦统一”“用什么来保证法律的实行呢?第一,对法律的实行加以监督。第二,对不执行法律的加以惩办。”根据维护法制统一的要求,列宁确定了苏联检察机关的任务:“检察长的唯一职权和必须做的事情只有一件:监视全共和国内对法制有绝对一致的了解,既不顾任何地方上的差别,也不受任何地方上的影响”“检察长的职责是要使任何地方当局的任何决定都不与法律相抵触。”[④]事实上,中华人民共和国成立之初与苏联有着不同的国情。当时的苏联面临国家分裂的危险,列宁创设苏联检察制度的目的在于维护苏维埃共和国联邦的统一。中华人民共和国建立了共产党领导的人民政权

① 1982 年《宪法》第 129 条。

② 1982 年《宪法》第 131 条。

③ 谭世贵:《中国司法改革研究》,法律出版社 2000 年版,第 303 ~ 305 页。

④ 《列宁全集》(第 33 卷),第 266 页、第 326 页、第 328 页。

之后，一个突出的矛盾是如何约束国家机关及其工作人员遵纪守法、恪尽职守。1979 年，彭真在向五届人大二次会议作起草《人民检察院组织法》的说明中指出，"确定检察院的性质是国家的法律监督机关，是我们运用列宁坚持的检察机关的职权是维护国家法制的统一的指导思想，结合我们的情况而规定的"。

中华人民共和国检察制度建立以来，检察机关的宪法地位就是一个存有争议的问题。围绕这个问题的争论，大致可以分为两个阶段。第一个阶段是自 1954 年《宪法》规定检察机关的宪法定位直至"文化大革命"期间检察院被取消。这一阶段对检察机关宪法地位的批评带有明显的政治色彩和排斥监督情绪。第二个阶段是改革开放以后。这一阶段对检察机关宪法地位的批评是从推广西方法治的角度入手的。有的学者认为，西方国家普遍将检察权作为行政权而且运行良好，实现了法治，而我国的司法却出现了诸多问题，因而主张借鉴西方制度对中国检察制度进行根本性变革，将其改造为行政机关。

事实上，中国司法在实践中出现的问题，原因是多方面的，可以概括为三方面：一是司法权运行规则不完善，相关规则的完善需要一个漫长的过程；二是司法官员管理方式没有体现基本的公平，挫伤了司法人员的积极性和责任感；三是对公权力缺乏有效的监督制约。总体来说，中国司法权运行中出现的问题是法治化程度不高的产物，不可能归因于检察制度。关于我国检察机关宪法定位的制度合理性，宪法学学者曾经有专门的、详细的分析①，此处不再赘述。

中华人民共和国选择以检察机关作为法律监督机关，显然不是为了单纯的制约审判权、警察权而存在的，而是共产党执政条件下保障法治的一种制度安排。检察机关在人民代表大会制度下作为法律监督机关的宪法定位，决定了检察权与人大权力、审判权、行政权的关系。

当前，依法治国早已成为基本的治国方略。在整个社会主义法律体系中，由行政机关执行的法律在数量上占 90% 左右。而行政决策与行政执法行为对国家利益和社会公共利益，对于公民、组织的合法权益都会产生直接的影响。《人民检察院组织法》并没有明确授权检察机关监督行政决策与行政行为，而是重述了《行政诉讼法》先前关于检察机关对行政诉讼实行法律监督的规定。这样的行政检察权配置模式，究竟是国家机关之间科学分工的体现，还是限制了检察权的有效范围？对这个问题的回答，不应当从检察权自身的完整性出发来进行论证，而是应当从国家和社会需要出发进行分析。当然，公权力需要接受监督本身并不能

---

① 韩大元主编：《中国检察制度宪法基础研究》，中国检察出版社 2007 年版，第一章。

当然得出扩张检察权的结论。只有在检察监督的性价比优于其他监督制度时,国家才有必要授权检察机关履行监督职责。

2. 法律监督权与其他公权力监督制度

在我国,行政机关承担着社会管理、公共服务、市场监管、经济调节等职能,直接掌控和配置绝大多数公共资源。因此,行政权不需要专门监督其他公权力,但是应当接受其他多种公权力的监督。明确各种公权力监督制度的边界,是确定检察机关法律监督职能的重要前提。

(1)检察监督与人大监督

根据我国宪法和《地方各级人民代表大会和地方各级人民政府组织法》,人民代表大会产生并且监督“一府一委两院”县级以上的地方各级人民代表大会常务委员会“监督本级人民政府、人民法院和人民检察院的工作。检察监督与人大监督的关系,涉及两个基本的方面:一是人大与检察机关之间监督与被监督的关系;二是人大对行政、审判的监督与检察机关对行政权和审判权实行法律监督的关系。第二个方面与本专题的主旨有关。既然宪法和法律规定人民代表大会及其常委会对政府的工作进行监督,检察机关对公共行政的监督是否还有必要?是否和人大监督存在冲突?

2006年《各级人民代表大会常务委员会监督法》在宪法和组织法规定的基础上,对人大监督的方式、程序等作了规定。根据这部法律,各级人大常委会监督政府的方式主要是:听取和审议人民政府的专项工作报告;审查和批准决算,听取和审议国民经济和社会发展计划、预算的执行情况报告,听取和审议审计工作报告;法律法规实施情况检查;规范性文件的备案审查;询问和质询;特定问题调查;撤职案的审议和决定。可见,人大常委会监督政府的事项着眼于宏观层面。即使对于直接关系法律正确实施的事项,如法律法规实施情况检查,主要是从改进执法工作和完善法律的角度展开的;①特定问题调查也局限于人大常委会职权范围内的事项,很少涉及具体的法律争议和法律适用。②

宪法学理论认为,我国的检察制度建立在人民代表大会制度的框架之内。全

---

① 《各级人民代表大会常务委员会监督法》第26条第2款规定,“执法检查报告包括下列内容:(一)对所检查的法律、法规实施情况进行评价,提出执法中存在的问题和改进执法工作的建议;(二)对有关法律、法规提出修改完善的建议”。第四章“法律法规实施情况的检查”没有规定发现执法不公或者违法行政如何处理。

② 《各级人民代表大会常务委员会监督法》第七章“特定问题调查”,基本上不包括对法律争议的调查。该法第39条规定:“各级人民代表大会常务委员会对属于其职权范围内的事项,需要作出决议、决定,但有关重大事实不清的,可以组织关于特定问题的调查委员会。”

国人大及其常委会行使最高监督权，监督宪法和所有法律的实施，主要从宪法层面监督包括检察机关在内的所有国家机关的活动。检察机关是国家的“专门法律监督机关”，依法对宪法之外的其他法律的实施行使专门监督权。二者的区别表现为：①理论基础不同。人大监督的理论基础是人民代表大会制度。检察监督的理论基础是列宁的法律监督理论。[①] ②对象不同。人大监督的对象包括行政机关、审判机关和检察机关。检察监督对象具有特定性。③内容不同。检察监督仅限于法律层面的监督，主要是解决法律责任承担或者说法律后果问题；而人大监督既包括法律监督，也包括工作监督，主要解决政治责任承担或政治后果问题。④方式不同。人大监督不采取诉讼的形式。检察监督主要是围绕诉讼进行监督。[②] 可以说，人大及其常委会的监督是宏观和中观的，通常不直接处理法律争议；检察机关的监督是微观的、具体的，主要是通过针对特定行为或事件适用法律的执法活动来实现的。因此，检察监督与人大监督虽然都是以权力制约权力，但属于两种不同的制度安排，既不存在冲突，也不存在重叠的问题。

（2）检察监督与行政审判

在我国，检察机关和审判机关都是广义上的司法机关。我国检察机关和审判机关都由人大产生、受人大监督，都承担着一定的监督公共行政的职能。[③] 有学者认为，“司法机关是人民意志得以表达和实现的监督机关”。[④] 检察权和审判权对行政权的监督方式、监督重点均有不同。监察体制改革之前，检察权对行政权的监督主要是通过查办行政公职人员职务犯罪等方式实现的，审判权对行政权的监督主要是通过审理行政诉讼案件实现的。前者监督的对象主要是行政公职人员及其严重违背职责的行为；后者监督的对象主要是行政机关及其具体行政行为。监察体制改革之后，检察机关不再拥有对行政公职人员职务犯罪的侦查权，《人民检察院组织法》保留了检察机关对司法人员部分职务犯罪的侦查权。由于行政诉讼案件的一方为行政机关，另一方为积极主张自身利益的公民、组织，现实中行政审判人员渎职犯罪案件非常少见。

---

① 列宁主张，为了保证法律在全国范围内统一实施，必须建立专门的法律监督机构，即检察系统。中华人民共和国成立后，从当时的苏联借鉴了法律监督制度，组建了各级人民检察院，行使法律监督权。笔者认为，中国检察制度的理论基础是分权理论和列宁的法律监督思想。列宁的法律监督思想不过是将西方国家划分的三种国家权力细分为四种，而不是否定分权。

② 韩大元主编：《中国检察制度宪法基础研究》，中国检察出版社2007年版，第60～67页。

③ 《行政诉讼法》第1条规定：“为保证人民法院公正、及时审理行政案件，解决行政争议，保护公民、法人和其他组织的合法权益，监督行政机关依法行使行政职权，根据宪法，制定本法。”行政法学理论也认为，行政诉讼是监督行政主体的制度安排，监督主体就是承担行政审判职能的法院。

④ 胡建淼主编：《论公法原则》，浙江大学出版社2005年版，第330页。

根据诉讼法和《人民检察院组织法》的规定，法院行使行政审判权，法院行使行政审判权，检察机关行使行政诉讼监督权；法院行使刑事审判权，检察机关行使部分职务犯罪侦查权、刑事立案监督权、公诉权、审查逮捕权。其中，法院的刑事审判和检察机关提起公诉、审查逮捕，虽属于追究公职人员刑事责任的必经程序，具有监督行政的作用，但不属于监督行政的专门制度。从监督行政的角度来看，检察监督与审判权的关系，主要集中在行政审判与行政诉讼检察监督的关系上。法院审理行政案件所作的判决、裁定可以撤销或者变更行政行为确定的权利义务关系；检察机关可以通过提出抗诉推动法院对生效行政判决、裁定进行再审，再审的结果可能改变原生效裁判所确定的法律关系。

行政审判权与行政诉讼监督权的界限，在总体上是清楚的，在理论上不难界分。但也存在一些中间地带，例如，在再审启动问题上就存在认识分歧。一种观点认为，为了维护法院裁判的既判力，应当取消检察机关抗诉权，将再审程序的发动交给诉讼当事人。另一种观点认为，抗诉作为一种纠错的制度设计是必要的，但是审判机关作为裁判主体不应当拥有再审程序启动权。有观点主张构建检察机关作为启动再审程序单一主体的制度。①

检察机关抗诉的效力在于启动再审程序。因此，有学者认为检察监督具有程序性的特点。有学者进而认为抗诉应当围绕程序问题来进行，而不应当涉及事实判断即实体问题。这种观点稍显偏颇。抗诉的效力直接表现为启动再审程序，虽然能够直接影响行政判决的命运，但不是检察机关的决定而最终影响行政判决的命运。另外，抗诉效力的程序性并不意味着抗诉标准的程序性。检察监督作为保障法治的重要制度安排，其功能不应当局限于维护形式法治。

按照现行规定，检察机关依法拥有提起行政抗诉的职权，法院也有根据当事人申请裁定再审的职权。虽然检察机关决定抗诉和法院裁定再审的效力都是启动再审程序，但是二者仍然存在区别。行政抗诉权是一种基于公益和法律秩序的监督机制，同时也是保障个体权利的救济机制。尽管检察机关提出抗诉的案件法院必须依法进行再审，但是，对于检察机关提起抗诉的案件，接受抗诉的法院都要先作出再审裁定，然后进入再审程序。这说明法院一直把是否启动再审程序作为一种审判权来对待的。我国法律授予检察机关提起抗诉权并且赋予抗诉以强制启动再审程序的效力，既是对利害关系人申请再审救济的权利保障，也是对法院行使再审启动权的监督。如果再审程序的启动权完全交由检察机关行使，检察机

---

① 参见王鸿翼、杨明刚：《审判监督程序中再审启动主体制度的重构》，载《人民检察》2006年第5期（上）。

关一旦在某些矛盾突出的案件中不作为，申诉人寻求再审救济的权利将失去保障。即使抛开再审启动权性质的考虑，从保障诉讼权利的实际需要出发，检察机关不应拥有垄断的再审启动权。再审启动权由检察机关独有或由法院独有，都可能使一些主张权利的人告状无门。从这个角度来说，现行《行政诉讼法》中关于行政审判权与行政诉讼检察监督权的配置是符合司法规律的。

在行政诉讼中，检察机关监督行政诉讼活动，主要目的是保障行政诉讼活动的正常进行，确保行政法秩序在行政诉讼环节得以实现。当然，在行政诉讼中，法院也是监督主体，行政审判的任务就是判断引起争议的具体行政行为的合法性。检察机关的监督，不但要关注法律在行政审判过程中的实现，而且要关注行政审判所确定的违法行政引发的行政责任乃至刑事责任追究问题。

(3)检察监督与行政机关内部监督

在我国，推动依法行政、建设法治政府的力量的作用形式，有学术界和社会公众的呼吁，有立法机关通过制定国家赔偿法、行政处罚法、行政复议法、行政许可法等法律对行政行为进行规制，但主要还是国务院的积极主导。尽管在法学理论上，我们通常习惯于认为，内部监督具有明显的局限性，不如外部监督更有力度。但从过去十几年的实际情况来看，国务院发布指导性文件、制定行政法规、推行内部控制制度，在推动依法行政和建设法治政府过程中发挥着非常重要的作用。这也是由行政权的广泛性、专业性等因素所决定的。因此，我们研究行政检察制度，并不是希望通过行政检察制度来取代行政系统内部现有的监控制度，而是希望它和行政系统的内部监控制度之间能够起到相互补充的作用。

首先，检察监督应当限于法律层面。检察监督的依据主要是全国人大及其常委会制定的法律，而不是行政机关制定的规范。法律是一个复杂的规范体系。根据《立法法》，我国法律规范分为法律、行政法规、地方性法规、行政规章等多个层次。相应地，制定法律规范的主体也分为多个层次。对于行政机关而言，特别是基层行政执法机关而言，无论是哪一个层次的规范，无论是不是法律规范，只要是上级行政机关依法制定的有效规范，都应当作为行政的依据。作为法院行政审判依据的规范，上升了一个层次。根据《行政诉讼法》的规定，人民法院审理行政案件，适用法律、行政法规和地方性法规，参照规章。而检察机关进行法律监督的依据，有着更为严格的要求。检察机关对行政机关和行政活动的监督，最重要的使命是保障全国人大及其常委会制定的法律在全国的统一正确实施。检察监督的内容主要是推动违反行政法秩序的法律责任的追究和承担等问题。行政立法主体制定的规范虽然可以作为检察机关履行监督职责的依据或者参照，但不宜单独作为检察机关实施法律监督的依据。

其次，法律监督权与行政机关固有职权不得重叠。我国《地方各级人民代表大会和地方各级人民政府组织法》规定的各级地方政府的职权、[①]由这些职权派生出来的具体行政职权，以及单行法授权各级政府部门的职权，属于行政职权。在我国市场经济体制之下，政府的职能主要是经济调节、市场监管、社会管理和公共服务。法律授予检察机关监督职能应当避免与这些行政职能交叉重叠。例如，管理行政公务员是行政机关的事情，惩戒行政公务员属于行政机关和人民代表大会及其常委会的职权。检察机关在履行法律监督职责过程中，发现行政公务员违法违纪应当追究纪律责任的，按照惯常的做法，应当建议有权机关给予有关公务员行政处分。也有学者认为，检察机关提出的处分行政公务员的检察建议，有权机关应当采纳。事实上，检察机关决定或者建议在行政程序中的效力，关涉行政权与检察权之间的关系。既然处分行政公务员是行政机关的职权，行政机关就没有服从检察建议的必然义务，此其一。其二，检察机关发现存在违法违纪的情形，应当将案件线索连同证据材料移送有关机关。行政机关对于检察机关移送的案件，应当像对待普通案件一样进行调查取证、听取陈述和辩解等，而不是不加调查了解直接采纳检察机关的建议。[②] 此外，检察机关对行政机关存在的制度隐患、管理漏洞，应当提出建议，而不是代替行政机关去消除制度隐患。

（二）检察职权法律保留原则

法律保留的思想产生于19世纪初，最早由德国行政法学之父奥托·迈耶提出。根据奥托·迈耶的定义，法律保留是指在特定范围内对行政自行作用的排除。因此，法律保留本质上决定着立法权与行政权的界限，从而也决定着行政自主性的大小。行政法上的法律保留原则旨在限制行政机关自我授权。行政检察权的设置遵循法律保留原则的意义，不仅在于禁止检察机关自我授权，还在于防止最高立法机关之外的其他主体为检察机关授权。

1. 法律保留原则的内涵

法律保留是近代宪政法治主义的产物，最初是为了通过立法机关的民意来限制行政权。“法律保留实质是权利保留。”[③]随着立法主体的多元化，尤其是地方

---

① 该法第59条。

② 检察建议只具有启动程序的意义，它本身不能作为行政行为的证据。许凤梅：《“检察建议”不是撤销行政行为的合法依据》，载《资源导刊》2007年第10期。

③ 肖北庚：《法律保留实质是权利保留》，载《现代法学》2008年第2期。

立法和行政立法的不断扩张，人们意识到限制地方立法主体的必要性。法国《人权宣言》第4条关于“承认只有经过立法者同意并形成法律后，国家才可以限制人民之权利”的规定，被认为是关于法律保留原则的最早规定。在我国，行政法学首先引入了法律保留原则。关于法律保留在行政法上的地位，一般认为，它不是行政法的基本原则，而是依法行政原则的子原则。[①] 但在行政权理论体系中，它具有基础地位。在我国，法律保留原则主要体现为对地方立法和行政立法的限制。

对于法律保留原则的含义，我国行政法学者有不同角度的理解。有的学者认为，法律保留原则是指宪法关于人民基本权利限制等专属立法事项，必须由立法机关通过法律规定，行政机关不得代为规定，行政机关实施任何行政行为皆必须有法律授权，不然，其合法权将受到质疑。[②] 也有学者将法律保留原则定义为“国家公权力行为，尤其是对公民权利进行限制侵害，或者对公民权利有重大影响的公权力行为只能在法律规定的情况下作出，法律没有规定的就不得作出，只有在立法机关对该事项作出规范的情况下，它们才能按照法律的规范作出相应的行为”，同时认为“立法机关不仅要限制行政权还要限制地方立法权，否则无法维护国家法制的统一”。[③] 如果把法律保留理解为对公权力行使的限制，那么，法律保留就等同于职权法定；如果仅仅将其理解为对立法活动的限制，它推动法治的作用必然会大打折扣。

虽然法律保留原则最初由行政法学者引入中国，但是，法律保留的规则显然不限于行政法领域。有学者认为，“法律保留原则是宪法上的基本原则之一，同时也是行政法上的依法行政原则的内容之一”。[④] 然而，在我国宪法学教科书中，法律保留原则并不是宪法学的一项基本原则，宪法学理论不倾向于将其确定为宪法的基本原则。[⑤] 尽管法律保留作为宪法的基本原则有些勉强，但它在宪法学中还是应该占有一定的重要位置。《立法法》属于国家法，它规定的立法权限和立法程序对所有国家机关都有约束力。从这个角度来说，法律保留应该是公法的共同原则。

---

① 参见刘莘：《行政法基本原则》，载应松年主编《当代中国行政法》，中国方正出版社2005年版，第71～93页；姜明安主编：《行政法与行政诉讼法》，北京大学出版社、高等教育出版社1999年版，第40页。

② 参见姜明安主编：《行政法与行政诉讼法》，北京大学出版社、高等教育出版社1999年版，第40页。

③ 胡建淼主编：《论公法原则》，浙江大学出版社2005年版，第325页。

④ 柳祯坤：《浅析宪法与行政法中的法律保留原则》，载《天府新论》2007年第B12期。

⑤ 张庆福主编：《宪法学基本理论》，社会科学文献出版社1999年版，第180～197页。

在我国,1979 年以前,由于刑事法不完善,罪刑法定原则没有得到充分的体现。1979 年《刑法》第 3 条规定:“法律明文规定为犯罪行为的,依照法律定罪处刑;法律没有明文规定为犯罪行为的,不得定罪处刑。”但这部法律同时规定了类推制度。① 直到 1997 年修订《刑法》时才彻底废除了类推制度,实现了真正意义上的罪刑法定。2000 年《立法法》规定“犯罪和刑罚”“诉讼和仲裁制度”只能制定法律,实行严格的法律保留。

民法和行政法由于涉及社会与国家生活的方方面面,不可能实行绝对的法律保留。因此,2000 年《立法法》规定,“民事基本制度”由法律规定;人民政府的产生、组织和职权由法律规定。由此可以推断,对于一般民事制度、人民政府产生、组织和职权之外的行政法制度,其他立法主体可以在职权范围内立法。行政法是一个复杂、庞杂的规范体系。几乎所有立法主体都可以制定行政法规范,严格实行法律保留的事项所占比例较小。也许这就是法律保留原则不应该作为行政法基本原则的一个重要理由。

有的学者认为,法律保留原则中的“法律”并不仅限于代议机关立法制定的规则,还包括行政立法所定之规则。“把行政立法纳入到法律保留中的‘法律’并没有违背法律保留原则所追求的基本精神,而仅仅是随着时代的发展,为了更好地贯彻它的基本精神,我们所采取的方式有所改变而已。”②

其实,无论怎么界定法律保留原则,其基本精神就是保障法制统一,首要的是法律制度在全国的统一性,其次是下位法服从上位法。在我国多级立法主体并存的情况下,法律保留原则的要求可以归纳为两个方面:中央立法与地方立法的关系;代议机关立法与行政立法的关系。在我国,司法法上法律保留原则的要求既不同于行政法,也不同于西方法治发达国家。司法被认为是社会正义的最后一道防线,法制在司法环节的统一对于维护法制的统一与尊严至关重要。西方国家法官可以在判例中创制法律规则,而中国的最高人民法院和最高人民检察院依法所作的司法解释应当以代表机关立法为基础,而且,具有规范创制功能的司法解释权集中于最高司法机关。因此,在我国,法律保留原则对司法的要求比对行政的要求严格得多。

2. 法律保留原则对检察权配置的要求

《立法法》第 8 条规定,各级人民代表大会、人民政府、人民法院和人民检察院

① 1979 年《刑法》第 79 条规定:“本法分则没有明文规定的犯罪,可以比照本法分则最相类似的条文定罪判刑,但是应当报请最高人民法院核准。”

② 胡建淼主编:《论公法原则》,浙江大学出版社 2005 年版,第 328 页。

的产生、组织和职权诉讼和仲裁制度等，只能制定法律。《立法法》第 8 条为什么将检察机关的产生、组织和职权作为法律保留事项？如果抛开法律文本孤立地提出这个问题，我们很容易联想到检察权与私权的关系，很容易联想到基于保障公民自由、生命、财产安全的特别需要。然而，检察院产生、组织和职权的法律保留和其他国家机关产生、组织和职权的法律保留一起提出来，说明立法者在这里并不是为了强调检察权的特殊性，而是基于国家权力的共性所作的规定。《立法法》关于各国家机关产生、组织和职权的法律保留，是现代法治的基本需要，是人民代表大会制度的必然要求。尽管行政法学理论有时把法律保留分为绝对法律保留和相对法律保留，[①]但事实上，行政法上的绝对法律保留只是针对具体的事项而言的。由于社会现象的复杂性和国家职能的特殊性，除了法律绝对保留的事项之外，国家机关的职权通常难以完全由最高立法机关制定法律加以规定。正因为如此，《立法法》第 8 条关于法律保留的一般规定和该法第 9 条关于绝对法律保留的规定，都是对"事项"的法律保留。从这个角度来说，检察机关职权的法律保留也具有一定的相对性。

检察职权法律保留的相对性体现在哪里？《立法法》第 9 条禁止全国人民代表大会及其常委会授权其他机关就有关犯罪和刑罚、对公民政治权利的剥夺和限制人身自由的强制措施和处罚、司法制度等制定法律规范，实际上对这些事项实行绝对法律保留。从中不难看出，实行绝对法律保留的事项是涉及公民基本权利和自由、国家法律基本制度的事项。我国检察机关作为国家法律监督机关，检察职权属于司法制度的重要内容。因此，全国人大及其常委会在任何情况下都不能授权其他有立法权的主体创设检察基本制度。对于《立法法》第 9 条规定之外的事项，虽然全国人大及其常委会可以授权其他机关制定规范，但是，它授权哪个机关来制定规范？如果授权给国务院，显然不符合我国的宪政体制。如果授权给地方立法机关，则与我国大陆单一制的政体不符，与检察机关作为国家法律监督机关的性质不符。如果授权给最高人民检察院，它又不是严格意义上的立法主体，而是检察权的行使主体，法治原则也不允许最高人民检察院自行创设检察职权。从这个角度来看，似乎检察权属于法律绝对保留的事项。[②] 也许有学者不认同这

---

① 参见胡建淼主编：《论公法原则》，浙江大学出版社 2005 年版，第 326 页。

② 在公法上，法律保留分为绝对法律保留和相对法律保留。绝对法律保留是指立法机关对自己所保留的立法事项，在任何情况下都不能授予其他立法机关行使的，就是绝对法律保留事项。相对法律保留是指立法机关对自己保留的立法事项，在一定条件下可以授予其他立法机关行使的，就是相对立法保留事项。应松年：《〈立法法〉关于法律保留原则的规定》，载《行政法学研究》2000 年第 3 期；胡建淼主编：《论公法原则》，浙江大学出版社 2005 年版，第 327 页。

种观点,因为最高人民检察院拥有司法解释权。这种司法解释属于法律规范的范畴。1981 年全国人大常委会《关于加强法律解释工作的决议》规定,“凡属于检察院检察工作中具体应用法律、法令的问题,由最高人民检察院解释”。尽管在实际工作中很难分清楚规范创制与规范解释,但在逻辑上与立法学上,法律规范创制权与法律规范解释权是可分的。检察机关虽然可以根据社会发展的需要作出一些适用法律的解释,但这些解释都不应当偏离法律,不得脱离、背离法律文本。

法律保留原则是创设检察权的基本要求。然而,在我国,法定的检察职权与实际的检察职权之间存在一定的差异,实际上,有些检察职能并不是法律规定的。主要有两种情况:

其一,国务院对检察机关进行授权。国务院作为最高国家权力机关的执行机关,“根据宪法和法律,规定行政措施,制定行政法规,发布决定和命令”,有权就行政机关协调配合检察机关履行职责作出规定,但不得为检察机关创设法律未作规定的职权。例如,国务院《行政执法机关移送涉嫌犯罪案件的规定》要求行政执法机关移送涉嫌犯罪案件接受检察机关监督,是对《刑事诉讼法》规定的行政执法机关配合检察监督义务的进一步解释,还是为检察机关创设新的职权?这的确是一个值得研究的问题。一方面,《刑事诉讼法》没有明确规定检察机关可以就“以罚代刑”问题对行政执法机关进行监督,只是规定了检察机关可以对公安机关有案不立进行监督,可见这并不是一项法律明确规定的检察职权。另一方面,《刑事诉讼法》授权检察机关对公安机关应当刑事立案而不立案的情形进行监督,目的就在于解决“以罚代刑”、有罪不究问题。长期以来,“以罚代刑”、有罪不究的问题同时存在于行政执法环节和公安机关刑事立案环节,国务院明确行政执法机关移送涉嫌犯罪案件接受检察机关监督,可以理解为是对涉及行政事项的法律的解释,只是这种解释客观上明确了检察机关以前不曾行使过的职权。在推动和深化司法体制改革的过程中,检察机关是否可以对行政执法机关“以罚代刑”进行监督的问题被反复讨论。2012 年《刑事诉讼法》没有将其明确为一项专门的检察职权。

其二,地方性规范对检察机关进行授权。《立法法》第 8 条规定的法律保留,不但是对行政立法权的限制,而且为地方立法权划定了界限。据此,地方人大及其常委会也无权创设或者限制检察职权。现行的地方性法规甚至地方政府规章涉及检察机关职权的,主要有以下几种情况:一是将法律关于检察机关职权与公民权利的关系具体化,主要规定检察机关的义务。二是原则规定行政执法活动接受检察机关监督,并未给检察机关进行实质性的授权。例如,1997 年安徽省人大常委会根据《行政处罚法》制定的《安徽省行政执法监督条例》第 6 条规定:"行政执法活动依法受人民法院的审判监督、人民检察院的检察监督。"三是规定检察机关接受监督的义务。例如,2002 年《宁夏回族自治区人民代表大会常务委员会关于对审判机关、检察机关办理案件实施监督的规定》。四是拓展了检察机关监督的范围。例如,1994 年福建省人大常委会《福建省加强检察机关法律监督的若干规定》,不但规定了检察机关履行法定职责的辅助措施,①而且规定了法律没有规定的实质性监督措施,②甚至规定了接受监督的机关的义务。③ 从某个角度来说,这些规定不符合法治精神,有越权之嫌。但它能多年有效,没有被最高立法机关予以撤销,说明它们具有一定的合理性。福建省人大常委会上述法规的部分内容,在 2003 年以后被中央司法体制改革文件所吸收。这说明,我们的法律完善机制还比较落后。2018 年修订《人民检察院组织法》就是一次迟来的修法,从启动论证到最终修改,经过了将近 30 年的时间。维护法律的尊严和统一,首先要完善立法机制,以避免立法过分滞后于国家和社会生活需要。

按照法律保留原则要求,检察权保障的应当是国家法律的统一正确实施,而不是保障地方法的统一正确实施。我国采行单一制的国家结构形式,有别于西方国家的联邦制。从检察机关承担的职责使命考虑,我国检察院应该是国家设在地方的检察院,而不应该是地方人大及其常委会产生的检察院。检察机关行使权力代表国家的意志,而非地方、团体或个人的意志。虽然宪法规定地方检察院检察长由地方人大选举产生,但这并不意味着检察职权就代表地方意志和利益。现行法律授予检察机关职权的内容,鲜明地体现了保障法制统一的功能。从这个角度来看,法律保留不仅是检察职权取得的原则,也是检察权行使的原则。

综上所述,行政法规和地方性法规不同程度地涉及检察机关的职权。对于这种现象,简单地认为是国务院和地方人大越权是不妥的。它暴露出来的是法律保

---

① 该法规第 3 条前半段规定,"人民检察院发现构成犯罪需要追究刑事责任而同级公安机关未予立案侦查的,可以查阅报案记录和案卷材料"。第 11 条第 2 款规定,"检察院提出抗诉前,可以调阅案卷材料;人民法院在接到人民检察院的调卷函后,应在十五日内将案卷材料移送人民检察院;人民检察院应在二个月内将案卷材料退回人民法院"。

② 该法规第 4 条规定,"人民检察院发现同级公安机关违法立案的,应发出《纠正违法通知书》,公安机关应当撤销立案侦查决定"。第 6 条规定,"公安机关侦查终结的刑事案件,属于已构成犯罪需要追究刑事责任,而作出行政处罚决定或撤销案件决定的,同级人民检察院应通知公安机关撤销原决定,依法提请起诉"。第 10 条规定,"行政执法部门办理的案件,属于已构成犯罪需要追究刑事责任,而不依法移送司法机关立案侦查的,人民检察院发出《纠正违法通知书》,有关行政执法部门应当依法移送"。

③ 该法规第 12 条规定:"人民法院对人民检察院按照审判监督程序提出抗诉的刑事案件,应当在三个月内审结;疑难复杂案件经审判委员会研究决定,可延长至六个月。"

留对立法权要求的封闭性与法律系统的高度开放性之间的矛盾。一方面，按照国家机关的权限分工，检察机关职权的创设属于全国人大及其常委会。按照检察机关的职权性质，检察权的创设的确应遵循法律保留原则。另一方面，法律是一个开放的系统，这也决定了法律关于检察监督职能的授权又不应该是完全封闭的。法律保留原则不是要求最高立法机关墨守成规，而是要求它根据社会与国家管理的需要，适时调整检察职权。现行规定检察机关职权的法律主要有《人民检察院组织法》《刑事诉讼法》《民事诉讼法》《行政诉讼法》《监狱法》《刑法》，以及全国人大常委会《关于加强法律解释工作的决议》等。2018 年 10 月之前，专门规定检察机关职权的《人民检察院组织法》是 1979 年制定的，1983 年对个别条文进行了修改，其中有些内容与法治的时代特点格格不入，或者被后来的法律所废止，而后来的法律规定的诸多检察职能在这部法律中没有体现，《人民检察院组织法》规范检察职权的功能几乎丧失殆尽。直到 2018 年 10 月，全国人大常委会修订了《人民检察院组织法》检察机关的法定职权才得到比较系统的规定。行政法规和地方性法规为检察机关创设职权，可以理解为是其他立法主体对全国人大常委会垄断检察职能创设权而又无所作为的一种挑战。可见，法律保留不仅是其他立法主体的义务，更是最高立法机关的义务。维护法制统一，前提是按照法律保留原则捍卫最高立法机关的立法权，而这一目标实现的前提是最高立法机关及时、有效地履行职责，根据法律监督的需要，完善关于检察职权配置的法律。

（三）检察职权法定原则

为防止国家机关越权，或者公权力行使主体侵害公民、组织的合法权益，任何国家机关的权限范围都是由法律确定的，凡是法律没有授予的权力，原则上视为该国家机关没有权限，此即职权法定。职权法定原则与法律保留原则有所交叉，但不是同一个原则。职权法定要求公权力行为应当有法律依据，但它并不要求所有公权力均由最高立法机关以法律的形式授予，而是要求公权力的取得、行使均有法律依据。从这个角度来说，职权法定既是公权力设定的原则，又是公权力行使的原则。

检察权作为国家公权力基于公共目的创设，但是，任何公权力都是由人行使的。由于人性本身的弱点，公权力具有天生的自我扩张和自我服务功能，只有对其进行必要的约束，才能保障其具有正面的社会价值。20 世纪 90 年代，行政法学理论界就在研究是否有必要将职权法定作为行政法学的基本原则。十几年以后，职权法定没有成为行政法的基本原则。学者们对于职权法定在行政法学中的地位存在认识分歧。有学者认为，行政职权来源和范围法定是行政法的原则。[①] 有学者认为它是依法行政的基本原则，是行政机关及其公务员在依法行政中必须首先遵守的原则。[②] 但是，在大多数行政法学著作中，职权法定原则没有作为行政法的基本原则，[③]它只是依法行政原则的子原则。按照笔者的理解，职权法定原则之所以没有成为行政法的基本原则，主要是因为：其一，行政机关承担的管理事务非常复杂，法律不可能完全涵盖所有的行政事项。职权法定在行政法上只能是一个相对的原则，通常是指限制和剥夺公民、组织权利和自由的行政职权必须由法律规定。其二，在立法常常滞后的情况下，过分强调职权法定会强化行政职权的封闭性，导致行政监管滞后。现实生活中，行政机关经常遇到一些需要及时作出反应的新情况，没有行政机关的及时干预，社会将陷入无序状态。

当然，法律难以对所有的公权力作出详尽的具体授权，并不意味着公权力不需要依法取得。关于以法律约束公权力的必要性，公法各学科都做过深入的分析，本书不再赘述。

我国的检察权作为法律监督权是一种以公权力制约公权力的制度安排。在监督公权力方面，即使没有法律明确授权，检察机关仍然可以作出对有关国家机关或者国家公职人员不利的行为指引，例如检察机关就追究有关公职人员的行政责任或者纪律责任向有关机关提检察建议。但是，检察机关的职能在于保障基本的国家法律秩序。国家的基本法律秩序并不像一般社会活动那样变动不居，而是具有较高的稳定性。从这个角度来说，检察权应当受到法律保留原则的严格限制。这不仅要求立法主体严格遵循法律保留原则创设检察职权，而且要求立法机关对检察机关的活动作更为具体的规定，要求检察机关更加严格地依法履行职责。可以说，检察主体法定、检察职权有限是各国检察制度的共同特点，而检察职权的开放性是检察职权法律监督属性的要求。

1. 检察机关设置法定

检察权的行使主体由法律规定，主要有三方面的要求：一是检察机关设置规则由法律规定。依据宪法和检察院组织法，设置检察机关应当遵循法定程序和标准。《人民检察院组织法》第 12 条规定，人民检察院分为：（1）最高人民检察院；（2）地方各级人民检察院；（3）军事检察院等专门人民检察院。第 13 条规定，地

---

① 杨小君：《契约对行政职权法定原则的影响及其正当规则》，载《中国法学》2007 年第 5 期。

② 孟大川：《职权法定原则的内涵、意义与要求》，载《探索》2001 年第 5 期。

③ 应松年、杨伟东编：《中国行政法学 20 年研究报告》，中国政法大学出版社 2008 年版，第 125～149 页。

方各级人民检察院分为:(1)省级人民检察院,包括省、自治区、直辖市人民检察院;(2)设区的市级人民检察院,包括省、自治区辖市人民检察院,自治州人民检察院,省、自治区、直辖市人民检察院分院;(3)基层人民检察院,包括县、自治县、不设区的市、市辖区人民检察院。二是检察机关设置法定与行政主体法定不同,检察主体设置只能依据狭义上的法律,即全国人大及其常委会制定的法律,而行政主体的创设可以由法规甚至规章授权。三是法律授予检察机关职权具有最终确定性。也就是说,检察职权只能由检察机关行使。检察机关和检察官就法律授权的事项履行职责,与行政机关可以将行政权委托给符合一定条件的组织行使不同,检察机关和检察官在任何情况下也不得将检察权委托给检察机关或检察官之外的其他国家机关或其他组织行使,甚至也不得临时委托检察官之外的其他检察人员代行检察官职责。

在检察机关内部,代表检察机关行使行政检察权的人员应当是经过严格的法定程序任命的检察官。《检察官法》第2条前半段规定,“检察官是依法行使国家检察权的检察人员”。据此规定,不具有检察官职务和身份的其他检察人员无权行使检察职权。

2. 检察机关职权法定

我国检察制度不同于西方国家的特点之一就是,西方国家检察官作为独立的官署存在,检察官可以自己的名义处理案件。

我国宪法规定的是检察机关依法独立公正行使职权,而不是检察官独立行使职权。检察机关,即国家设置的各级人民检察院和专门检察院,而不是检察官(包括检察长)个人。因此,检察职权法定,是指检察机关职权法定。行政检察权是法律赋予检察机关的监督权,是一种公权力。根据公法原理,公权力不得放弃,未经法律授权,不得随意委托其他组织或者个人代为行使。

我国现行法律主要围绕保障法律实现的诉讼环节配置检察职权。根据现行法律,检察权涉及的主要领域是关涉刑事法客观正确实施、基本诉讼秩序和司法公正实现、基本行政法秩序维护这样的基本问题。检察机关是法律秩序的捍卫者,但它的权力非常有限,它既不是法律的唯一执行者,也不是法律争议的裁决者,甚至不是法律实施情况的唯一监督主体。具体说,检察权的有限性体现在以下几个方面:一是检察权受国家机关之间职能权限分工的约束,检察机关不可代行其他机关的职权。例如,检察理论认为,检察职权具有程序性。检察机关不得对公民、组织或者有关监督对象作出罚款、没收等决定。二是受公民权利规则的约束,检察机关履行法律监督职责,不可侵越公民依法享有的基本权利,尊重公民、组织依法处分其行政法上的权利和诉讼权利。与行政机关在特定情况下对于法律授权不明的事项行使社会管理职能不同,检察权与社会之间关系的准则是:无法律授权便无检察,法无明文规定即为禁止。这也是对检察机关行使职权的基本要求。

职权法定原则对不同性质的国家机关的要求不尽相同。在缺乏单行法授权的情况下,行政机关可以基于组织法的规定实施管理行为,但不能基于组织法的一般授权作出对公民、组织不利的行政决定。法院的刑事审判权受法律的严格约束,而民事审判权基本上只受法律排除规定的限制,行政审判权的范围正在经历一个从法律明确规定审判权到法律规定排除范围的过程。① 根据现行制度,对于影响公民、组织人身权、财产权的行政行为,只要法律没有排除司法审查,人民法院就拥有审判权。检察机关作为国家的法律监督机关,其监督权限与行为方式均受职权法定原则约束。对于法律未作具体规定的方式,检察机关为了丰富和完善法律监督的内涵,根据法律原则和组织法的要求进行探索,是法制不健全情况下的一种权宜之计,这些尝试不能为普通公民、组织创设法律之外的义务。行政检察则有其特殊性。如果行政检察措施仅仅涉及检察权与行政权、审判权之间的关系,就属于国家权力体系内部的关系问题,虽然要受职权法定原则约束,但是检察机关推动有关机关依法履职可以不受职权法定原则约束。例如,长期以来被检察机关广泛使用的检察建议,并没有充足的法律依据,②而是检察机关根据法律监督工作的需要创制的一种监督方式。根据最高人民检察院的解释,检察建议是人民检察院为促进法律正确实施、促进社会和谐稳定,在履行法律监督职能过程中,结合执法办案,建议有关单位完善制度,加强内部制约、监督,正确实施法律法规,完善社会管理、服务,预防和减少违法犯罪的一种重要方式。正因为建议的对方是公共机构,检察建议才得以在没有法律依据的情况下作为一种监督方式逐步走向规范。当然,也因为没有法律上的依据,人们对检察建议的监督效力一直存在认识分歧。

---

① 行政诉讼法将人民法院司法审查的对象限定为"具体行政行为"。1991 年,最高人民法院《关于贯彻执行〈中华人民共和国行政诉讼法〉若干问题的意见(试行)》第 1 条曾经规定:"'具体行政行为'是指国家行政机关和行政机关工作人员、法律法规授权的组织、行政机关委托的组织或者个人在行政管理活动中行使行政职权,针对特定的公民、法人或者其他组织,就特定的具体事项,作出的有关该公民、法人或者其他组织权利义务的单方行为。"这一司法解释由于对具体行政行为的限定过于严格,将不少行政争议排除在人民法院行政案件受案范围之外。2000 年,最高人民法院《关于执行〈中华人民共和国行政诉讼法〉若干问题的解释》采用排除法界定可提起行政诉讼的具体行政行为,事实上拓展了具体行政行为概念的内涵。

② 最高人民检察院制定的《人民检察院检察建议工作规定(试行)》就没有提到法律依据。

3. 检察职权的发展变化

如前所述,检察机关必须在法律规定的职权范围内活动,既不能代行其他国家机关的职权,也不可以将法律授予检察机关的职权委托其他国家机关代为行使;检察机关无权作出罚款、没收财产等专属于行政机关和法院职权的决定;授予检察机关职权的法律文件屈指可数。这些都容易给人以检察权具有封闭性的假象。

无论从时间的纬度来看,还是从检察机关承担的国家功能来看,检察权都不是一个完全封闭的系统。其开放性体现在两个方面:一是在检察制度发展历程中,检察权虽然来自法律授权,但法律不是一成不变的,中国检察权的内涵随着法律体系的完善而不断丰富。二是职权法定对检察机关的约束因公共领域与私人领域而有所不同。限制公民、组织财产权利和人身权利的检察措施,必须有法律的明确授权。有些检察行为不为公民、组织直接设定权利义务,因而不需要法律的严格约束,如检察建议。有些软监督措施虽然可以直接推动其他公权力主体作出相应的行为,但它作用的直接对象是国家机关,如检察建议,无须法律严格授权。再如,检察机关对行政执法机关移送涉嫌犯罪案件的监督,属于对公权力的监督,没有明确的法律授权,现行法上的唯一依据是检察机关依法对拒不移交刑事犯罪案件罪案拥有侦查权。

目前检察机关的职权不是由一部法律系统规定的,而是由《人民检察院组织法》作出较为全面的规定,其他法律和法规补充规定。《人民检察院组织法》第20条规定,人民检察院行使下列职权:(1)依照法律规定对有关刑事案件行使侦查权;(2)对刑事案件进行审查,批准或者决定是否逮捕犯罪嫌疑人;(3)对刑事案件进行审查,决定是否提起公诉,对决定提起公诉的案件支持公诉;(4)依照法律规定提起公益诉讼;(5)对诉讼活动实行法律监督;(6)对判决、裁定等生效法律文书的执行工作实行法律监督;(7)对监狱、看守所的执法活动实行法律监督;(8)法律规定的其他职权。其中,对行政诉讼、民事诉讼实行法律监督的职能在之前的《行政诉讼法》《民事诉讼法》中已有规定。国务院的行政法规规定行政执法机关移送涉嫌犯罪案件的活动要接受检察机关的监督。尽管按照《立法法》规定,国务院无权规定检察机关的职权,但是,国务院作为最高国家行政机关要求各级行政机关接受检察监督,不直接涉及公民基本权利和自由,因而可以视为有效的规范。这些规范也作为我们对行政检察措施进行分类的基础。但是,从检察机关法律监督权的内涵出发,现行法律对检察机关职权的规定,特别是关于行政检察职能的规定是不完整的。因此,本文下面所作的分类主要基于笔者对中国国家权力结构框架下检察权的内涵的理解,以及检察权与行政权之间监督与被监督的关系两个因素,而不局限于现行法的规定。

二、行政检察权运行的原则

行政法对于行政权作用于社会(公民、组织)的事项,通常划定较为严格的权利义务界限。在行政体系内部,虽然也有行政法规范,但是,基于权力内部制约的需要而设置的规范,其法治化程度并不高。主要表现在:权力的行使方式和条件往往不是由法律规定,而是由行政机关自行规定;权力行使者拥有较大的裁量权;相当多的行政领域和行政环节因为没有法律明确规定行政权的行使不是严格依照法定程序进行;被管理一方即使利益受到损害,也不可以诉诸法律手段。法律监督虽然表现为以公权力制约公权力,但在检察权行使上,要求严格遵循法治原则,其法治化程度与行政法上关于行政权与公民、组织的关系的要求相当。之所以有如此严格的要求,主要基于两点考虑:检察监督是一种专门的法律监督,唯有遵循法治原则,才能确保法律监督目标的实现;检察监督虽然是公权力制约公权力的制度安排,但是检察权的行使往往会关涉公职人员的公民权,因而有必要受到法律的严格约束。同时,明确行政检察权的运行原则,还应当充分考虑检察机关履行监督职责的现实可能性。为此,我们将检察一体、程序正当、权责统一作为行政检察权运行的基本原则。

(一)检察一体原则

检察一体,又称"检察一体制""检察一体化""检察官一体",是人们对检察制度中有关上命下从的权力运行方式的概括。在检察学中,检察一体与检察官独立的对立统一构成了检察制度所独有且最能反映检察职能特点的原理。大多数国家特别是大陆法系国家把检察系统和检察职能的一体化作为保障检察机关统一有效地行使检察权,从而维护国家统一和法制统一的制度安排和检察活动的基本原则。①

将检察一体作为行政检察权行使的基本原则,有着特殊的意义。一方面,我国检察机关实行上级检察院和同级党委双重领导、同级人大及其常委会进行监督的检察体制,即"双重领导、一重监督"。过去十年来,最高人民检察院围绕加强对全国检察工作的统一领导,强化上级检察院对下级检察院领导做了不少努力。

① 参见谢鹏程:《什么是检察一体化?》,载《检察日报》2006 年 4 月 18 日。

同时，基于宪法和法律关于检察机关和检察权的规定，不少学者和实务工作者认为，各级检察院作为法律确定的检察权行使主体，都应当拥有属于自己的法定职权，上级检察院对下级检察院领导也应当遵循法定的权限、范围和方式。另一方面，按照现行的检务保障体制，检察机关经费由同级政府保障，地方检察机关与同级政府在某种程度上属于利益共同体，检察机关履行监督职责容易受到来自地方势力的非法干预。因此，完全依靠各级地方检察院对同级政府及其职能部门实行法律监督，不足以保证检察权行使的独立性与公正性、合法性。

根据现行法律规定和检察实践中的惯常做法，检察机关对行政机关及其公职人员的监督，有些属于上级检察院对下级行政机关进行监督，有些属于同级监督。例如，根据《行政诉讼法》的规定，上级检察院对下级法院所作的生效裁判有权提出抗诉，而下级法院所作的行政裁判多数针对下级行政机关的具体行政行为，少数属于同级或者上级行政机关的行政行为。

（二）程序正当原则

现代法治国家通常以科学、公正的程序规范公权力的行使过程。按照正当程序的要求，只要国家权力的行使可能使公民、组织的权利受到不利影响，国家机关就有义务为该公民、组织提供表达意见的机会。在法治国家，所有公权力机构都应当遵循正当程序原则。关于规范审判权行使的程序，主要由诉讼法规定。

关于行政权行使的规范，自1989年行政诉讼法以后，国家先后制定了行政处罚法、行政复议法、行政许可法、行政强制法等法律。2004年国务院《全面推进依法行政实施纲要》首次将“程序正当”作为依法行政的基本要求之一：“行政机关实施行政管理，除涉及国家秘密和依法受到保护的商业秘密、个人隐私的外，应当公开，注意听取公民、法人和其他组织的意见；要严格遵循法定程序，依法保障行政管理相对人、利害关系人的知情权、参与权和救济权。行政机关工作人员履行职责，与行政管理相对人存在利害关系时，应当回避。”

在我国行政法理论中，正当程序原则被认为是行政法的基本原则。[①] 我们主张将程序正当作为行政检察权行使的基本原则，并不是要求检察机关对行政机关是否遵守正当程序的情况进行监督，而是要求检察权的行使遵循正当程序。

检察机关监督行政的功能主要是通过行政诉讼监督与刑事诉讼职能实现的。

---

① 参见应松年主编：《当代中国行政法》，中国方正出版社2005年版，第108页。

因此,有关检察权行使的正当程序的规定应当在行政诉讼法和刑事诉讼法中作出规定。而1989年《行政诉讼法》并没有对行政诉讼监督程序作具体规定。2001年《人民检察院民事行政抗诉案件办案规则》(以下简称《办案规则》)规定了检察机关办理行政抗诉案件的办案程序,在一定程度上体现了正当程序的要求。例如,根据《办案规则》,行政抗诉案件的利害关系人有事先得到通知的权利,有平等地表达意见的权利,等等。例如,检察机关作出抗诉决定之前,应以适当方式听取被申诉人或者其他利害相关人的意见。

(三)权责统一原则

所有公权力都具有两面性。它既是职权也是职责,不可处分,不可放弃。权责统一,是所有公权力行使的基本准则。国务院将它作为依法行政的基本要求之一:"行政机关依法履行经济、社会和文化事务管理职责,要由法律、法规赋予其相应的执法手段。行政机关违法或者不当行使职权,应当依法承担法律责任,实现权力和责任的统一。依法做到执法有保障、有权必有责、用权受监督、违法受追究、侵权须赔偿。"①行政法学理论将责任行政作为一项基本原则。②

检察机关行使行政检察权遵循权责统一原则,其基本内容和要求如下:

检察职权同时也是检察职责。检察机关应当于法定情形出现以后,依法履行职责,不依法行使行政检察权就构成失职。在现行检察院组织法、刑事诉讼法和行政诉讼法中,检察程序主要由检察机关依职权启动,公民、组织通过申诉、举报等方式推动检察程序启动只是一种辅助方式。实践中,随着公民权利意识的觉醒,利害关系人申请行政抗诉、刑事被害人申请立案监督逐步成为一种普遍的现象。然而,无论在法律层面还是在实践层面,对于公民、组织依法启动检察程序的权利尚未给予充分的保障。例如,抗诉程序的启动就带有很大的随意性,还没有真正上升为公民、组织可以普遍享有的一种法律权利。2012年《民事诉讼法》已经明确了当事人申请抗诉的事由和条件。2014年修改《行政诉讼法》时明确规定检察机关可以依职权提出抗诉③,但没有明确规定当事人申请抗诉,而是规定"人民检察院对行政案件受理、审理、裁判、执行的监督,本法没有规定的,适用《中华人民共和国民事诉讼法》的相关规定。"按照权责统一的要求,检察机关对所有利害关系人的合法正当的主张,应当予以重视,符合条件的,应当启动检察程序;对

---

① 2004年国务院《全面推进依法行政实施纲要》。

② 参见应松年主编:《当代中国行政法》,中国方正出版社2005年版,第100页。

③ 2017年《行政诉讼法》第93条、第101条。

于没有利害关系人的涉及法律一般秩序和公共利益的监督事项,国家应当为检察机关有效发现违法犯罪行为创造条件,同时建立相应的督促机制,确保检察机关依法履行职责。

检察机关违法行使检察权,应当承担相应的责任。行政检察的对象不同于普通的公民、组织:行政机关掌握着几乎所有的国家和社会公共资源;与普通公民相比,行政机关具有较强的把握政策、理解法律的能力,这在客观上对检察机关正当行使职权形成了一种约束。这种约束可能使检察人员对监督行政权形成一定的畏难情绪,对此,检察机关采取的策略是强化考核。事实上,对那些"靠天吃饭"的检察工作进行量化考核并不科学。可以考虑将公民、组织等作为保障和监督检察机关依法认真履职的推动力量。

此外,权责统一不仅是纯粹的法律问题,而且是一个管理学上的问题。法律赋予检察机关监督职责,就要为它履行职责提供相应的体制、机制、人力、财力保障。同时,检察机关应当按照权责统一的要求健全工作机制。

(四)客观公正原则

在现代检察制度中,检察官负有客观义务,是各国的通例。检察官在刑事诉讼中应当保持客观公正的立场,以客观事实为根据,既要注意不利于犯罪嫌疑人、被告人的证据、事实和法律,又要注意有利于犯罪嫌疑人、被告人的证据、事实和法律,不偏不倚。[①] 简言之,检察官在诉讼中负有追求案件客观真实的义务。在刑事诉讼中,最能显现检察官客观性的表征是"审判程序主张被告无罪"。[②] 19世纪中后期,德国就确立了检察官在刑事诉讼中的客观义务原则。当初,围绕检察官的角色定位,德国学者展开了一场辩论。[③] 最终,检察官客观义务得以确立。此后,检察官客观义务传播到欧亚其他大陆法系国家和地区。我国台湾地区"刑事诉讼法"第344条第4款就有"检察官为被告之利益,亦得上诉"之规定。世界各国检察制度的形成和发展轨迹不尽相同,却蕴含了相通的法治理念和要求。我

① 参见陈永生、瓮怡洁:《检察官客观义务理论的起源与发展》,载《人民检察》2007年第17期。

② 参见林钰雄:《检察官论》,法律出版社2008年版,第21页。

③ 一种观点认为,检察官的定位如同民事诉讼原告,属于"两造"之"一造",职责在于攻击对造(被告),仅须收集对被告不利的事实证据。收集对被告有利的证据,是辩护人和被告人的事情,检察官不得为被告的利益提出上诉。另一种观点认为,检察官是法律守护人,负有彻头彻尾实现法律要求的职责。为实现刑事诉讼法之目的,检察官立于负双重等阶义务的地位,既为"不利"又为"有利"被告之事项而奔命。参见林钰雄:《检察官论》,法律出版社2008年版,第23页。

国《刑事诉讼法》从法律原则到法律规范，都体现了检察官客观义务的要求。①

既然检察机关在其承担追诉职责的刑事诉讼中仍需要承担客观义务，那么，有关检察机关监督公共行政的制度设计，更需要检察机关承担客观义务。检察机关履行监督行政的职责容易受到行政干预和地方保护主义的影响。检察机关行使行政检察监督权遵循客观公正原则，要本着对客观事实负责的态度，公正无偏地对待各方。

在行政诉讼监督中，与法院行使审判权始终保持中立有所不同，检察机关针对个案行使行政抗诉权的活动有可能表现为支持一方的主张。但是，检察机关的法律地位不同于当事人的代理人，它作为诉讼监督主体，应当依据法律规定和案件的证据情况独立地作出判断，尽力避免先入为主，不受当事人意志左右。检察官不得利用行政检察权偏袒一方、压制另一方，不得以案情和法律规定之外的因素决定案件的处理。②

① 法律原则，如《刑事诉讼法》第6条中的"以事实为依据，以法律为准绳"原则，第8条规定的检察机关依法对刑事诉讼实行法律监督的原则。法律规范，有《刑事诉讼法》规定的检察机关收集证据的义务、排除非法证据的义务、避免不当诉讼的义务、保护当事人实体权利和诉讼权利的义务、回避的义务、为被告利益提起法律救济的义务，都从不同角度体现了客观义务的要求。

② 关于检察官客观义务，我国学者大致有四种表述：第一种，认为检察官客观义务主要是一种价值追求，指检察官在诉讼中追求案件真实正义，诉讼观念上不是一方当事人，而是实现真实正义的忠实公仆，在追诉犯罪的同时要注意维护被追诉人的合法权益。第二种，认为检察官客观义务是指协调检察官的当事人角色和司法角色的制度安排，或者是在理念指导下的制度设计，它的精髓是"超越"，它解决的是一个超越当事人的问题，即为了发现真实情况，检察官不应该站在当事人的立场，而应该站在客观的立场上进行诉讼活动。第三种，认为检察官客观义务是一种原则，检察官既是审判等诉讼活动的参与者，又是法治的维护者，检察机关的主要任务是代表国家履行公诉等职责，确保法律得到公正的执行，人权得到尊重和保障。第四种，认为检察官客观义务是指检察官必须站在客观的立场上，追求案件的事实真相，不偏不倚地全面收集证据、审查案件和进行诉讼的思想、规范和行为。参见龚佳禾：《检察官客观义务研究》，载《湖南社会科学》2007年第5期。

行政诉讼基本问题

李广宇* 最高人民法院行政审判庭

目　次

---

* 李广宇,最高人民法院行政审判庭副庭长。

本文讲行政诉讼的三个基本问题:受案范围、诉讼参加人、起诉与受理。本文会介绍行政诉讼法和司法解释的重点条款,也会介绍一些条款背后的原理,还会穿插一些最高人民法院的最新裁判,以帮助更好地理解条文的意旨。

条文是死的,实践是活的,法律制度也需要持续地针对生活中的需求和冲突作出新的调整。

一、受案范围

(一)受案范围的概念

行政诉讼的受案范围,是指人民法院受理行政案件、解决行政争议的范围。在三大诉讼中,唯独《行政诉讼法》专章规定受案范围问题,说明"确定恰当的受案范围"在行政诉讼中具有特殊重要的意义。

为什么要划定受案范围?有两个方面的考虑:一方面,"使一切行使公权力的行为皆有法律救济方法,法院提供无漏洞的司法保障,以抵抗公权力的侵害是必要的";另一方面,行政诉讼又涉及司法权与行政权的权力分配,"司法机关没有能力对所有的行政行为都进行审查,全面的审查既不可能,也不必要"。权利救济的范围应当有多大?权力监督的程度应当有多深?法院的"能"与"不能"的界限应当如何划分?正是行政诉讼受案范围所要解决的问题。

(二)我国行政诉讼的受案范围

我国《行政诉讼法》采取的是一种以肯定性列举为主干的混合方式,即在第2条概括式地规定了行政诉讼受案范围的基本标准,在第12条肯定性列举了可诉性行政行为,在第13条否定性列举了不可诉行政行为。肯定性列举固然能使大家"一看就清楚",但弊端也很明显。因为列举永远无法穷尽,无法适应发展变化的现实需求。事实上,修改前的《行政诉讼法》将可以受理的案件局限于具体行政行为,将权利保护范围局限于人身权、财产权,极大地落后于社会发展。

《最高人民法院关于适用〈中华人民共和国行政诉讼法〉的解释》(以下简称《行诉法解释》)对于受案范围就采取了"概括肯定+列举排除"的方式。第一章总共两条,第1条第1款是概括肯定,第2款列举了10项不属于受案范围的情形。第2条则分4款,对《行政诉讼法》第13条规定的4种不受理的情形作了进一步界定。

《行诉法解释》第1条第1款规定:"公民、法人或者其他组织对行政机关及其工作人员的行政行为不服,提起诉讼的,属于人民法院行政诉讼的受案范围。"

这一规定与《行政诉讼法》第 2 条第 1 款的规定相似,实际是总体上划定行政诉讼的适用范围。

接下来我们进入行政诉讼最核心的一个概念:行政行为。因为新司法解释第 1 条,无论是第 1 款的正面概括式肯定,还是第 2 款的负面列举式排除,都是着眼于是不是属于"行政行为"。

行政行为是 19 世纪德国行政法理论的创造。奥托·迈耶第一次揭示了行政行为的本质特征,至今仍然具有决定性的影响。行政行为是行政实体法、行政程序法、行政诉讼法上具有三重归属的概念。

德国学者指出:"就诉讼意义而言,行政行为仍然是诉讼法律保护适法性的核心概念。行政行为具有开放诉讼法律保护的功能,有助于解决'是否'提供法律保护的问题。一旦将某个行政活动认定为行政行为,是否提供行政法律救济的问题随之解决;同时,行政行为对随后'如何'提供法律保护的问题也具有意义,即有助于确定诉权、诉讼类型、诉讼期限以及前置程序的必要性。另外,还有助于确定临时法律保护的形式及其法律后果。"

修改前的《行政诉讼法》采用了德国法上行政行为的概念,但却将具体行政行为规定为提起行政诉讼的起诉权标准,这就带来受案范围的狭窄,因为按照具体行政行为的定义,抽象行政行为、双方行政行为、事实行为,都被排除在外。《行政诉讼法》修改时,将所有的具体行政行为的概念都修改为行政行为。这一概念上的调整,使行政行为的内涵大大丰富,原来由于具体行政行为的定义给受理案件带来的理论和制度障碍也得以清除。这是否意味着具体行政行为的概念从此寿终正寝? 非也。

最高人民法院在金实案裁定中指出:修改后的《行政诉讼法》将原来的"具体行政行为"概念统一替换为"行政行为"。作出这一修改的目的,是为了使行政不作为、行政事实行为、双方行政行为等能够纳入受案范围,而原来所使用的"具体行政行为"的概念显然因为欠缺包容性和开放性而给受理这些案件制造了障碍,但不能认为,"具体行政行为"的概念就从此寿终正寝。

裁定接着指出:事实上,除去涉及行政不作为、行政事实行为、双方行政行为的场合,在撤销之诉中,"行政行为"的概念仍然应当理解为原来意义上的"具体行政行为"。其确切的含义应当是指:行政机关针对具体事件、单方面作出的、具有外部效果的、行政法上的处理行为。那些决定作出之前的准备行为和阶段行为、那些不具有外部效果的纯内部行为、那些不是针对具体事件的普遍的调整行为，仍然属于不可诉的行为。

新司法解释第 1 条第 2 款所排除的行为，基本上就是以“具体行政行为”作为衡量标准。以下我们逐项讨论被排除的行为：

1. 刑事司法行为

《行诉法解释》第 1 条第 2 款第 1 项排除的行为是：“公安、国家安全等机关依照刑事诉讼法的明确授权实施的行为。”这就是所谓的刑事司法行为。这里适用的其实正是我们前面所说过的“行政主体”理论。行政诉讼的审查对象是行政行为，但并非任何行政机关作出的任何行为都是行政行为。公安、国家安全等机关具有双重职能，除了行政管理职能，还具有一定的刑事司法职能，公安、国家安全等机关依照刑事诉讼法的明确授权实施的行为就不是行政行为。

最高人民法院在张玲案裁定中指出：公安机关具有行政管理和刑事司法双重职能。公安机关在行使行政管理职权过程中违法侵害他人合法权益的，产生的是行政赔偿责任；在依照《刑事诉讼法》的明确授权行使刑事司法职能过程中违法侵害他人合法权益的，产生的是刑事赔偿责任。由公安机关管辖的看守所，是羁押依法被逮捕、刑事拘留的犯罪嫌疑人的机关，看守所对犯罪嫌疑人实施羁押监管，其职权的立法依据来源于《刑事诉讼法》。

2. 调解与仲裁行为

《行诉法解释》第 1 条第 2 款第 2 项排除的行为是：“调解行为以及法律规定的仲裁行为”。

调解行为之所以被排除，在于这种行为没有强制力，调解行为是否产生法律效力，不取决于行政机关的意志，而取决于当事人各方的意愿。当然，如果行政机关强制调解，该行为就变成了违背当事人意志的行政命令。

仲裁行为之所以被排除，在于救济途径的问题。根据法律规定，有些仲裁行为应当提起民事诉讼，有些仲裁行为还可能是一级终局仲裁。能不能提起行政诉讼，要看法律对于救济渠道有没有特别规定。

3. 行政指导行为

《行诉法解释》第 1 条第 2 款第 3 项排除的行为是：“行政指导行为。”行政指导，顾名思义，就是一种示范、倡导、咨询、建议、训导等性质的行为，行政相对人听与不听，具有选择自由，因此行政指导通常不具有羁束力和强制力。

最高人民法院在张月仙的裁定中对此曾经指出：“这些指导、支持、帮助等行为，在性质上属于行政指导。通常情况下，行政指导因其不具有羁束力和强制力，不能成为撤销之诉的对象。基于同样的道理，也不能通过提起一个履行法定职责之诉,要求判令行政机关履行行政指导职责,因为,履行法定职责之诉要求作出的行为必须是一个法律行为,但行政指导显然并不属于这样一种旨在设定某种法律后果的个别调整行为。”

4. 重复处理行为

《行诉法解释》第 1 条第 2 款第 4 项排除的行为是:“驳回当事人对行政行为提起申诉的重复处理行为。”

当事人对行政行为提起申诉,学理上称作行政程序重开,也就是,请求行政机关重开行政程序,对此前作出的行政行为撤销、废除。为什么行政机关驳回申诉的行为不可诉? 因为行政机关的驳回只是一个重复处理,并没有作出一个对当事人权利义务产生新的影响的行为。此外,如果此类行为可诉,就会使提起复议和诉讼的期限事实上被取消,不利于行政法律关系的稳定,也会失去人们对行政行为的信任。

我们来看最高人民法院在王建设案裁定中对“行政程序重开”的论述:行政行为是行政机关行使行政职权、进行行政管理的行为,一经作出,即产生行政法律效果。虽然行政行为的作出是单方面的,但约束力却是双方面的。对于当事人而言,一旦法律救济的期限届满、自我放弃法律救济手段,或者因其他情形导致法律救济途径穷尽,行政行为即具备不可撤销性。行政行为在其存续期间,对于行政机关同样具有约束力。这是由行政行为的处理性特征所决定的——过于随意的处理是不理智和没有意义的;从法的安定性出发,也不允许行政机关翻云覆雨、暮楚朝秦。

但通说认为,行政行为的约束力只存在于行政行为的存续期间。行政机关虽然受行政行为的约束,但在特定条件下可以在法律救济程序之外自行撤销或者废止行政行为。当事人虽然因法律救济期限届满等原因,不能再通过诉讼途径请求撤销或者废止行政行为,但却可以请求行政机关重开行政程序,对行政行为自行撤销或者废止。不过,行政程序的重开受到严格的条件限制,这些条件包括,作为行政行为根据的事实或法律状态发生变化,行政行为作出后出现了足以推翻行政行为的新的证据。如果当事人仅仅是沿袭之前的主张,行政机关作出的拒绝答复或者不予答复在性质上就系驳回当事人对行政行为提起申诉的重复处理行为,不属于行政诉讼的受案范围。

5. 不对外发生法律效力的行为

《行诉法解释》第 1 条第 2 款第 5 项排除的行为是:“行政机关作出的不产生外部法律效力的行为。”这里强调的是可诉的行政行为必须具有法效性。

德国学者毛雷尔对行政行为的法效性有精辟论述："行政行为仅仅是——超越内部行政领域——设定公民或者其他外部法人权利义务的处理行为。""行政行为——如同法律规范那样——属于外部法律规范。""它必须以外部法律效果为指向，即：处理行为根据其客观的意义内涵对外产生效果，不仅（事实上）在外部领域发生或者可能发生效果，而且应当（在法律上）发生效果。"

德国学者弗里德赫尔穆·胡芬曾经归纳，"没有对外效力的是：内务上的指示、行政规定、宣布等，为以后的行政行为所作的准备，包括其他机关相应的职务协助，内部计划（交通路线的确定、土地利用计划等），不涉及公职人员基本身份的公务员法上的措施，多级行政行为中其他机关的协作行为，地方组织法范围内的内部措施，行政机关内部的其他组织行为，包括教育组织上的措施"。

最高人民法院在恒运矸石厂案中对此也有详细论述。裁定指出：通常意义上的行政行为，仍需具有单方性、个别性和法效性等特征。单方性强调的是，法律效果系基于行政机关单方意思表示；个别性强调的是，行为的对象必须是特定之人和具体事件；法效性强调的则是，行为直接对外发生法律效果。所谓直接，是指法律效果必须直接对相对人发生，亦即行政行为一旦作成，即导致法律关系的发生、变更、消灭。所谓对外，是指行政行为对于行政主体之外的人发生法律效果，行政机关之间或行政机关内部的意见交换等行政内部行为因欠缺对外性而不具有可诉性。

裁定指出：从本案被诉《方案》来看，尽管其中包括"对未按期自行清理拆除的不合法洗煤厂、煤矸石加工厂和煤泥晾晒厂……依法取缔、关闭、吊销相关证照"等涉及权利义务的内容，从而具备单方性、个别性的某些特征，但《方案》同时还强调，"政府将组织有关部门，按照部门职权"进行，并明确了镇政府、供电公司、县国土部门、县市场监管部门、县环保部门、县信访局、县公安局等机关应当履行的具体职责。因此，《方案》并不具备直接、对外发生法律效果的特点，在性质上属于颍上县政府向各乡镇政府、县直有关单位下发的内部工作安排，其法律效果还须通过有关职能部门依职权针对特定相对人作出相应处理决定加以实现。

裁定还对"多阶段行政行为"进行了论述：也许孤立地来看，一个行为的可诉性并不成疑，但如果这个行为只是多阶段行政行为当中的一个阶段，就只能认定最后阶段直接对外生效的那个行为为可诉的行政行为。所谓多阶段行政行为，是指行政机关作出行政行为，须有其他行政机关批准、复核、参与始能完成之情形。各行政机关之间，既可能是平行关系，也可能是垂直关系。后者一般如下级机关的行政行为须经上级机关批准才能对外生效，或者上级机关指示其下级机关对外作出发生法律效果的行政行为。在存在复数行政行为的情况下,只有直接对外发生法律效果的那个行为才是可诉的行政行为,其他阶段的行政行为只是行政机关的内部程序。

6. 过程性行为

《行诉法解释》第1条第2款第6项排除的行为是:“行政机关为作出行政行为而实施的准备、论证、研究、层报、咨询等过程性行为。”过程性行为不可诉,在于它不是一个最终决定,因而不会产生法律效果,不会对当事人的权利义务产生影响。施瓦茨指出:“强调时机的成熟性也是当今行政法的特点。”“受指控的行政行为的效力不应是模糊不清的、不确定的,相反,这种效力应当成熟到具有最终性。”

施瓦茨指出:“裁决行政行为是否成熟到可以复审的阶段,主要取决于行政行为的效力如果行政行为确实对私方当事人的人身或财产造成了不利影响,那就应当应他们的请求予以复审。另一方面,如果行政行为仅是最初的或程序上的措施,对私方当事人还没有发生影响,那就不能予以复审。”

最高人民法院在陈银花案裁定中对此也有论述,即通知行为不能单独诉请撤销。裁定指出:类似本案被诉《公告》这样的通知,只是行政机关的一种程序行为,其目的只是在于开始一个行政程序。对于这种程序行为,并不能单独诉请撤销,而只能以程序违法为由诉请撤销此后作出的实体决定。这是为了防止单独诉请撤销程序行为而拖延行政程序的进行,同时也符合法律保护利益的观点,即程序违法只有在影响实体决定的情况下才予以救济。此外,也是为了防止出现针对程序行为和针对实体决定同时进行诉讼的危险。固然,在有些情况下,一个单纯的程序行为也会有对公民、法人或者其他组织合法权益构成侵犯的可能,在特定案件中也不能绝对排除程序行为的可诉性,但就本案而言,被诉《公告》只是通知再审申请人与行政机关联系办理房屋征收补偿事宜,显然不会对其所主张的名字权、名誉权造成伤害,因此,并不符合可以单独就程序行为寻求救济的情形。

7. 协助执行行为

《行诉法解释》第1条第2款第7项排除的行为是:“行政机关根据人民法院的生效裁判、协助执行通知书作出的执行行为,但行政机关扩大执行范围或采取违法方式实施的除外。”

协助执行行为为什么不可诉?最高人民法院在三宝公司案裁定中有详细阐述。

裁定指出:第一,《民事诉讼法》第251条规定:“在执行中,需要办理有关财产权证照转移手续的,人民法院可以向有关单位发出协助执行通知书,有关单位必须办理。”据此,行政机关根据人民法院的生效裁判、协助执行通知书作出的执行行为,属于履行法律规定的协助义务,不是行政机关的自主行政行为。第二,根据《行诉法解释》第 69 条第 1 款第 9 项的规定,“诉讼标的已为生效裁判或者调解书所羁束的”,“已经立案的,应当裁定驳回起诉”。行政机关作出的协助执行行为在性质上属于人民法院司法行为的延伸和实现,当事人要求对行政机关协助执行人民法院生效裁判的行为进行合法性审查,事实上就是要求人民法院对已被生效裁判羁束的争议进行审查,因而不能得到准许。如果当事人认为行政机关的协助执行行为侵犯其合法权益,应当针对人民法院生效裁判通过审判监督程序寻求救济。

《行诉法解释》第 1 条第 2 款第 7 项规定了一种例外情形,即“行政机关扩大执行范围或者采取违法方式实施的除外”。这种情况下,行政机关的执行行为属于行政诉讼受案范围,是因为行政机关的此种行为已经失去了人民法院裁判文书的依托,超出了人民法院协助执行通知书的范围和本意,在性质上不再属于实施司法协助的执行行为,应当受到司法审查并独立承担法律责任。

8. 层级监督行为

《行诉法解释》第 1 条第 2 款第 8 项排除的行为是:“上级行政机关基于内部层级监督关系对下级行政机关作出的听取报告、执法检查、督促履责等行为”。

这种内部业务指令属于内部行政领域。德国学者毛雷尔指出:“上级有权对其下级行政机关或者公务员发布有关机构和活动的方面的指令。今天人们一致认为指令具有法律和处理行为的属性,但其仍然属于内部行政领域;它没有外部效果,因而不是行政行为。”

最高人民法院在李清林案裁定中指出:再审申请人因认为再审被申请人安阳市政府未履行监督、监管、纠正安阳市食药局违法行为的职责而提起诉讼。虽然安阳市政府具有监督其所属工作部门的职责,但这种职责系基于上下级行政机关之间的层级监督关系,属于行政机关的内部监督管理范畴。上级行政机关对下级行政机关监督职责的履行与否,一般并不直接设定当事人新的权利义务。从司法权与行政权的关系出发,人民法院也不宜过多地介入行政机关的内部关系当中。此外,从诉的利益考虑,当事人如果认为下级行政机关的行政行为侵犯其合法权益,可以通过直接针对下级行政机关提起行政诉讼的方式寻求救济,在有更为便捷直接的救济方式的情况下,较为“迂回”和“间接”的方式就不能被容许。

9. 信访行为

《行诉法解释》第 1 条第 2 款第 9 项排除的行为是:“行政机关针对信访事项作出的登记、受理、交办、转送、复查、复核意见等行为。”

信访行为为什么不可诉? 主要在于此类行为另有法律救济途径。

最高人民法院在杨中国案裁定中指出:信访制度是与行政复议和行政诉讼制度相互独立、相互分离的权利救济制度。对于能够通过诉讼、仲裁、行政复议等法定途径解决的事项,信访途径是排斥的;基于同样理由,对于信访工作机构处理信访事项的行为、不履行《信访条例》规定的职责的行为,或者行政机关依据《信访条例》作出的处理意见、复查意见、复核意见和不再受理决定,行政复议和诉讼途径亦是排斥的。《信访条例》对不服信访答复意见提供了复查、复核等充足的救济途径,信访人穷尽救济途径或者自愿放弃救济,信访事项即告终结。

10. 不产生实际影响的行为

《行诉法解释》第 1 条第 2 款第 10 项排除的行为是:“对公民、法人或者其他组织权利义务不产生实际影响的行为。”

不产生实际影响,既包括行政行为具有法律效力,只是对公民、法人或者其他组织权利义务不产生实际影响;也包括行政行为本身就没有法律效力,对权利义务产生实际影响更是无从谈起。

最高人民法院在陈银花案裁定中指出:撤销之诉是行政诉讼最为经典的诉讼种类,它以通过撤销为原告设定负担的行政行为的方式来形成权利。这就要求,请求撤销的行为必须是一个为原告设定负担、具有法律约束力、旨在设定一种法律后果的个别调整。《行诉法解释》第 1 条第 2 款第 10 项“不属于人民法院行政诉讼的受案范围”的情形,即“对公民、法人或者其他组织权利义务不产生实际影响的行为”,就包括这层含义。本案所诉《公告》,只是一个公开而个别的通知,目的是通知行政行为的相对人参加行政程序,并不具有任何旨在创设、变更、解除或具有约束力地确认某种权利义务的内容。因此,此类行为不能成为撤销之诉的对象。

《行诉法解释》第 2 条分 4 款对《行政诉讼法》第 13 条列举排除的 4 种情形作了进一步界定。

1. 国家行为

《行政诉讼法》第 13 条第 1 项规定的“国家行为”,是指国务院、中央军事委员会、国防部、外交部等根据宪法和法律的授权,以国家的名义实施的有关国防和外交事务的行为,以及经宪法和法律授权的国家机关宣布紧急状态等行为。

国际上一般将此种事项称为“统治行为”。“统治行为”一词，源自法文 acte-gouvernement，统治行为理论，则来自德国现代行政法学的奠基人奥托·迈耶。他指出：“国家活动的整体其实是通常所说的三分论：立法、司法、行政”“但并非所有既非立法又非司法的活动就是行政活动”。统治行为严格讲并不属于行政行为。

理解本条规定，具体应当把握以下几点：第一，从行为的性质来看，排除在行政诉讼受案范围之外的国家行为主要是指国防、外交等行为；第二，从实施国家行为的主体来看，主要包括国务院、中央军事委员会、国防部、外交部等；第三，从职权依据来看，实施国家行为必须是根据宪法或法律的授权，以国家的名义实施。

2. 抽象行政行为

《行政诉讼法》第 13 条第 2 项规定的“具有普遍约束力的决定、命令”，是指行政机关针对不特定对象发布的能反复适用的规范性文件。

最高人民法院在金实案裁定中指出：废除“具体行政行为”的概念，也不意味着抽象行政行为就此纳入了行政诉讼的受案范围。按照《行政诉讼法》第 13 条第 2 项的规定，直接针对“行政法规、规章或者行政机关制定、发布的具有普遍拘束力的决定、命令”等抽象行政行为的起诉，仍然被排除在受案范围之外。又按照《行政诉讼法》第 53 条第 1 款的规定，公民、法人或者其他组织认为(具体)行政行为所依据的国务院部门和地方人民政府及其部门制定的规范性文件不合法，在对(具体)行政行为提起诉讼时，才可以一并请求对该规范性文件进行审查。

关于抽象行政行为的判断标准，最高人民法院在黄绍花案裁定中对“具有普遍约束力的决定、命令”的判断标准进行了论述：一审法院认为，抚恤标准是具有普遍约束力的决定，并不具有可诉性，原告的起诉不属于行政诉讼受案范围，据此裁定驳回了起诉。再审申请人认为，在辉县市水利建设工程中因公伤亡的民工人数是特定的，因此，辉县市政府下发的《通知》不具有适用于不特定多数人的性质，并非行政机关发布的具有普遍约束力的决定和命令，属于可诉的行政行为。就辉县市政府下发的《通知》是否属于行政机关发布的具有普遍约束力的决定、命令而言，本院对再审申请人的上述观点予以认可。可诉行政行为的一个重要标志，就是针对具体事件，并且指向特定个人。但是，个别与一般的区别不能仅根据数量确认，如果具体的处理行为针对的不是一个人，而是特定的或者可以确定的人群时，个别性仍然成立。

规范颁布之诉也不被允许，最高人民法院在李国秀案裁定中指出：从再审申请人请求报告的内容来看，其核心是请求山东省人民政府对相关政策进行解释并要求尽快出台相关法规政策。这种请求在性质上属于要求行政机关进行一般性的规范创制。应当承认，公民、法人或者其他组织的合法权益，不仅会由于具体行政行为而遭受侵害，也会由于行政机关应当颁布而未颁布相应规范而受到影响，但是，《行政诉讼法》只是规定公民、法人或者其他组织在针对行政机关作出的行政行为起诉时才可以一并请求对该行政行为所依据的规范性文件进行审查，并没有规定可以直接提起要求行政机关依照其申请制定规范或解释规范的规范颁布之诉。从这个意义上讲，再审申请人提起的本案之诉，既不符合履行职责之诉的法定起诉条件，也不属于行政诉讼的受案范围。

3. 特别权力关系

《行政诉讼法》第 13 条第 3 项规定的"对行政机关工作人员的奖惩、任免等决定"，是指行政机关作出的涉及行政机关工作人员公务员权利义务的决定。

将此种事项排除在行政诉讼受案范围之外，理论基础是所谓的"特别权力关系"。但随着时代的发展，特别权力关系逐渐瓦解，并且被部分废除。

适用本项规定的核心问题，是要把握，法律之所以排除"行政机关对行政机关工作人员的奖惩、任免等决定"，在于这类决定因为涉及的是行政机关工作人员的权利义务，因而属于内部行政行为。最高人民法院行政审判庭的实务见解认为："区分内部行为与外部行为主要应看行政行为所涉及的权利义务，是一个普通公民的权利义务还是行政机关公务员所特有的权利义务，如果是行政机关公务员特有的权利义务，应当认定为内部行为。"这类纠纷排除的是"行政机关对行政机关工作人员"之间因"奖惩、任免等决定"而发生的纠纷，也就是说，"范围限于公务员与所属行政机关之间基于国家职务关系所发生的内部行政行为"。

所谓"国家职务关系"，必须是已经成为公务员，依法具有行使行政职权的职责权限，才能够与所属行政机关形成"国家职务关系"。公务员进门之前的考试录用，公务员因退休、辞职、开除丧失公务员身份之后与行政机关之间产生的行政纠纷，均不属于因"国家职务关系"发生的内部行政行为纠纷，属于普通公民与行政管理之间形成的外部行政行为纠纷，属于可诉的行政行为范畴。这种"外部性"的诉讼，在审判实践中已为人民法院所受理，例如张先著诉芜湖市人事局案就是涉及公务员招考录用的影响性诉讼。在提起行政诉讼时，原告并未取得公务员资格，尚属于"外部行政行为"，因而人民法院予以受理。

4. 最终裁决

《行政诉讼法》第 13 条第 4 项规定的"法律规定由行政机关最终裁决的行政行为"中的"法律"，是指全国人民代表大会及其常务委员会制定、通过的规范性文件。

所谓“由行政机关最终裁决”，又称为行政终局裁决权，从根本上讲，这应当是行政与司法不分的历史产物。“停止行政司法，一切违法行为均由法院裁判”，是一种历史趋势。

《行政诉讼法》虽然保留了对于“最终裁决”的认可，但却强调了最终裁决必须由“法律规定”。新司法解释则通过将“法律”解释为“是指全国人民代表大会及其常务委员会制定、通过的规范性文件”，进一步收紧了口袋。这也就是说，除了全国人民代表大会及其常务委员会以外，其他任何机关都无权设定行政终局裁决权。拥有终局裁决权的机关并不对所有的事项都拥有终局裁决权，如果拥有终局裁决权的机关超出了终局裁决的范围，所实施的行为都是可诉的。某些机关通过行政解释扩大终局裁决的范围，也是无效的。

最高人民法院在陈银花案裁定中指出：司法最终原则是法治原则的根本体现，也是法治精神的最重要的支柱，行政行为的司法救济越来越广泛，有利于更好地维护公民、法人或者其他组织的合法权益。但是，司法最终原则也与法律制度中的其他原则一样，都有例外作为其必要的组成部分。行政终局裁决权就是其中一种例外。以本案所涉及的征地批复为例，虽然确如再审申请人所言，修改后的《行政诉讼法》第12条在受案范围中增加了“对征收、征用决定及其补偿决定不服的”这样一种情形，但该法第13条第4项仍然将“法律规定由行政机关最终裁决的行政行为”列为人民法院不受理的事项。

最高人民法院在陈银花案裁定中接着指出：最高人民法院（2005）行他字第23号《关于适用〈中华人民共和国行政复议法〉第三十条第二款有关问题的答复》明确规定，“《中华人民共和国行政复议法》第三十条第二款规定的最终裁决应当包括两种情况：一是国务院或者省级人民政府对行政区划的勘定、调整或者征用土地的决定；二是省级人民政府据此确认自然资源的所有权或者使用权的行政复议决定。”据此，省级人民政府征用土地的决定属于最终裁决行为。

二、诉讼参加人

凡诉讼，均有所谓当事人之存在。

兼子一说：“民事诉讼的目的是基于审判权解决私人之间纠纷，所以民事诉讼是以接受其审判权的对立的当事人存在为前提的，并把他们作为主体，让他们去追求诉讼上的利益。这种当事人的对立关系构成诉讼的基本结构。”

对立之双方当事人，在一审就是原告和被告，在二审就是上诉人与被上诉人。

行政诉讼,除了解决的是行政争议,进而对立双方是行政相对人与行政机关,这一点有所不同外,基本结构与民事诉讼并无大的差异。所以,狭义的当事人也是指原告和被告。

(一)当事人、诉讼参加人、诉讼参与人的范围

在德国和中国台湾地区的行政诉讼法上,主要的当事人是作为讼争之两造的原告和被告,此外,亦将以下两类参加人纳入当事人范围:一是必要共同诉讼之独立参加,二是利害关系人之独立参加。前者"于本诉讼有直接利害关系,与两造同为裁判效力之所及,在法律上必须合一确定,故应使该参加人居于当事人之地位而为诉讼行为。"后者"因该参加人之权利或法律上利益将因撤销诉讼之裁判而直接受到影响,与仅辅助一造而为诉讼行为辅助参加人不同"。

在我国的行政诉讼中,通说认为,当事人是指因发生行政争议,以自己名义进行诉讼,并受人民法院裁判拘束的主体。包括原告、被告、第三人及共同诉讼人。

当事人是诉讼参加人的子概念,当事人和诉讼代理人一起,统称为诉讼参加人。诉讼代理人乃以他人之名义为诉讼之行为,固非当事人,但其与案件的审理结果具有利害关系,是诉讼权利义务的主要承担者,是进行诉讼活动的基本主体。

此外,还有一个范围更为广泛的概念:诉讼参与人。除了诉讼参加人之外,还包括了证人、鉴定人、勘验人、翻译人员等。这类诉讼参与人在法律上与案件没有利害关系,但是,他们在诉讼中依法享有特殊的诉讼地位,参与特定诉讼活动。

《行政诉讼法》第四章规定的是诉讼参加人。共有八条,分别规定了原告、被告、共同诉讼、代表人诉讼、第三人、法定代理人、委托代理人,以及当事人及诉讼代理人的卷宗阅览权与调查取证权。

《行诉法解释》第三部分亦用了"诉讼参加人"作标题。这一部分共 22 条,对《行政诉讼法》的相关规定作了诸多细化解释。其中,涉及原告的 7 条,涉及被告的 8 条,涉及共同诉讼当事人的 2 条,涉及代表人诉讼的 1 条,涉及第三人的 1 条,涉及诉讼代理人的 3 条。

(二)当事人资格

当事人资格涉及多个层次,以与本案诉讼标的的远近关系为顺序,存在以下几个概念:当事人能力、诉讼能力、当事人适格。

1. 当事人能力

当事人能力,"为诉讼上当事人之一般资格"。"是一种与诉讼标的无关的,

一般意义上被认可的资格”。

根据《行政诉讼法》第2条和第25条的规定，有权提起行政诉讼的是“公民、法人或者其他组织”。换言之，公民、法人或者其他组织具备行政诉讼的原告当事人能力。

“当事人能力之有无，原则上以权利能力之有无为准。凡有权利能力者，均有当事人能力，否则失其保护权利之道。”

(1)公民

公民属于自然人。对于自然人权利能力的认定，适用《民法总则》关于自然人的民事权利能力的规定。

人之权利能力，始于出生，终于死亡。自死亡之日起，即不能再为诉讼当事人。所有以其名义提起之诉讼，依法均不能受理。

所谓原告资格转移，是指这样一种情况，“原告资格确定后，如发生法定事由，致使原告客观上不复存在时，应由其他相关的人或组织接替进行诉讼，此时即发生原告资格的转移。原告资格转移后，由接替原告的人或组织继续行使诉讼权利，履行诉讼义务。原告此前的诉讼行为仍然有效，对新的诉讼主体具有拘束力。”原告资格的转移主要发生在以下几种情况：原告死亡、法人或者其他组织终止。

《行政诉讼法》第25条第2款规定：“有权提起诉讼的公民死亡，其近亲属可以提起诉讼。”该款规定既体现了对已死亡公民合法权益的保护，又体现了对当事人能力的要求。所谓有权提起诉讼的公民死亡，既有可能是在还没有提起诉讼时就已死亡，也有可能是在诉讼过程中死亡。前种情形并不属于原告资格转移，因为有关公民尚未提起诉讼即死亡，有关公民并未取得原告资格，当然不发生原告资格转移的问题。其近亲属和有关人员以自己名义起诉的，由其自己直接作为原告。其原告资格并非承继而来，而是依据法律的规定直接获得。真正发生原告资格转移的是后一种情形，“原告在诉讼中死亡，由其近亲属依法承继诉讼。”

(2)法人和非法人组织

《民法总则》第57条规定：“法人是具有民事权利能力和民事行为能力，依法独立享有民事权利和承担民事义务的组织。”法人包括营利法人、非营利法人和特别法人。

《民法总则》第102条规定：“非法人组织是不具有法人资格，但是依法能够以自己的名义从事民事活动的组织。非法人组织包括个人独资企业、合伙企业、不具有法人资格的专业服务机构等。”

《行诉法解释》第 15 条至第 18 条规定了各类法人、非法人组织的当事人能力。

《行诉法解释》第 15 条规定的合伙企业、个体工商户的权利能力，适用了“登记”的标准。

“当事人能力为法院应依职权调查之事项”，如无当事人能力，应以裁定驳回之。

淮阳县第二化肥厂案裁定指出：当事人具备参与能力是行政诉讼的法定起诉条件之一，人民法院可以在诉讼程序的任何阶段依职权进行审查。如果原告无参与能力，则起诉就属不符合法定条件，人民法院可以径行裁定驳回起诉，而无须进一步审查其他起诉条件，也无须通知被告答辩。只有在当事人是否具有参与能力情况不明需要调查时，人民法院才有必要调查、询问乃至开庭审理予以查明。

2. 诉讼能力

“当事人具有当事人能力与当事人能否自己提起诉讼、选任律师，进行辩论是两回事。当事人进行上述行为还要有诉讼能力。”诉讼能力也称诉讼行为能力，“是指当事人自己为诉讼行为所必要的诉讼法上的能力”。

“原则上有民法上行为能力者，即有诉讼行为能力。”反过来讲，有没有诉讼行为能力，亦可参照民法上对于民事行为能力的规定。《民法总则》对于民事行为能力有详细规定。无民事行为能力人和限制民事行为能力人主要包括未成年人和精神病人。

《行政诉讼法》第 30 条规定：“没有诉讼行为能力的公民，由其法定代理人代为诉讼。法定代理人互相推诿代理责任的，由人民法院指定其中一人代为诉讼。”当事人没有诉讼行为能力，是法定代理人产生的前提。

在诉讼中，无民事行为能力人、限制民事行为能力人的监护人是他的法定代理人。

《行政诉讼法》第 31 条第 1 款规定：“当事人、法定代理人，可以委托一至二人作为诉讼代理人。”委托代理人是诉讼代理人的一种，是指受当事人、法定代理人的委托，并以被代理人的名义进行诉讼活动的诉讼代理人。委托代理人具有以下三个特征：其一，代理权的发生是基于当事人、法定代理人的意思表示，而不是由法律规定。其二，代理事项及权限一般由当事人、法定代理人决定。其三，在委托人的授权范围内进行诉讼活动。

3. 当事人适格：原告

正当的当事人才涉及就本案特定诉讼标的有无诉讼实施权问题。我国台湾地区有一判例指出:“按当事人适格,乃指当事人就特定诉讼标的有实施诉讼之权能而言,只须主张自己为权利人,而对其主张之义务人提起,即为当事人适格。”

(1)原告适格:利害关系

《行政诉讼法》第25条第1款规定:“行政行为的相对人以及其他与行政行为有利害关系的公民、法人或者其他组织,有权提起诉讼。”最高人民法院在臧金凤案裁定中指出:“该条虽然看似将适格原告区分为两大类,但事实上适用了一个相同的标准,这就是‘利害关系’。通常情况下,行政行为的相对人总是有诉权的,因为一个不利行政行为给他造成的权利侵害之可能显而易见。因此,有人把行政相对人称为‘明显的当事人’”。

裁判接着指出:但是,可能受到行政行为侵害的绝不仅仅限于直接相对人。为了保证直接相对人以外的公民、法人或者其他组织的诉权,而又不使这种诉权的行使“失控”,法律才限定了一个“利害关系”的标准。所谓“利害关系”,也就是有可能受到行政行为的不利影响。具体要考虑以下三个要素:是否存在一项权利;该权利是否属于原告的主观权利;该权利是否可能受到了被诉行政行为的侵害。

作出这种限制,主要在于行政诉讼的主观诉讼性质。对此,我们在臧金凤案裁判中指出:行政诉讼的原告资格关系什么样的人有权提起行政诉讼并启动对行政行为的司法审查。因此,原告资格问题实质上也是诉权问题。通说认为,诉权概念的产生有其历史背景,当时是为了拒绝这样一种观点:行政诉讼是一种客观合法性审查。客观合法性审查事实上会导致个人可以主张他人的权利乃至民众的权利,会把行政诉讼变成一种民众诉讼。但行政诉讼制度之发端,终究是为了对每一个其自身权利受到侵害的个人提供法律保护。《行政诉讼法》第2条第1款规定:“公民、法人或者其他组织认为行政机关和行政机关工作人员的行政行为侵犯其合法权益,有权依照本法向人民法院提起诉讼。”就体现了这样一种更加侧重权利救济的主观诉讼性质。

(2)有利害关系的情形

《行诉法解释》第12条对“与行政行为有利害关系”的情形进行了列举:“(一)被诉的行政行为涉及其相邻权或者公平竞争权的;(二)在行政复议程序等行政程序中被追加为第三人的;(三)要求行政机关依法追究加害人法律责任的;(四)撤销或者变更行政行为涉及其合法权益的;(五)为维护自身合法权益向行政机关投诉,具有处理投诉职责的行政机关作出或者未作出处理的;(六)其他与行政行为有利害关系的情形。”

这种列举的方式,优点是明白、易援引,但缺乏对于判断标准的归纳。

(3)自己的权利

以毕梅玲案为例。再审申请人毕梅玲是一位年届六旬的人民教师,她提起本案诉讼,是请求确认登封市政府与清华园学校签订的《登封清华园学校项目合同》违法无效,因为依据该合同,"登封市政府将公办学校老师配备到民办的清华园学校任教,侵犯了登封市人民的利益";"被分配到清华园学校的老师一人获得两份报酬,违反了按劳分配原则,损害国家利益";"登封市政府干涉公办学校的用人自主权,造成公办学校学生受教育权受到侵犯"。

裁定书指出:展读诉状,我们对这位老教师的义举心生敬意,也毫不怀疑她"不为一己私利"的动机,但是,也正是因为她提起诉讼"不为一己私利",才不符合《行政诉讼法》规定的起诉条件。按照《行政诉讼法》第 2 条第 1 款的规定,只有自己的合法权益受到行政机关和行政机关工作人员的行政行为侵犯的,才能提起行政诉讼。《行政诉讼法》第 25 条第 1 款规定的原告资格,也要求与行政行为"有利害关系"。如果不是为救济自己的权益而提起诉讼,除法律明确规定的公益诉讼等特殊情形外,原则上均不能受理。本案中,再审申请人无论是主张"登封市人民的利益""国家利益",还是"公办学校学生受教育权",均不属于她自己的利益,原审法院驳回其起诉,符合法律规定。

以李百勤案为例。本案的争执是,再审申请人李百勤向二七区政府邮寄《情况反映》,要求其在合理期限内拆除或责令停止杨寨社区综合安置楼工程施工项目施工,因为他认为该工程是违法建设的小产权房,严重影响了土地利用整体规划和城乡建设规划,给群众造成了很大损害。二七区政府没有作出答复,李百勤提起行政诉讼,请求依法确认二七区政府未依法履行拆除职责的行为违法,并判令其依法履行法定职责。一审法院驳回了他的起诉,理由是,李百勤作为公民,虽有权对违法建设行为监督举报,但这种监督举报的权利不能等同于行政相对人对行政行为提起行政诉讼的权利,是否强拆的行为并不产生直接侵害李百勤合法权益的法律后果,与其权利义务没有直接利害关系,因此其不是本案的适格原告。本院认可一审法院的裁判观点,并支持一审法院的裁判结果。

判断是否属于自己的合法权益,主要看一个法律规范的保护目的究竟是保护个别公民的利益,还是保护公共利益。如果法律规范的保护目的是个别公民的利益,或者不仅是保护公共利益,同时也是为了保护个别公民的利益,就可以承认个人利益存在。反之,如果法律规范的保护目的仅仅在于公共利益,则不能认可公民个人享有诉权。在本案,李百勤在向二七区政府邮寄的《情况反映》中,援引

《城乡规划法》作为保护规范。该法第1条所规定的立法目的，是“为了加强城乡规划管理，协调城乡空间布局，改善人居环境，促进城乡经济社会全面协调可持续发展”，其公共利益性质显而易见。该法第9条第2款又规定：“任何单位和个人都有权向城乡规划主管部门或者其他有关部门举报或者控告违反城乡规划的行为。城乡规划主管部门或者其他有关部门对举报或者控告，应当及时受理并组织核查、处理。”这一规范所赋予“任何单位和个人”的举报或者控告的权利也是基于公共利益。

再审申请人李百勤在一审法庭询问时又陈述，“杨寨社区综合安置楼各项指标均没有经过行政机关的许可，空气是流通的，该工程对空气的危害不仅仅是二七区，郑州市每个公民均受到了侵害”，以此说明其与该违法工程有利害关系。但这也恰恰论证了他只是郑州市每个公民当中的一员，他由于“该工程对空气的危害”所受到的侵害，并未区别于“郑州市每个公民”。固然，保护环境是我国的基本国策，“绿水青山就是金山银山”的理念已经深入人心，公民对于环境权的关注越来越彰显，但是，个人主张环境权时也应依照相关法律规范行使。《环境保护法》第57条第1款规定：“公民、法人和其他组织发现任何单位和个人有污染环境和破坏生态行为的，有权向环境保护主管部门或者其他负有环境保护监督管理职责的部门举报。”“公民、法人和其他组织发现地方各级人民政府、县级以上人民政府环境保护主管部门和其他负有环境保护监督管理职责的部门不依法履行职责的，有权向其上级机关或者监察机关举报。”

但是，这种举报仍然属于公共利益规范，如果举报人不是基于自己的权利受侵害而进行举报，就不能因为进行了举报便具有了相对人的资格。再审申请人主张，“郑州市每个公民均受到了侵害”，但以维护“郑州市每个公民”的环境权为目的的诉讼，显然属于环境公益诉讼范畴，而对于提起环境公益诉讼的权利，《环境保护法》只赋予特定的符合法定条件的社会组织；《行政诉讼法》只赋予人民检察院，公民个人尚没有提起环境公益诉讼的原告资格。

(4)共同原告

还有一个容易忽视的共同原告问题。我们在王薇案裁判中谈到了这个问题：一审法院在审理过程中追加王薇、王君为第三人，显然注意到了王薇、王君的合法权益可能会受到即将作出的裁判的影响，将其追加为第三人，也有利于为其提供法律保护。但是，王薇、王君在该案中真正的诉讼地位不应当是第三人，而应当是共同原告，因为王薇、王君与王壮共同构成被诉行政赔偿决定的相对人，在行政赔偿法律关系中具有共同的权利义务，该案的诉讼对象只有在所有的共同原告合一时才能得以确定。

《行诉法解释》第 27 条对共同诉讼的当事人进行了规定："必须共同进行诉讼的当事人没有参加诉讼的，人民法院应当依法通知其参加；当事人也可以向人民法院申请参加。人民法院应当对当事人提出的申请进行审查，申请理由不成立的，裁定驳回；申请理由成立的，书面通知其参加诉讼。前款所称的必须共同进行诉讼，是指按照行政诉讼法第二十七条的规定，当事人一方或者双方为两人以上，因同一行政行为发生行政争议，人民法院必须合并审理的诉讼。"

本条所说的当事人，应当既包括原告，也包括被告。

《行诉法解释》第 28 条对追加共同诉讼的当事人作了进一步规定："人民法院追加共同诉讼的当事人时，应当通知其他当事人。应当追加的原告，已明确表示放弃实体权利的，可不予追加；既不愿意参加诉讼，又不放弃实体权利的，应追加为第三人，其不参加诉讼，不能阻碍人民法院对案件的审理和裁判。"

（5）选定当事人

《行政诉讼法》第 28 条规定了代表人诉讼，这其实也属于共同诉讼范畴。我国台湾地区将这一制度称为"选定当事人"。学者谓："关于多数有共同利益之人之诉讼，如无团体之组织，或虽有团体而未设有代表人或管理人者，势必由其全体为起诉或被诉，不独徒增诉讼程序之繁杂，且将使多数人受不必要之讼累。因此，为达诉讼经济之目的，乃设立'选定当事人制度'。亦即多数有共同利益之人得由其中选定一人至五人为全体起诉或被诉。"

《行诉法解释》第 29 条对于选定当事人中三个"人数"作了确定：《行政诉讼法》第 29 条规定的"人数众多"，一般指 10 人以上。根据《行政诉讼法》第 28 条的规定，当事人一方人数众多的，由当事人推选代表人。当事人推选不出的，可以由人民法院在起诉的当事人中指定代表人。《行政诉讼法》第 28 条规定的代表人为二至五人。代表人可以委托一至二人作为诉讼代理人。

4. 当事人适格：被告

（1）行政诉讼是民告官，被告只能是"官"，但是，并不是所有的"官"都能在行政诉讼中起诉。需要把握两点：第一，行政诉讼的被告只能是行政机关，而不是别的国家机关。第二，行政诉讼被告只能是行政机关，但又不限于行政机关。对于"官"的最准确的理解，是行政主体。

最高人民法院在李福太案裁定中论述了这一问题。这个案件是原告以人民检察院为被告提起行政诉讼。裁定书指出：行政诉讼的被告只能是行政主体，也就是行政机关以及根据法律、法规、规章授权作出行政行为的组织。人民检察院是国家的法律监督机关，并非行政机关，其所实施的法律监督行为也非行政行为，因此不能成为行政诉讼的被告。原审法院对于再审申请人的起诉裁定不予立案，并无不当。

(2)开发区管理机构的被告资格

《行诉法解释》第21条对开发区管理机构的被告资格作出规定。最高人民法院在草本工房案裁定中对此问题作了阐述："当事人对由国务院、省级人民政府批准设立的开发区管理机构作出的行政行为不服提起诉讼的，应当以该开发区管理机构作为被告。荆州开发区管委会作为荆州市政府的派出机构，根据《湖北省经济开发区管理条例》授权，代表荆州市政府对开发区实行统一管理，行使相应职权，具有独立的诉讼主体资格。《招商项目投资合同》《补充合同》以及《合同自行终止通知书》，也是荆州开发区管委会以自己的名义作出。无论是基于'谁行为，谁为被告'的原则，还是基于合同相对性原则，荆州市政府都不是本案的适格被告。"

(3)村委会、居委会的被告资格

《行诉法解释》第25条对村民委员会、居民委员会，高等学校等事业单位，律师协会、注册会计师协会等行业协会作为被告作出规定。对此如何把握，最高人民法院在张月仙案裁定中作了阐述：根据《城市居民委员会组织法》第2条第1款的规定，"居民委员会是居民自我管理、自我教育、自我服务的群众性自治组织。"虽然村民委员会或者居民委员会可以成为行政诉讼的被告，但限于"依据法律、法规、规章的授权履行行政管理职责的行为"。换句话说，村民委员会或者居民委员会之所以能够成为行政诉讼的被告，不是因为它本身属于行政机关，而是因为它在有些情况下，依据法律、法规、规章的授权，行使了某种行政管理的职权。因此，并非村民委员会或者居民委员会作出的所有行为都能够在行政诉讼中成为被告，可诉的仅限于那些既有法律、法规、规章的授权依据，在性质上又属于履行行政管理职责的行为。

(4)被告：形式上适格与实质性适格

我们在李春山案裁判中指出：在行政诉讼中，被告适格包含两个层面的含义。一是形式上适格，即《行政诉讼法》第49条第2项规定的"有明确的被告"。所谓"有明确的被告"，是指起诉状指向了具体的、特定的被诉行政机关。但"明确"不代表"正确"，因此被告适格的第二层含义则是实质性适格，也就是《行政诉讼法》第26条第1款规定的，"公民、法人或者其他组织直接向人民法院提起诉讼的，作出行政行为的行政机关是被告"。

(5)有明确的被告

什么是有"明确的被告"?《行诉法解释》第67条规定:"原告提供被告的名称等信息足以使被告与其他行政机关相区别的,可以认定为行政诉讼法第四十九条第二项规定的'有明确的被告'。起诉状列写被告信息不足以认定明确的被告的,人民法院可以告知原告补正;原告补正后仍不能确定明确的被告的,人民法院裁定不予立案。"

(6)谁行为,谁为被告

我们在陈前生案裁定中指出:"在行政诉讼中,确定适格被告的依据是所谓法定主体原则,即行政机关作出了被诉的那个行政行为,或者没有作出被申请的行政行为,并且该机关在此范围内能对争议的标的进行处分。通常情况下,法定主体原则具体包括这样两个要件:第一,谁行为,谁为被告;第二,行为者,能为处分。以行政协议之诉而言,所谓'谁行为',就是指谁是行政协议的相对方;'能处分',就是指该相对方有能力履行协议所约定的给付义务。"

5.第三人

《行诉法解释》第30条第1~2款对第三人作出规定:"行政机关的同一行政行为涉及两个以上利害关系人,其中一部分利害关系人对行政行为不服提起诉讼,人民法院应当通知没有起诉的其他利害关系人作为第三人参加诉讼。与行政案件处理结果有利害关系的第三人,可以申请参加诉讼,或者由人民法院通知其参加诉讼。人民法院判决其承担义务或者减损其权益的第三人,有权上诉或者申请再审。"

值得补充的是第三人诉讼参加,最高人民法院在刘成运案裁定中指出:行政诉讼第三人制度的性质是"诉讼参加",设立这一制度不仅是对利害关系人权利的尊重和维护,也有利于增强判决的确定性和稳定性,减少诉讼周折,从而实现诉讼的最佳效益。与被诉行政行为有关的其他行政机关作为第三人参加诉讼,通常属于一种单纯辅助参加,尤其在涉及批准行为、前置行为、辅助行为、行政合同以及超越职权的案件中,允许其他行政机关作为第三人参加诉讼,对于查明案件事实、分清法律责任,更具有积极意义。

三、起诉与受理

(一)诉权保护与诉讼门槛

从性质上说,起诉与受理,既属于诉权保护条款,又属于"门槛"性规则。美国学者弗兰克·克罗斯说："门槛性规则是原告在其案件受审之前必须跨越的法律程序上的屏障。"

对于行政诉讼来说，始终面临着诉权保护与诉讼门槛两者之间的价值选择。我们理解与适用起诉与受理条款，关键一点就在于如何求得两种价值之间的平衡。

即将出台的全面司法解释第六章专章规定起诉与受理，共 18 个条款。实际上，司法解释的前三章，受案范围、管辖、当事人，也都属于广义的"门槛"性规则，与起诉与受理密切相关。甚至，证据部分的个别条款，也与起诉与受理有些关系。例如，《行政诉讼法》第 49 条第 3 项规定，提起诉讼应当有具体的诉讼请求和事实根据，这个事实根据就是证据的范畴。我们或者可以这样说，第六章属于起诉与受理的程序性规定，受案范围、管辖、当事人这几章，则类似于起诉与受理的实体性规定。

（二）立案登记制的是是非非

《行政诉讼法》第 3 条第 1 款规定："人民法院应当保障公民、法人和其他组织的起诉权利，对应当受理的行政案件依法受理。"

这是在法律层面规定诉权保护条款，意义重大，针对性很强。

为什么要专门规定诉权保护条款？这是由行政诉讼的特性所决定的。一方是处于弱势的被管理者，另一方是强大的行政机关，来自行政机关的干预、阻碍在所难免，"立案难"也因此成为长期困扰行政审判的一个突出问题。所以《行政诉讼法》第 3 条第 2 款特别规定："行政机关及其工作人员不得干预、阻碍人民法院受理行政案件。"

解决"立案难"、有效保护诉权，关键靠制度。党的十八届四中全会作出了变立案审查制为立案登记制的重大决定。新行政诉讼法也与立案登记制捆绑实施。通过强力推行立案登记制改革，彻底解决了"立案难"问题。

《行诉法解释》重申了立案登记制，第 53 条第 2 款规定："对当事人依法提起的诉讼，人民法院应当根据行政诉讼法第五十一条的规定接收起诉状。能够判断符合起诉条件的，应当当场登记立案；当场不能判断是否符合起诉条件的，应当在接收起诉状后七日内决定是否立案；七日内仍不能作出判断的，应当先予立案。"

1. "有案必收，有诉必理"的正确解读

《行政诉讼法》第 51 条规定："人民法院在接到起诉状时对符合本法规定的起诉条件的，应当登记立案。"《行诉法解释》第 53 条第 1 款也规定："人民法院对符合起诉条件的案件应当立案,依法保障当事人行使诉讼权利。”

也就是说,“有案必收,有诉必理”也是要依法进行。立案登记制所要摒弃的是过去的“三不”,但不意味着放弃法律规定的起诉条件。符合起诉条件,就是必须跨越的法律程序上的“门槛”。

有人认为,既然是以立案登记制取代立案审查制,就是不要审查了,这是错误认识。既然强调“在接到起诉状时对符合本法规定的起诉条件的,应当登记立案”,肯定就要在立案环节有一个符不符合起诉条件的审查过程。

2. 立案阶段的审查,审查到什么程度?

这就引出一个诉讼三阶段理论:第一阶段,也就是立案阶段,诉讼必须适法提起,解决的是“诉的有效性问题”。所谓诉的有效性,也就是对表面“外观”进行审查,要审查起诉是否具备必要的形式条件。第二阶段,一旦具备起诉要件,事件便系属于法院,其系属在程序上必须适法。解决的是诉的适法性,对应的是诉讼要件。第三阶段,就原告的诉讼请求进行审理、判决。要使法院判决原告的请求有理,必须满足“权利保护要件”。

(1)第一阶段的审查内容为完备性。首先是对起诉条件完备性的审查。对此《行诉法解释》第55条作出了规定:“依照行政诉讼法第五十一条的规定,人民法院应当就起诉状内容和材料是否完备以及是否存在其他错误进行审查。起诉状内容或者材料欠缺的,人民法院应当给予指导和释明,并一次性全面告知当事人需要补正的内容、补充的材料及期限。在指定期限内补正并符合起诉条件的,应当登记立案。当事人拒绝补正或者经补正仍不符合起诉条件的,退回诉状并记录在册;坚持起诉的,裁定不予立案,并载明不予立案的理由。”

第一阶段的审查内容为基本的起诉条件。既然是符合起诉条件的才予以当场立案,那么在立案阶段就要审查原告的起诉是否符合《行政诉讼法》第49条规定的四项起诉条件,也就是:“(一)原告是符合本法第二十五条规定的公民、法人或者其他组织;(二)有明确的被告;(三)有具体的诉讼请求和事实根据;(四)属于人民法院受案范围和受诉人民法院管辖。”

之所以强调符合基本的起诉条件,就是为了防止过度审查,过深的审查当场也不可能完成。

说到“有具体的诉讼请求”,我们要问:行政诉讼的诉讼标的是什么?是被诉的行政行为吗?是被诉行政行为的合法性吗?不是,是原告的诉讼请求是否成立。“无诉则无判。”诉是什么?“诉是形式,请求是内容。”也就是说,诉是当事人向代表国家的法院提起的要求审理和判决的申请,而请求则构成诉的内容。诉讼是围绕着诉讼对象（诉讼上的请求）而开始、发展乃至终了。所以，有一种说法：诉讼对象是诉讼的支柱。

在过去的司法实务中，“合法性审查”成为行政诉讼“去民事化”的鲜明标签。例如，有学者认为：“行政诉讼一定程度上是以行政行为的合法性的审查为中心的，而非原告的诉讼请求。这种特殊性也导致了行政诉讼的性质、审理对象、诉讼法律关系乃至诉判关系等方面与民事诉讼具有较大的差异性。”过去的实务见解，也大多将具体行政行为当做行政诉讼的审理对象。例如，有的观点认为：“具体行政行为是行政诉讼的客体。人民法院审理行政案件的主要任务是对具体行政行为是否合法进行审查。”但这种流行了几十年的说法是存在问题的。问题的实质在于，混淆了审查对象和审理对象。人民法院对行政案件审查的是具体行政行为，而审理的则是原告的诉讼请求是否成立。……如果将审查的对象等同于审理的对象，那就不能揭示诉讼的实质，不会着眼于案件的全部事实，也难以做到判诉对应。

我们在张艳君案裁判中指出：“诉讼请求是指原告基于一定的事实关系所请求的裁判之要求，亦即在诉讼中应当被实现的实体权利主张。任何一个起诉，都应当有明确具体的诉讼请求。这不仅是诉的具体的内容，是原告的诉讼主张，同时也构成了法院审理和裁判的对象。”

顺带讨论“提出新的诉讼请求”。《行诉法解释》第70条规定：“起诉状副本送达被告后，原告提出新的诉讼请求的，人民法院不予准许，但人民法院认为有正当理由的除外。”什么是“提出新的诉讼请求”，我们在侯林生案裁判中指出：“所谓‘提出新的诉讼请求’，通常是指，在不变更诉讼请求同一性的前提下追加或者变更诉讼请求的申请。例如，针对被告作出的同一个行政行为，在原来提出的撤销请求的基础上追加赔偿请求、将原来提出的撤销请求变更为确认违法请求，或者只是单纯对于请求金额作出增减。在这种情况下，虽然具体的请求发生了变化，但请求的基础并未发生变更，因而可以在一个诉讼程序内审理新请求，旧请求的诉讼资料或证据资料可以被用于新请求的审理。”

裁判接着指出：“但就本案而言，侯林生针对第一次强拆的请求是确认违法，针对第二次强拆的请求亦是确认违法，在请求趣旨上并无什么不同。尤为关键的是，前后两个请求针对的是发生于两个不同时间的两次独立的强拆行为。这种情况更应归类于‘在诉讼过程中，被告对原告作出新的具体行政行为，原告不服向同一人民法院起诉的’。在诉讼过程中被告对原告作出新的具体行政行为，人民法院尽管可以将新旧行为合并审理，但却不是通过原告在同一个诉讼中‘提出新的诉讼请求’,而须原告首先针对新的具体行政行为另案提起诉讼,再由人民法院斟酌是否适宜合并审理。”

《行诉法解释》第 70 条规定:“但人民法院认为有正当理由的除外。”什么是正当理由?我们认为:如果新的诉讼请求与最初的诉讼请求具有一定关联,新的诉讼请求不违反起诉条件,一并审理不会造成审理的困难和诉讼的延宕,人民法院一般可以准许,这样更符合诉讼经济原则。还有的法院以一事一起诉为由不予立案,这个也不能绝对,《行诉法解释》并未作出规定。

关于“事实根据”,我们在杨学奎案裁判中对什么是事实根据进行了阐述:“所谓‘事实根据’,是指一种‘原因事实’,也就是能使诉讼标的特定化或者能被识别所需的最低限度的事实。通俗地说,是指至少能够证明所争议的行政法上的权利义务关系客观存在。例如,如果请求撤销一个行政决定,就要附具该行政决定;如果起诉一个事实行为,则要初步证明是被告实施了所指控的事实行为。”

关于起诉材料,《行诉法解释》第 54 条规定了原告应当提交的事实根据以及其他起诉材料:“依照行政诉讼法第四十九条的规定,公民、法人或者其他组织提起诉讼时应当提交以下起诉材料:(一)原告的身份证明材料以及有效联系方式;(二)被诉行政行为存在的材料;(三)原告与被诉行政行为具有利害关系的材料;(四)人民法院认为需要提交的其他材料。”

关于“属于人民法院受案范围”,《行政诉讼法》关于受案范围的规定,既有第 2 条的总括性规定,又有第 12 条的肯定式列举和第 13 条的排除式列举。《行诉法解释》第 1 条又规定了 10 项不可诉的行政行为。这些被排除的行政行为主要有 5 种:内部行为、过程性行为、协助执行行为、内部层级监督行为和信访办理行为。

关于“属于受诉人民法院管辖”,管辖是划分审判案件权力的规则。受理某一个起诉的法院,必须具有案件管辖权。管辖规则我们在此不作详细讨论。只讨论一个问题:管辖权转移和管辖移送,因为有的同志对这两者分辨不清。我们在杨学奎案裁判中指出:“管辖权转移是人民法院将本由自己管辖的案件移交给原本没有管辖权的人民法院审理,管辖移送则是人民法院将不属于自己管辖的案件移送到有管辖权的人民法院审理。”

(2)一旦经过了第一阶段对诉的外观也就是诉的有效性的审查,便会正式立案。但这不是说,任何一个案件都会直接进入实体审理,都要做出实体判决,这时只是进入了诉讼的第二阶段,对诉的适法性的审查。为什么还要有这个阶段?因为诉一旦系属于法院,必须适法,而在立案审查阶段不可能审查这么全面、这么有深度。有些适法条件的判断需要阅卷、调查,甚至言词审理才能查清。而且,需要行政审判法官的专业知识。另外，有些案件虽然看似在形式上都符合起诉条件，但并没有进入实体审判的实际必要，因此也需要一定的过滤。

但我国的《行政诉讼法》显然对立案之后、实体判决之前审查诉讼要件是否具备这一中间环节有所忽视。从这一方面来说，适用《行诉法解释》第3条本条起到了填补法律漏洞的作用。《行诉法解释》第69条沿用了该条的内容。本条的各项，就是第二阶段所要审查的内容。

我们逐项讨论第69条第1款规定的各项应当裁定驳回起诉的情形。

第一，不符合《行政诉讼法》第49条规定的。

本项内容应当在第一阶段审查，但是，第二阶段与第一阶段并不是特别泾渭分明的关系。如果不符合起诉条件的情形特别明显，可以直接裁定不予立案，没必要非要进入第二阶段。反之，在第一阶段没有审查出来，或者无法深入审查的，第二阶段继续审查。第二阶段与第三阶段的关系也是如此，有些起诉条件可能在开庭审理后才得以查清，最后也可以裁定驳回起诉。

第二，超过法定起诉期限且无法定理由的。

“法律不保护权利上的睡眠者。”过于迟延地请求法律救济将不受到法律的保护，同时，过于迟延地请求法律救济，也会影响行政效率，使行政法律关系长期处于不稳定状态。这就是规定起诉期限的初衷。

本项规定，将“且无正当理由”修改为“且无法定理由”，要求更加严格。

《行诉法解释》在起诉期限方面也有一些新规定。

第63条（没有制作或者没有送达法律文书）规定：“行政机关作出行政行为时，没有制作或者没有送达法律文书，公民、法人或者其他组织不服向人民法院起诉的，只要能证明行政行为存在，并在法定期限内起诉的，人民法院应当依法立案。”

第64条（未履行教示义务的起诉期限）规定：“行政机关作出行政行为时，未告知公民、法人或者其他组织起诉期限的，起诉期限从公民、法人或者其他组织知道或者应当知道起诉期限之日起计算，但从知道或者应当知道行政行为内容之日起最长不得超过一年。复议决定未告知公民、法人或者其他组织起诉期限的，适用前款规定。”

第65条（不知道内容）规定：“公民、法人或者其他组织不知道行政机关作出的行政行为内容的，其起诉期限从知道或者应当知道该行政行为内容之日起计算，但最长不得超过行政诉讼法第四十六条第二款规定的起诉期限。”

这是对《行政诉讼法》第46条第2款规定的弥补。5年或20年的最长保护期限,前提是不知道行政机关作出的行政行为内容。

第 66 条(不履行法定职责)规定:“公民、法人或者其他组织依照行政诉讼法第四十七条第一款的规定,对行政机关不履行法定职责提起诉讼的,应当在行政机关履行法定职责期限届满之日起六个月内提出。”

《行政诉讼法》第 47 条第 1 款只规定了可以提起不履行法定职责之诉的“适当期间”,并不是起诉期限。本条明确为 6 个月。但严格讲这属于一个法律保护需要之失效或丧失的标准,而非起诉期限。

关于起诉时机。我们在王守保案裁判中论述了起诉时机问题:“过于迟延地请求法律救济将不受到法律的保护,过早地请求法律救济,同样不被法律所允许。按照成熟原则,行政程序必须发展到适宜由法院处理的阶段才算成熟,才能允许进行司法审查。起诉行政机关不履行法定职责就是如此。行政机关履行法定职责通常需要一个过程……如果法定履行职责的期限未届满就提起诉讼,就属于起诉时机不成熟,人民法院应当不予立案或者裁定驳回起诉。”

第三,错列被告且拒绝变更的。

确定一个正确的被告,是一个非常重要的问题,否则就会上演一出“关公战秦琼”的闹剧。对于“正确的被告”的确定依据,我们在陈前生案的裁判中进行了论述:“在行政诉讼中,确定适格被告的依据是所谓法定主体原则,即行政机关作出了被诉的那个行政行为,或者没有作出被申请的行政行为,并且该机关在此范围内能对争议的标的进行处分。通常情况下,法定主体原则具体包括这样两个要件:第一,谁行为,谁为被告;第二,行为者,能为处分。”

所谓“谁行为,谁为被告”,既包括行政机关作出一个法律行为,也包括行政机关作出一个事实行为;既包括行政机关作出一个拒绝决定,也包括行政机关针对申请逾期不作任何答复。如果行政机关作出的是一个书面决定,那么提供这个书面决定通常就能证明被告适格。如果行政机关作出的是一个事实行为或者是不作为,原告则需要提供一些事实根据以证明确实是这个行政机关作出了一个事实行为或者逾期不作为。

当然,主张行政机关不作为的,需以该行政机关具有相应的法定职责为前提,我们在明爱清案裁判中曾指出:“没有必要仅仅因为‘拒绝’了一个没有实体法上请求权基础的申请而使一个明显不具有法定职责的行政机关卷进诉讼当中。”所谓“行为者,能为处分”,指的是该行政机关不仅是被诉行政行为的实施者,也具有承担法律责任的能力。换言之,“该机关在此范围内能对争议的标的进行处分”。

至于“错列被告”的具体情形，《行政诉讼法》第26条及司法解释相关条款对于行政诉讼的适格被告作出了一系列规定，违反这些规定的，就属于“错列被告”。应当注意的是，按照本项的规定，在原告错列被告的情况下，人民法院应当首先告知其变更被告，只有在“错列被告且拒绝变更”的情况下，才能作出驳回起诉的裁定。

实务中还有一种情形，即原告起诉时遗漏了被告或者有意不告，这不是错列被告情况下的变更被告问题，而是遗漏被告情况下的追加被告问题。《行诉法解释》第27条第2款规定：“应当追加被告而原告不同意追加的，人民法院应当通知其以第三人的身份参加诉讼，但行政复议机关作共同被告的除外。”这样处理似乎值得斟酌，既然应当追加为被告，为什么不依职权追加？特别是在必要共同诉讼中，需要合一确定的情况下。

我们在范凯案裁判中指出：“行政权力可以委托，如果没有法律、法规的禁止性规定，也没有专业性方面的特殊要求，行政机关可以将某一事项的一部或全部委托给其他行政机关、下级行政机关乃至私人组织具体实施。涉及国家重大利益以及涉及公民重要权利的领域以外的具有给付、服务性质的行政行为，尤其是以协商协议方式实施的行为，更是如此。虽然一般认为，受托主体接受委托后仍应以委托主体的名义实施行为，但只要委托主体不是转嫁责任，对委托予以认可，并能承担法律责任，人民法院可以认定委托关系成立。”

第四，未按照法律规定由法定代理人、指定代理人、代表人为诉讼行为的。

这里涉及的是诉讼行为能力问题和推选代表人问题。之前适用解释有一个缺憾，这次新司法解释予以了弥补，这就是：这一规定并不意味着凡有此种情形一律径行裁定驳回起诉，正确的方法应当是，对于能补正者，首先应当指定期间命其补正。只有在不能补正或者虽经补正仍然存在资格或权限欠缺的情况下才得为之。

第五，未按照法律、法规规定先向行政机关申请复议的。

这里涉及复议与诉讼的关系。《行诉法解释》在起诉与受理部分又有几条涉及这一问题。

第56条规定：“法律、法规规定应当先申请复议，公民、法人或者其他组织未申请复议直接提起诉讼的，人民法院裁定不予立案。

“依照行政诉讼法第四十五条的规定，复议机关不受理复议申请或者在法定期限内不作出复议决定，公民、法人或者其他组织不服，依法向人民法院提起诉讼的，人民法院应当依法立案。”

第57条(不能同时进行复议和诉讼)规定:“法律、法规未规定行政复议为提起行政诉讼必经程序,公民、法人或者其他组织既提起诉讼又申请行政复议的,由先立案的机关管辖;同时立案的,由公民、法人或者其他组织选择。公民、法人或者其他组织已经申请行政复议,在法定复议期间内又向人民法院提起诉讼的,人民法院裁定不予立案。”

这是由诉讼系属和司法最终原则决定的。我们在陈杰案裁判中指出:“虽然法律规定了上述两种救济手段,但却不可以同时进行,而应当选择其一。这是因为,违反一事不再理原则,造成人民法院和复议机关的重复劳动。更为重要的是,这样做还违反了司法最终原则。司法最终原则是指,行政复议活动虽然是行政争议的重要救济方式,但却不是最终裁决,除非法律另有规定,人民法院作出的终审判决才是最终决定。司法最终原则也决定了行政复议和行政诉讼应当是一种先后关系,而不能针对同一个争议同时进行这两种法律程序。”

第六,重复起诉的。

我们在陈前生案裁判中指出:“重复起诉之所以被禁止,是因为它违反了诉讼系属、既判力和一事不再理原则。如果允许重复起诉,将造成因重复审理而带来的司法资源浪费、因矛盾判决而导致的司法秩序混乱以及因被迫进行二重应诉而对被告产生的不便。”

至于“重复起诉”的认定,《行诉法解释》第106条作出规定,即“当事人就已经提起诉讼的事项在诉讼过程中或者裁判生效后再次起诉,同时具有下列情形的,构成重复起诉:(一)后诉与前诉的当事人相同;(二)后诉与前诉的诉讼标的相同;(三)后诉与前诉的诉讼请求相同,或者后诉的诉讼请求被前诉裁判所包含。”

关于后诉的诉讼请求实质上否定前诉裁判结果(前案请求撤销,后案请求确认违法)。我们在陈前生案裁判中又指出:“如果人民法院判决驳回原告要求撤销行政行为的诉讼请求,即产生被诉行政行为并非违法的既判力,当事人不得在后诉中主张行政行为违法,后诉之法院亦受不得确认该行政行为违法之拘束。故原告提起撤销诉讼,经判决驳回后,即已确认该行政行为合法,再就同一行政行为提起确认违法之诉,应为前诉之既判力所及。”

我们在陈前生案裁判中还指出:“无论原告的诉讼请求是确认无效,还是请求撤销(或确认违法),法院通常都会对是否违法以及违法的程度作出全面的审查和评价。在对前诉实体上判决驳回之后,后诉即因前诉已经进行了全面的合法性审查而构成重复起诉。”

第七,撤回起诉后无正当理由再行起诉的。

我们认为,禁止撤回起诉后再行起诉,应当主要适用于下列情形:其一,人民法院已经作出终局判决后始撤回其起诉的。这不仅是列国的通行做法,也是禁止再诉制度所主要针对的情形。其二,被告改变其所作的行政行为,原告同意并申请撤诉的。这种情形下的撤诉,虽然看似只是程序的撤回,但往往是"因当事人之间存在着撤诉合意,导致诉的利益丧失,或者导致诉讼系属效果消灭。"除此之外,只要人民法院尚未作出终局判决且再行起诉时尚未超过起诉期限,一般似无限制太严的必要。

第八,行政行为对其合法权益明显不产生实际影响的。

这一规定的旨趣体现的是所谓"诉的利益"。我们在后边专门讨论。

第九,诉讼标的已为生效裁判或者调解书所羁束的。

这一规定的理论基础是既判力。我们在张刚案裁判中对此问题进行了较为充分的论述:"所谓既判力,是指已经发生法律效力的判决、裁定对后诉的羁束力。其作用体现在消极和积极两个方面。消极作用是指,基于国家司法权的威信以及诉讼经济,在人民法院作出生效判决、裁定后,不准对同一事件再次进行诉讼。既判力的消极作用体现的是'一事不再理',就此而言,与禁止重复起诉属于同一原理。……既判力的积极作用是指,人民法院不得在其后的诉讼中作出与该判决、裁定内容相抵触的新的判决、裁定。这是法的安定性所决定的。"

关于不能人为地制造生效裁判,张刚案裁判接着指出:"但既判力只对与生效裁判当事人相同的后诉产生诉权的遮断效果,对于第三者而言,只是禁止作出与生效裁判内容相抵触的新的判决、裁定,而不是就此剥夺其诉权。因此,即使后诉与前诉起诉的是同一个行政行为,但因原告不同,权利损害的主张亦有可能不同,故而不能简单地认定'后诉与前诉的诉讼标的相同'。"

如何解决多人分别起诉同一个行政行为?标准诉讼。

我们在汪年流案裁判中指出:"本条所称'生效裁判',既包括生效的行政裁判,也包括生效的民事裁判。生效裁判对于后诉的这种羁束效力,源于生效裁判的既判力。虽然一般认为,既判力的范围只及于相同的当事人以及相同的诉讼标的,但在有些情况下,判决遮断效的范围与诉讼标的的范围可以存在错位。亦即,尽管前后两诉的诉讼标的不同,但前诉判决遮断后诉。当前诉的诉讼标的成为后诉的先决条件,或者后诉在实质上是对前诉展开的再度争执时,就是如此。"

具体到本案,虽然前诉是民事诉讼,后诉是行政诉讼,前诉与后诉的诉讼标的并不相同,但前诉的诉讼标的"胡鹏飞的建房占用了其宅基地",恰恰是汪年流是否与后诉被诉行政行为具有“利害关系”、进而是否具备原告资格的先决条件。虽然汪年流将民事诉讼转换成了行政诉讼，作为民事诉讼被告的胡鹏飞成了行政诉讼第三人，但在实质上仍是对于“胡鹏飞的建房占用了其宅基地”的再度争执。由于这一“利害关系”问题已为生效民事判决所羁束，汪年流就不具有提起行政诉讼的原告资格，按照前述司法解释的规定，本应裁定不予立案或者驳回起诉。

第十，不符合其他法定起诉条件的。

本项是一个兜底条款，适用于前述九项内容所不能囊括的其他应当裁定驳回起诉的情形。但在法律和司法解释没有明确规定的情况下，适用兜底条款驳回起诉应当非常慎重，即使适用本项规定，也应当说明理由。

（三）诉的利益

诉的利益是民事诉讼法上的一个概念，它的产生是以确认之诉的产生为契机的。因为确认之诉更为容易导致原告的滥诉，例如原告可以提出诸如“请求确认自己所养的猫业已死亡”“请求确认月球的所有权不属于自己”等没有意义且荒唐的诉讼。于是，在实务界就产生了这样一种需求：为了将司法资源用到真正有意义的地方，法院在审查原告的起诉时必须将一定的利益以及必要性当做一项要件审查以确定是否接受原告的诉求。大陆法系将这一利益或者必要性称为“诉的利益”。

常言道：“无诉则无判”，诉乃发动审判权的本质前提。但法谚中还有另外一句话：“没有利益就没有诉权”，并不是说只要具备了形式上的诉讼要件，实体审判就一定能够得以实施，诉最终能否获得审理判决，取决于“当事人的请求是否足以具有利用国家审判制度加以解决的实际价值或者必要性”。

1. 必要性与实效性

这就是流行于日本的“诉的利益”所要回答的问题。“所谓的诉的利益是为了考量‘具体的请求的内容是否具有进行本案判决之必要性以及实际上效果（实效性）’而设置的一个要件”。“当当事人欠缺此种利益时，起诉则会遭到法院驳回”。

诉的利益“取决于原告、被告以及法院（广而言之是一般国民）三者之立场及利害的平衡关系”。首先，原告应当“自己存在诉的利益”；其次，若是受理这种诉讼，会不会造成加重法院负担、浪费司法资源、损害国民一般利益的后果；最后，是否存在让对方当事人对无解决纠纷之必要性与实效性的起诉进行应诉的问题。

我们在李山林案裁判中指出：“按照行政诉讼法第一条的规定，人民法院审理行政案件的首要目的是保护公民、法人或者其他组织的合法权益。该法第二条因此规定，公民、法人或者其他组织认为行政机关和行政机关工作人员的行政行为侵犯其合法权益的，有权向人民法院提起行政诉讼。据此可知，行政诉讼法首先是一种权利损害法律救济，提起行政诉讼的前提，是存在被诉行政行为侵害原告合法权益的可能。

“具体到政府信息公开诉讼，则是通过审查政府信息是否存在以及行政机关是否应当依法公开，来保障公民、法人或者其他组织依法获取政府信息的权利。本案中，再审申请人已经依申请获取了‘2015 年 3 月 11 日(周三)区领导接待日排班接待领导为区委副书记、区长吴桂英’的信息，因此并不存在合法权益因政府信息公开行为遭受侵害的可能。针对这样一个授益性的政府信息公开答复提起诉讼，既没有将其撤销的权利基础，也没有责令行政机关重新作出答复的任何必要”。

“损益性行政行为‘法无明文授权即属超越职权’，授益性行政行为不能一概适用这一标准。同时，针对一个本来是满足其申请的授益性行政行为起诉，也因缺乏权利受侵害的事由从而缺乏可保护的合法权益而不具备诉的利益。”

我们在金实案裁判中指出：“再审申请人请求撤销的规范性文件并不直接对其权利义务产生影响，相应地，行政机关对于其撤销请求的拒绝也并无导致权利侵害的可能性。假如某一行政机关依据该规范性文件作出对再审申请人不利的行政行为，再审申请人完全有权利和机会针对该不利的行政行为提起诉讼，并还可以一并请求对该规范性文件进行审查。因此，在有更便捷的途径达到目的的情况下，再审申请人提起本案诉讼亦缺乏法律保护必要。”

我们在杨吉全案裁判中指出：“本案中，再审被申请人仍然正式作出不予受理复议申请决定，这种不厌其烦的耐心和依法行政的意识值得钦佩。原审法院判决驳回再审申请人的诉讼请求，亦是对再审被申请人合法处置的正当支持。但是，这种支持显然还不够到位。对于一个毫无事实根据和法律依据的指控，即使最终判决被告胜诉，也是对被告的不公平，因为将他们传唤到法院应诉本身已经使他们承受了不应承受的花费和压力。固然，从救济权利、监督权力的制度功能出发，行政诉讼可以适度向原告倾斜，以求得他们与公权力机关的实质平衡，但在任何一个发达的司法制度中，以牺牲被告的利益为代价考虑原告的利益，都是有失公允的。”

2. 权利保护必要

在我国台湾地区，与诉的利益近似的概念是“权利保护必要”。行政法学者陈清秀认为,权利保护必要系"根据对于请求法院实体裁判是否具有'值得保护的利益',来判断保护是否必要。如果欠缺此种权利保护之利益,则应以其诉讼上要求不合法予以驳回"。

台湾学者将欠缺一般权利保护必要的类型归纳为以下六种:

(1)无效率的权利保护

原告可以用其他更符合事实需要(较简便、较完整、较迅速、或较便宜)的途径,达到请求保护的目的,或原告请求之目的已实现者,则属于"无效率的权利保护"。

(2)无用的权利保护

即使原告起诉,亦不能改善其法律地位,因为根本不存在一项不利益,或存在一项不可能再以法律救济方法排除的不利益,即所谓的"无用的权利保护";如果原告即使胜诉,于事实上或法律上原因,其法律地位亦无改善,或胜诉之结果毫无实益时,诉讼的一般权利保护必要亦被排除。

(3)权利滥用之禁止

原告起诉显然属于权利滥用,尤其在原告根本不可能享有任何利益的情形或者其诉讼之目的,完全在于损害相对人(造成机关困扰),或增加法院的工作负担,即构成权利滥用或"恶意强辩之禁止";此一类型的主要作用在于禁止诉权滥用,也就是禁止原告起诉,不以实现自己的权利,而以损害他人为目的。

(4)不适时的权利保护

原告过早向法院请求保护,原则上其将因欠缺权利保护必要而不合法,已见王守保案。

(5)诉讼程序上权利失效

因为过迟向法院起诉主张其权利,以致有背诚实信用原则时,将造成"诉讼程序上权利实效"。

起诉期限的设置即出于此目的。过于迟延地申请行政复议或者提起行政诉讼,不利于行政法律关系的稳定、有违诚实信用原则,对于当事人及时保护自身权利也无益处。

(6)权利保护之抛弃

权利保护(诉讼权利)是可以抛弃的。如果权利人在抛弃权利保护后,复行提出权利保护之请求,其请求即应以欠缺权利保护必要,不合法驳回。抛弃权利保护的方式包括单方向法院表示、单方向诉讼他造当事人为表示以及法律关系之当事人间,以实体法上之法律行为达成合意。

我们在张有为案裁判中指出："行政复议和行政诉讼既属权利救济制度，当事人申请行政复议、提起行政诉讼就应具备权利保护的必要性。本案争议系因房屋拆迁安置补偿问题引发，但根据原审法院查明，再审申请人已于2006年与相关单位签订安置补偿协议，并且已实际履行，再审申请人的安置补偿权益已经依法得到保障。在此情况下转而申请复议、提起诉讼，明显缺乏权利保护必要。更为重要的是，再审申请人申请行政复议的282号限期搬迁决定作出在前，与相关单位签订安置补偿协议在后，应当视为再审申请人通过签署安置补偿协议表达了对于前置限期搬迁决定的认可，即使存在权利保护必要，也属自愿放弃了相关权利。"

《行诉法解释》第69条第1款规定的应当裁定驳回起诉的第八种情形是："行政行为对其合法权益明显不产生实际影响的"。这里体现的其实就是"诉的利益"理论，或者叫"权利保护必要"。

诉讼类型化与判决方式

李广宇 最高人民法院行政审判庭

目 次

什么是类型化?《行政诉讼法》规定了许多判决方式,有人说《行政诉讼法》只是搞了判决方式的类型化并没有搞诉讼类型化,我们不同意这个观点,因为判决是对诉的回应,判诉对应,诉讼类型化决定了判决方式的类型化,用一句通俗的话说没有开始哪有结束,诉是诉讼的开始,判是诉讼的终结,这个类型是有始有终的,并不是到了判决阶段才去搞类型,才去选择一个类型,而是从一开始就根据诉的不同的类型走的不同的路径,到最后顺理成章地做成一个符合这个类型的判决。下面介绍一下诉讼类型的一般理论和背景知识。

一、诉讼类型的一般理论

(一)历史视角的考察

所谓的诉讼类型又称作诉讼种类,简单地说,就是诉讼方式或者是形态的格式化。诉讼类型在民事诉讼当中首先就有了类型化,民事诉讼有三种基本分类:给付之诉、确认之诉和形成之诉。这三种类型是民事诉讼制度漫长发展的结果。最早出现的类型是给付之诉,这应当说是诉本来的形态。给付之诉很简单,你欠我50元,我请求法院返还这50元,这就是给付之诉。最早人们之间纠纷的形态基本就是这个类型。后来随着社会生活的复杂、丰富,仅有给付之诉不能够满足各种纠纷的解决,后来就出现了确认之诉。这是19世纪中叶被认可的一种纠纷类型,确认之诉出现以后就出现了很多稀奇古怪的诉讼,随之也出现了进行调控的诉讼利益的理论,到最后又出现了形成之诉,这是出现最晚的。在19世纪末,随着德国民事诉讼法典的制定,出现了形成之诉。这三种诉讼分别对应实体法上的三种权利:请求权、支配权和形成权。古罗马时候民事上的诉权和实体权利基本上不分。你请求给付,必须要有实体法上的请求权,到后来诉权才逐渐从实体法当中剥离。但是,现在大陆法系继受罗马法,还是保留着传统,它的诉权时常伴随对实体权利的考验,这恰恰是我们欠缺的,尤其是在不作为之诉当中。过去几十年形成的传统思维往往忽视实体法请求权的基础。后面我在深入讨论的时候会提到请求权基础问题。

行政诉讼起步晚、出现晚,类型化也是20世纪以来才出现的趋势。在最初的时候,行政诉讼相对简单。在德国奥托·迈耶所创立的行政法体系基础上,围绕着行政处分的撤销来展开。到后来行政管理的方式不断地丰富,行政争议也相应变得非常的复杂、多元。在20世纪特别是"二战"以后,强调法治国,强调服务行政、给付行政,人民的权利意识也不断地觉醒,政府除了过去那种传统的维持秩序的警察行政之外，福利行政，给付行政占的比重越来越大，这种纠纷仅仅是请求撤销一个行政行为的传统的单一的模式就不太够用了。所以就从德国为代表开始对行政诉讼进行类型化的改造，基本上也是从民事诉讼里借鉴而来。“行政诉讼种类之多寡，将影响人民权利保护之机会与行政法院裁判方法之加强或抑制。”（翁岳生语），后面随着我们讨论不断的深入也都会充分地体会到这一点。

（二）比较法视角的考察

我们从比较法的视野来看一些主要国家行政诉讼类型化方面的设计。美国没有明确规定行政诉讼的类型。它基本继受了英国的传统，从美国行政程序法规定来看，司法审查这一章，或者也可以说是独立的司法审查法，非常简单，也就不到 10 条。但是我们有一个误区，总认为美国在行政诉讼程序方面不发达，也不搞类型化。但是实际上从美国实践来看，美国没有公私法二元论，法院也不像德法是二元的（像德国和法国是既有普通法院也有行政法院），美国和英国一样，行政案件也都由普通法院办，而且也都是适用民事诉讼程序。在美国，民事诉讼程序制定法尽管不发达，但是判例法非常发达。普通法有令状制度，这是从英国继承来的。令状就跟不同类型的判决很相似。禁制令、宣告令、调卷令基本上都能对应大陆法系的给付之诉、确认之诉和形成之诉。应该说他们也是根据这种请求的不同，来分门别类地设定不同的令状制度。

法国在向行政法院起诉的时候也要求遵循不同的起诉方式。19 世纪法国行政法的先驱爱德华·拉弗里埃尔将诉讼分为四种：撤销法规诉讼、全权裁判诉讼、解释诉讼、处罚诉讼。撤销法规诉讼，这是翻译的问题，并不是要求撤销一个法规，而是撤销行政行为；全权裁判诉讼，这是很有特色的，区别于撤销诉讼，只是搞合法性审查。这也是翻译问题，王名扬翻译为完全管辖权之诉，这就跟民事诉讼法院的权限类似，因为撤销诉讼考虑到司法权和行政权的界限，但是全权裁判就不考虑，法官有充分的权力。换句话说，好像他就是行政官员，在美国是完全把它译成是完全管辖权之诉，有一些类型的案件就由法院完全管理；解释诉讼类似于确认之诉，不直接形成权利，而去解释做出一种确认，尤其是在法国分两个法院系统：普通法院系统和行政法院系统，普通法院在审理案件的时候也会遇到一些规章，一些行政行为要对它的效力做出一些确认，做出一些解释，他们也有权请求行政法院来做解释，出现了一种解释诉讼；处罚诉讼就是很特别的一个诉讼，这个好像类似于小额的轻微的违法，然后同时由行政机关直接处罚，是由行政机关起诉到法院。后来法国的分类有所变化，但是基本框架还是延续了拉弗里埃尔 19 世纪的这个分类。

现代行政法上,德国行政诉讼类型最具代表性,也形成了比较成熟的体系,德国的行政法院法当中诉讼类型是核心内容。该法规定针对侵犯公民权利的每一种国家权力行为都必须有一个适当的诉讼种类可供利用。这就可以看出来,涉及不同的诉讼类型,首要考虑的是无漏洞地对公民权利进行保护。诉讼类型是根据不同的诉来进行划分的,德国称为诉的类型。从起诉一开始,就要确定类型。德国基本上划分为三类:形成之诉,给付之诉和确认之诉,把民事诉讼法框架基本上搬过来,但是又细分了很多。像撤销之诉就是一个形成之诉,义务之诉就是给付之诉,给付之诉不仅包括义务之诉,还有一般给付之诉,义务之诉也是给付,但是它要求给付的是行政行为,而一般给付之诉给付的是物,还有确认之诉可能又细分为好多。

德国深深影响了日本。明治维新时代,日本直接从欧洲学。比如,制定宪法的时候,直接抄普鲁士的,甚至也仿照普鲁士搞行政法院。"二战"以后,美国占领了日本,它又开始学美国,取消了行政法院,由普通法院来审理行政案件。他们认为,这既吸收了大陆法的精华,又引入了普通法中的先进元素。日本行政诉讼法体例是德国行政法的缩减版。开头概括规定了范围,然后就开始用不同的诉讼类型来分章:撤销之诉,义务之诉和确认之诉。我国的台湾地区也是,台湾实际上是继承了民国时期行政法的体例,一直用到 2000 年,到 2000 年才大修了"行政法"。我国台湾地区的"行政诉讼法",跟日本和德国一脉相承,框架都是按照诉讼类型来划分,而且他们的分类也基本一致。

(三)诉讼为什么要类型化?

我国台湾地区学者刘宗德、彭凤至曾云:"行政诉讼类型具有提供适当权利保护模式、统一处理及筛检适当诉讼方式以及调整行政权与司法权关系等功能。"这首先是得保护,然后去统一处理诉讼,还有一点是调整行政权和司法权的关系。比如完全管辖权之诉就可以冲到一线处理,除此之外,通常都要恪守司法权的界限,不能代替行政机关来直接处理属于行政机关的事务。诉的不同类型,行使司法权的过程都有不同。

德国学者弗里德赫尔穆·胡芬谈到的这三点,说出了划分诉的种类的意义:

1. 对于侵犯公民权利的每一种国家权力行为,都必须有一个适当的诉讼种类可供利用。

2. 审判实践已经把大多数特殊的诉之适法条件,从撤销之诉和义务之诉推广到了其他诉讼种类上。

3. 必须对适当的诉种进行审查,因为它为与诉讼种类相应的其他实质裁判条件提供了钥匙。不同的诉讼种类就好比不同的钥匙,一把钥匙开一把锁。

如果对于侵犯公民权利的每一种国家权力行为都有适当的诉讼种类可供利用,则公民合法权益受保护程度势必会得到大幅度的提高。

笔者在下面案例当中第一次阐述诉讼类型化的问题。山东的案例,郭传欣房屋被征收,行政机关作了补偿决定,要补偿他500万元。他认为应该是800万元,就到法院起诉,要求撤销这个补偿决定,并且判定行政机关按照800万元来补偿。法院审理认为,这个补偿决定违法,判决撤销补偿决定。然后郭传欣上诉,二审维持一审判决,遂又到我们这申诉。合议庭要驳回他的再审申请。我看这个案件有问题,就更换合议庭,笔者来当审判长,重新研究,就执笔写裁决理论。这个案件出问题,就是没有搞明白诉讼类型,把义务之诉按撤销之诉处理。结果,郭传欣不但得不到800万元,500万元也没了。笔者在裁决里面讲,老百姓对诉讼类型是天然接受,而法官对诉讼类型不熟悉,甚至有意排斥。法官为什么弄不明白呢?就是受撤销诉讼的影响,认为什么案件都是按照撤销诉讼来办,都是对被诉行为合法性进行审查,审查违法就撤销,撤销了不就是被告败诉了,原告还折腾什么啊?可是,人家必须要折腾,你把我本来应该得的都给撤没了,我能不折腾吗?在郭传欣案件中,没有诉讼类型的理念,就会把案件审错。

诉讼类型化的另外一个作用,对法院的诉讼行为作出规范。最高人民法院在郭传欣案行政裁定中还指出:诉讼类型制度的根本意义更在于对法院的诉讼行为作出规范,以使法院根据不同的诉讼类型选择最适宜的救济方式和裁判方式。

二、行政诉讼法与诉讼类型

(一)没有明文规定的诉讼类型化

第二部分讨论行政诉讼法如何处理诉讼类型。原《行政诉讼法》采取的是撤销诉讼一体主义。一切设计都是以此展开。比方说原来第5条的原则,人民法院对于被诉行政行为的合法性进行审查,撤销之诉进行合法审查。比如,举证责任是按照撤销诉讼来设定,是不是说行政诉讼规定的举证责任和民事诉讼是不一样的?民事诉讼是"谁主张,谁举证",行政诉讼可不是,是被告负举证责任,这不是欺负被告吗?被告负举证责任在撤销诉讼当中这么办合理,因为撤销诉讼是要求撤销行政机关作出的一个对原告不利的行政行为,那你既然已经作出了一个行政行为，你就应当按照行政程序法的要求先取证后裁决，你如果在作这个决定之前没有取到充足的证据肯定要撤销，既然取到了就来举证。这在撤销诉讼当中没有问题的，但是你不能“一叶障目”，不能把它适用到所有的类型当中。

那好多证据都不应当是由被告来举证的，原告的起诉条件是不是符合，那肯定是原告举证证明啊，怎么会让被告来证明？原告说我损失了，损失了多少你得证明啊，怎么让被告去证明啊？所以在行政诉讼当中，也无例外地应当是“谁主张，谁举证”。只不过是因为大多数情况下都是要证明被诉行政行为的合法性，这必然是被告的举证责任，但是这并不是全部待证的事实，需要证明的事实多了。

现在我们不太用“举证责任”，更倾向用德国的“证明责任体系”概念。证明责任分主观证明责任和客观证明责任，主观证明责任无论原、被告都有提供证据的义务。而客观证明责任不是每一个案件都会发生，如果按照主观证明责任各自把证据都提交上来，这个事整个就清清楚楚了，都判了还搞什么客观的证明责任呢？如果现有的证据都拿过来，待证事实还没有弄明白，缺证据，应当是谁提交这个证据呢？你提交不了所以就判对你不利的，这时候才去找这个客观的证明责任是属于谁的，德国行政诉讼里面基本上也是采取这个体系。

我国民事诉讼法及司法解释关于证明责任的规定也已经用了德国的体系。实际上，证明责任跟类型化有关，再从判决上来讲，它也是撤销诉讼。当时的立法者设计的判决方式很简单，不就是诉一个被诉行政行为，我们就要对它的合法性进行审查，审查以后合法的维持，违法的撤销，行政处罚显示公正的可以变更，就是这三个判决，就整个是以一个处罚行为为“假想敌”设计了这么一个撤销程序，到后来这个法不加以完善就没有办法用，很快法院就补充了很多判决方式。我们经常说行政诉讼不管用，就是主要体现在类型不够，判决方式不到位。

（二）司法解释对立法的强化

最高人民法院在郭传某案行政裁定中指出：修改后的《行政诉讼法》虽然没有直接引入诉讼种类的概念，但通过判决方式的丰富和整合，事实上完成了诉讼类型化改造。最高人民法院《关于适用〈中华人民共和国行政诉讼法〉若干问题的解释》（以下简称《行诉法解释》）第 2 条通过对“具体的诉讼请求”的解释，也对各诉讼种类作出了明示性规定。

三、诉讼类型的具体展开

（一）诉讼类型和诉讼请求

1. 诉讼类型与诉讼请求的关系

接下来我们讲讲诉讼类型和诉讼请求的关系。诉讼类型其实是诉的类型，从诉一开始就要分，最高人民法院在张艳君案行政裁定中指出：按照《行诉法解释》第 2 条第 1 款的规定，原告不仅可以请求撤销行政行为，也可以请求变更行政行为，或者请求确认行政行为违法或者无效，还可以请求判决行政机关予以赔偿或者补偿。不仅可以针对行政行为起诉，还可以请求判决行政机关履行法定职责或者给付义务，请求解决行政协议争议，请求一并审查规章以下规范性文件，请求一并解决相关民事争议。可以说，诉讼类型越丰富，权利救济的渠道也就越丰富。人民法院针对具体的诉讼请求进行审理和裁判，也更有针对性，更能作出具体明确的解决实际问题的判决。每个请求都算一种类型，比方说请求解决行政争议，是一大类诉讼但是并不是一个独立的诉讼种类，行政协议诉讼当中也可能有撤销诉讼，请求撤销行政机关单方变更解除行政协议的决定，也可能是履行法定职责之诉，请求行政机关履行行政协议约定的义务，也可能是赔偿，请求因为行政机关不履行协议造成的经济损失，也可能是请求补偿，因为行政机关单方变更解除协议要给相对方补偿的，就没有合理的行政协议。诉讼当中各种类型都会出现，也可能一个案件会有两个种类。

最高人民法院在张艳君案行政裁定中指出：《行政诉讼法》第 49 条规定，提起诉讼应当“有具体的诉讼请求”。诉讼请求是指原告基于一定的事实关系所请求的裁判之要求，亦即在诉讼中应当被实现的实体权利主张。任何一个起诉，都应当有明确具体的诉讼请求。这不仅是诉的具体的内容，是原告的诉讼主张，同时也构成了法院审理和裁判的对象。诉讼请求的具体特定，也体现在选择一个适当的诉讼类型。如果你的请求是清楚的，往往自然而然地对应了诉讼类型。法院就得释明，你究竟想达到什么目的，想清楚了，说明白了，基本上这个类型就清楚了。如果还想不明白就驳回起诉。

2. 诉讼类型与诉讼请求的合并

我们再讨论一个诉讼类型和诉讼请求的合并问题。我们看看这个王吉霞案，这是河南一个案例。最高人民法院在王吉霞案行政裁定中指出：再审申请人提起本案，其诉讼请求是——确认河南省政府作出的《中止行政复议通知书》违法并予以撤销,判令河南省政府依据其申请依法作出行政复议决定。一审和二审法院均认为,该两项诉讼请求“分属于不同的诉讼请求类型,不能在同一个案件中进行审理。经原审法院释明,王吉霞、黄贵兰仍坚持要求对这两项诉讼请求进行一并审查,应属诉讼请求不具体。”这种观点本院难以苟同。诉讼请求固然应当具体特定,但从诉讼经济原则出发,法律并不排除请求的合并,也就是,同一原告可以在一个诉讼程序中向同一被告提出数个诉讼请求。

至于合并的形态,这是诉讼请求合并的形态,就包括单纯的合并、预备性的合并、重叠性的合并、选择性的合并,像预备性的合并就是退而求其次,你给我撤销了,先确认无效,不够无效的话你也得给我撤销,这就是一个预备的,先找这个最上的方案,不行了再退而求其次,《行诉法解释》第 68 条分类列举了各类诉讼请求,但是理解为各类诉讼请求不能在一个案件中合并提出,怎么才可以合并呢,只要各类诉讼请求相互关联,不相互矛盾,就应当予以准许。至于本案是两项,一个是撤销终止复议的通知,第二是判定作出复议决定,这个我们认为并不是一个典型的请求的合并,实际上是一个请求,为什么呢?王吉霞的请求算一个什么类型呢,是一个撤销之诉还是确认之诉还是履行职责之诉呢?要看它主要的目的是什么。主要就是让他履行作出复议决定的法律职责,所以主要就是履行职责或者是不作为。在德国和日本、我国的台湾地区,他们也都有不同的观点,这也算是诉的合并。

所谓履行法定职责一般包括两种类型:一种是不作为,就是行政机关既没有拒绝也没有作出申请行为的诉讼;另一种是否定决定之诉,也就是行政机关已经通过否定性决定拒绝作出行政行为,这实际上是义务之诉的两种。一种是什么都没有做,另一种是明确决定拒绝按照你这个申请来办。在否定决定之诉中,尽管通常也包括撤销、拒绝决定的请求,但是从根本上看,针对的不是拒绝决定本身,而是要求行政机关履行某一种法定职责,因此这种诉讼在性质上应当是属于履行法定职责之诉,尽管人民法院通常也会首先作出一个撤销拒绝决定的判定。

(二)对诉讼类型的释明

最高人民法院在张艳君案行政裁定中指出:由于我国行政诉讼类型长期以来相对单一,公民、法人或者其他组织对此需要一个逐渐适应的过程,因此,《行诉法解释》第 2 条第 2 款专门作出要求:“当事人未能正确表达诉讼请求的,人民法院应当予以释明。”同时,这也并不排除在经过释明原告坚持不作更改的情况下,人民法院根据原告诉求的实质性质,选择最为合适且也能最大限度实现其诉讼目的的诉讼类型和判决方式。

最高人民法院在郭传欣案行政裁定中指出：具体到针对补偿决定的诉讼，法院不能仅仅止于对违法的补偿决定的撤销，更要根据原告的请求，对于具体补偿问题作出裁判。本案一审法院对被诉补偿决定进行了合法性审查，以认定事实不清、适用法律错误为由予以撤销；对于原告要求判令被告补偿577.35万元的诉讼请求则不予支持，理由是“确定涉案房屋征收行政补偿金额并作出征收补偿决定系被告行政职权范围，原告可在被告作出征收补偿决定的过程中提出证据主张自己相应的权利”，很显然是不适当地采用了撤销之诉的审理方式，其结果是将本来是案件审理重点的补偿问题一推了之。

（三）诉讼类型与诉讼标的

什么是诉讼标的？不能按照传统的说法说被诉的诉讼行为是标的。最高人民法院在张刚案行政裁定中指出：很显然，一审法院是将“行政行为”等同于“诉讼标的”。这种观点也是长期流行的主流观点，并且比较适应行政诉讼以审查行政行为的合法性为主要任务的特点。但是，审查行政行为的合法性，更突出地表现为撤销诉讼的主要任务，修改后的《行政诉讼法》在撤销诉讼之外新增了履行诉讼、给付诉讼、确认诉讼等诉讼类型，而在这些类型的诉讼中，常常并没有一个行政行为存在，因此将行政行为统一地确定为行政诉讼的诉讼标的，难以起到统领各种诉讼类型的作用。

撤销之诉的诉讼标的，是以行政行为为主，但是也不能说就是行政行为。在撤销之诉中，合法性也仅仅是人民法院的审查对象，审理对象还包括该行政行为是否对于原告合法权益构成侵犯等以行政行为引起的行政法律关系。如果把这个审查对象等同于审理对象就不能揭示诉讼的本质，不会着眼于案件的全部事实，因此撤销诉讼的诉讼标的应该是行政行为违法，并损害原告权力这样一个原告的权力。也就是说即便是在撤销之诉中我们也不能只盯着合法性的问题，如果说一个行政行为违法，但是跟原告没有关系，对原告权利也没有造成侵害，要不要撤销，实际上不能撤销，因为行政诉讼是主观诉讼，必须对你的权利构成侵害，如跟你没有关系再违法法院也不能管，因为法院不是主动出击的监督，检察院则可以，法院就是被动的，法院不能主动去监督行政机关。

（四）撤销之诉

无论到什么年代，撤销诉讼都是行政诉讼当中最主要的、最核心的内容。最高人民法院在柳峰花炮公司案裁定中指出：公民、法人或者其他组织提行政诉讼，比较常见的是针对一个侵犯其合法权益的行政行为提起撤销诉讼。所谓行政行为，是指行政机关针对具体事件、单方面作出的、具有外部效果的、行政法上的处理行为。所谓具有外部效果，是指行政行为属于外部法律领域，它仅仅是设定公民、法人或者其他组织等外部相对人权利义务的处理行为。一方面，这种处理应当具有法律性，不仅应当对外产生事实上的效果，而且应当对外产生法律上的效果；另一方面，这种处理应当具有外部性，内部业务指令、多阶段行政行为等因其属于内部行政领域，而被排除出行政行为的范畴。

《行诉法解释》第 1 条第 2 款所列举的排除受案范围的情形，它是就是为撤销诉讼设计的。因为撤销诉讼必须是撤销行政行为，或者是说撤销具体行政行为。《行政诉讼法》尽管把具体行政行为的“具体”都划掉了，但是在撤销之诉当中具体行政行为的概念应当仍然要用的。要撤销的必须是具体行政行为。什么是具体行政行为？其是针对具体事件单方面做出的具有外部效果的行政法人处理，以解决确认请求撤销一个事实行为，没有撤销可撤销的内容，解决撤销内部的行为没有外部效果，请求撤销一个多阶段行为是准备过程中，还没有最终的处理，那肯定也不行。实际上，《行诉法解释》第 1 条第 2 款的排除，都是在撤销之诉中要排除的。

1. 撤销之诉的原告

撤销之诉的原告既然《行诉法解释》要求撤销一个行为肯定是这个行为对其不利。最高人民法院在尚淑琴案裁定中指出：一个不利行政行为的相对人总是有诉权的，因为被诉行政行为对其施加的负担显而易见。基于同样的道理，一个不利行政行为的相对人，也有权选择行政复议，以维护自己的合法权益。但是，对于明显缺乏权利保护需要的起诉，人民法院不能仅仅因为其是行政程序或者复议程序的相对人，就当然地认可其诉权。正确的做法应当是不予立案或者裁定驳回起诉，没有必要任由没有实际意义的起诉进入审理程序。

最高人民法院在尚淑琴案裁定中指出：本案的情况就是如此。再审申请人在受到公安机关行政处罚的情况下，提出行政复议申请，复议机关最终撤销了这个处罚决定。按理说，不利行政行为的效力已经消灭，再审申请人的目的已经达到。但再审申请人却针对这个对其有利的复议决定提起了行政诉讼。其诉讼请求竟然是要求法院维持该复议决定书撤销行政处罚决定的主文，只是变更复议决定的部分理由。这样一个诉讼请求，与《行政诉讼法》“保护公民、法人和其他组织的合法权益”的立法目的并不相符，因为撤销处罚决定的复议决定不仅没有对其合法权益产生不利影响,反而已经实现了保护其合法权益的目的。请求维持一个对其有利的复议决定,既无必要,也不见于法律规定的各种判决方式。

2. 判决重做

《行诉法解释》第 89 条规定,复议决定改变原行政行为错误,人民法院判决撤销复议决定时,可以一并责令复议机关重新作出复议决定或者判决恢复原行政行为的法律效力。第 90 条规定,人民法院判决被告重新作出行政行为,被告重新作出的行政行为与原行政行为的结果相同,但主要事实或者主要理由有改变的,不属于《行政诉讼法》第 71 条规定的情形。人民法院以违反法定程序为由,判决撤销被诉行政行为的,行政机关重新作出行政行为不受《行政诉讼法》第 71 条规定的限制。行政机关以同一事实和理由重新作出与原行政行为基本相同的行政行为,人民法院应当根据《行政诉讼法》第 70 条、第 71 条的规定判决撤销或者部分撤销,并根据《行政诉讼法》第 96 条的规定处理。实际上笔者本人并不赞同判决重做的方式。因为撤销之诉是一种形成之诉,针对违法行为要把它撤销,撤销了就消灭了它的效力,它对公民权利的损害消失不见。这就达到目的,为什么还要判决重做呢？百思不得其解。这种重做更多出现在履行职责之诉上,相当于答复的概念。我们在撤销之诉当中,不应当过多重做。

3. 程序轻微违法

《行诉法解释》第 96 条规定,有下列情形之一,且对原告依法享有的听证、陈述、申辩等重要程序性权利不产生实质损害的,属于《行政诉讼法》第 74 条第 1 款第 2 项规定的“程序轻微违法”:(1)处理期限轻微违法;(2)通知、送达等程序轻微违法;(3)其他程序轻微违法的情形。程序轻微违法要不产生撤销的效力的后果,是要确认违法,程序就给他确认一个违法,这倡导了程序正义,但是实际效果未必会很好。特别是到最高人民法院这,都是再审阶段,再审确认再启动再审,价值不大。

4. 损益性行为

撤销诉讼就是针对损益性的行为,针对一个受益的行为你来请求撤销也是很荒唐的,像最高人民法院在李山林案行政裁定中指出:本案中,再审申请人已经依申请获取了“2015 年 3 月 11 日(周三)区领导接待日排班接待领导为区委副书记、区长吴桂英”的信息,因此并不存在合法权益因政府信息公开行为遭受侵害的可能。针对这样一个授益性的政府信息公开答复提起诉讼,既没有将其撤销的权利基础,也没有责令行政机关重新作出答复的任何必要。再审申请人之所以提起本案诉讼,核心理由是对信访办公室作出政府信息公开答复的职权提出质疑。再审申请人主张，信访办公室是内设机构，不具有行政主体资格，以自己名义作出的《答复告知书》超越职权，应予撤销。最高人民法院在李山林案行政裁定中指出：《行政诉讼法》第 70 条确实规定，“超越职权的”行政行为构成违法，应予撤销。而且通常认为，没有直接对外管理职能的内设机构不能直接实施影响行政相对人合法权益的行政行为。但这是针对损益性行政行为而言，属于授益性行政行为的政府信息公开未必完全适用。有些行政机关的内设机构因其具有独立性，也会制作政府信息，因而被赋予公开政府信息的义务。而且，内设机构在向申请人提供政府信息时，其行为的性质是授益而非损益，是提供服务而非限制权利。最高人民法院在李山林案行政裁定中指出：损益性行政行为“法无明文授权即属超越职权”，授益性行政行为不能一概适用这一标准。同时，针对一个本来是满足其申请的授益性行政行为起诉，也因缺乏权利受侵害的事由从而缺乏可保护的合法权益而不具备诉的利益。总之，原一、二审法院虽然在认定《政府信息公开条例》的适用范围和行政诉讼受案范围方面对于法律规定有不当理解，但裁判结果并无予以纠正的必要。

（五）义务之诉

俗称不作为，笔者更喜欢称它为义务之诉，在我们国家把它称作不履行法定职责之诉更普遍，那么这个诉讼尽管在旧的《行政诉讼法》中就有履行法定职责的判决方式，但是行政诉讼法对整个义务之诉缺乏一个整体的设计，义务之诉属于给付之诉的一种，只不过要求给付的是一个行政行为。撤销之诉就好像是一个硬币的两个方面，只不过是一个做了，一个没有做，一个是作为，一个是不作为，一个是作为了要求撤销它，一个是没有作为要求做出这么一个新的行为。义务之诉为什么说它是一个比较先进的诉讼种类，它不仅仅是原则的判决行政机关答复，而是能够在条件具备的情况下直接判决行政机关做出特定的原告要求他做出的行为。在日本一直到 2004 年修改行政事件诉讼法的时候才正式地使义务之诉法律化，法律才直接规定了这样的诉讼类型，就是因为它涉及司法权的一个扩张，行政诉讼充满着司法权和行政权的界限问题，你不能够代替行政机关行使行政权，但是为了彻底解决纠纷，有时候这个界限有必要突破一下。义务之诉就是行政权、司法权的一个突破。为什么司法权可以有一些扩张？就因为行政机关的裁量权到这个时候缩减为零。按照法律规定，它必须公开这个信息。法律问题是法官说了算，你就可以直接裁判它公开这个信息。当然如果行政机关还有裁量的余地或者是基础的事实有待行政机关先行做出查证以后再重新做出答复和决定，义务之诉里面也有一类叫答复判决，就是原则上让它重新做决定，但是法院要把法律观点讲明白，实际上在这里面既有司法权积极的一面，但是仍然保留了一定的克制。

在行政机关有首次判断权的情况下，你手就不要伸那么远了，所以义务之诉对于彻底解决纠纷就是非常的好用。最高人民法院在张艳君案行政裁定中指出：《行政诉讼法》第72条规定："人民法院经过审理，查明被告不履行法定职责的，判决被告在一定期限内履行。"由此可知，履行法定职责之诉具有"彻底裁判"的特点，只要所有事实和法律上的前提条件皆已具备，人民法院就可以直接判决行政机关履行原告所请求的法定职责。

1. 义务之诉与撤销之诉的区别

义务之诉和撤销之诉，我们说它是一个硬币的两个方面，但是毕竟不是一个诉讼种类，最高人民法院在郭传欣案行政裁定中指出：义务之诉与撤销之诉的趣旨有所不同。撤销之诉旨在撤销一个对原告不利的行政行为，一经撤销，该行政行为的法律效力就会随之消除，原告所寻求的权利救济也就不待执行即已实现。如环保局处罚一个工厂，关于污染，开出了罚款500万元的罚单，工厂觉得委屈，我没有污染，请求撤销这个处罚决定，到法院来，法院一查是这么回事，就撤销处罚决定，这个一撤销就完事了，就没有被处罚之因了，你的诉求就实现了，撤销判决具有这样的特点，为什么它叫形成之诉，道理就是这个判决直接可以形成权力。义务之诉却不像撤销之诉那样源于经典的干预行政，而是产生于给付行政。为什么说产生的晚？就是因为政府从警察行政向服务行政转变以后越来越多的社会保障、生存关照、福利提供就产生了很多这样新的管理事务。你该给老百姓的不给，老百姓就起诉要求你给，为什么叫给付之诉呢，这可以肯定是给他好处啊，不是说主动申请对我的处罚。义务之诉的原告，总是希望通过他的请求获得授益，总是希望通过判决达到一种较之于初始状态更佳的境况。比对一下撤销之诉与义务之诉。过去我们一直讲"大棒加胡萝卜"，实际上撤销之诉就是针对"大棒"，要让法院喝止住，把"棍子"收回去；该给我"胡萝卜"，却没有给，要求法院把"胡萝卜"给了，这就是义务之诉。实际上这两个诉讼分别就是"大棒子"和"胡萝卜"。

2. 履行职责之诉的诉权

那履行之诉，哪些人可以提起？最高人民法院在芦保家案行政裁定中指出：履行职责之诉的特点是，不能仅看当事人是否向行政机关提出过履行职责的申请、行政机关是否拒绝，还要看该行政机关是否依法具有当事人所申请的那种职责,以及当事人有没有提出这一申请的实体法上的请求权。进一步说,并不是随便向一个可能无管辖权的行政机关提出一个履行职责的申请,就足以通过它必然被拒绝而产生"就此拥有了诉权"的效果。因此,原告是不是拥有提出申请的请求权、被申请行政机关是否具备相应的法定职责或者管辖权,也应当是受理履行职责之诉时所应审查的内容,如果明显没有相应的事实根据,则属于不具备法定的起诉条件。

履行职责之诉的特点不能仅看当事人是否向行政机关提出过履行职责的申请,实际机关是否拒绝,还要看该行政机关是否具有当事人所申请的职责以及当事人有没有提出这一申请的实体法上的请求权。这里面我们讲了实体法的请求权,之前我们是忽略这个的。正如我们在芦保家案,并不是顺便向一个可能没有管辖权的行政机关提出一个履行职责的申请就足以通过它必然会拒绝而产生就此应用的诉权效果,因此原告是不是拥有提出申请的请求权、被申请行政机关是否具备相应的法定职责和管辖权也应该是履行职责之诉时所应当考虑的,如果没有明显的事实根据和不具备法定的起诉条件,是不可以的。

3. 履行职责之诉的起诉时机

最高人民法院在王守保案行政裁定中指出:行政机关履行法定职责通常需要一个过程,因此有些法律、法规对行政机关履行职责的期限作出了专门规定。法律、法规对行政机关履行职责的期限未作专门规定的,《行政诉讼法》第47条则统一设置了两个月的期限。如果行政机关超过法定期限未履行职责,公民、法人或者其他组织即可以提起诉讼;反之,如果法定履行职责的期限未届满就提起诉讼,就属于起诉时机不成熟,人民法院应当不予立案或者裁定驳回起诉。当然,如果行政机关在履行职责期限之内就作出拒绝决定,则不受履行职责期限的限制,公民、法人或者其他组织可以即时针对拒绝决定提起诉讼。

4. 义务之诉中的撤销

那义务之诉当中的撤销其实刚才我们也讨论了。最高人民法院在郭传欣案行政裁定中指出:义务之诉中也可能有一个撤销行政决定的请求,但撤销行政决定本身不是目的,也不是必需,原告的终极目的是要求法院判决行政机关履行他所期待的某项义务。正因如此,法院在义务之诉中并非只是对行政机关已经作出的决定进行合法性审查并一撤了之,而要进一步对行政机关的义务进行裁判。只要原告对所申请的行政行为有请求权,法院就应当直接宣布行政机关的义务。具体到针对补偿决定的诉讼,法院不能仅仅止于对违法的补偿决定的撤销,更要根据原告的请求,对于具体补偿问题作出裁判。

5. 拒绝决定的撤销并不是非常必要

义务之诉当中，往往会有一个拒绝的决定，往往可能也会提出先撤销这个拒绝的决定，法院往往也会先作撤销判决，再审理履行之诉，但是尽管有撤销的内容也改变不了义务之诉的性质。最高人民法院在张艳君案行政裁定中指出：履行法定职责之诉具有“彻底裁判”的特点，只要所有事实和法律上的前提条件皆已具备，人民法院就可以直接判决行政机关履行原告所请求的法定职责。履行法定职责之诉是独立于撤销之诉的一种诉讼类型，尽管行政机关针对当事人的申请往往也会作出一个明确的拒绝决定，但履行法定职责之诉的诉讼目的并不在于撤销行政机关的拒绝决定，而在于要求法院判决行政机关履行某一法定职责，所以在判决行政机关履行法定职责的情况下，对于拒绝决定的撤销本身并不是非常必要，因为它已经包含于对法定职责的履行中。最高人民法院在张艳君案行政裁定中接着指出：换言之，不撤销拒绝决定，其要求履行法定职责的愿望也可实现；仅仅撤销拒绝决定而不判决履行法定职责，对于原告请求的实现也只能于事无补。同理，在行政机关针对当事人的申请逾期未作答复的情况下，只要所有事实和法律上的前提条件皆已具备，人民法院也可以直接判决行政机关履行原告所请求的法定职责，而不必同时判决确认行政机关逾期不予答复违法。

6. 义务之诉中的确认违法

讨论义务之诉当中的确认违法，在行政机关针对当事人的申请预期未做答复的情况下，只要所有事实和法律上的前提条件皆已具备，人民法院也可以直接判决履行法定职责。典型案件就是张艳君案。法院判了要求市政府履行受理他的不予申请的职责，他还起诉，主张就是说我还要求你确认它不履行职责违法，你只判他履行职责，这显然不符合我的诉讼请求，我说应当选择最有利于你的，确认他违法没有办法的情况下是判决他履行职责已经不可能但是我要对他不作为要确认一下违法，有限选择一个最能保障你权利的判决方式。

7. 义务之诉与裁判时机成熟

义务之诉是最到位的、最能解决问题的，但是作出那些最到位、最解决问题的判决有一个前提条件必须是裁判时机成熟。最高人民法院在郭传欣案行政裁定中指出：在义务之诉中也并非所有的案件都能直接宣布行政机关的义务，作出这种具体到位的判决，需要原告具有请求权，也需要裁判时机成熟，也就是所有事实和法律上的前提皆已具备。在有些情况下，法院可以一方面通过责令行政机关补作所欠缺的事实调查，另一方面通过自己判定尚不清楚的法律问题等途径，促使裁判时机成熟。如此一来更能减少循环诉讼、实质解决纠纷。但在有些情况下，如果这种事实调查过于繁重,或者存在行政裁量或判断余地之情形,法院也可以作出一种答复判决,即法院不是直接宣布行政机关的义务,而是责令行政机关按照法院的法律观重新作出决定。

答复判决就是裁决时机不成熟,赔偿问题如果不履行,拖延履行职责致使合法权益造成损失的也应当判决赔偿。关于履行职责之诉的提出条件,在另一个案件当中还讲到了需要存在权益侵害的可能,在金石案件中,行政机关假如对他做出不利的行为,还可以请求一并审查,如果这个不存在权力侵害的可能,那义务之诉的诉求也是值得怀疑的。在李国秀这个案件中,我们又讲了一个原则,就是提起履责之诉必须要求行政机关做出的也是一个具体的特定的行为。如李国秀案,他是一个职工,认为职工的宿舍问题等需要省政府制定一个实施细则,省政府没有制定就来法院起诉请求判定省政府制定的问题。我们不支持他,因为他要求做的是抽象行为,是一个一般性的调整,这是不可以的。最高人民法院在李国秀案行政裁定中指出:……第四,他申请行政机关作出的行为应当是一个具体的、特定的行政行为。要求行政机关实施没有外部效力的内部调整或者不是针对他个人的一般性调整,必须基于法律的明确规定。第五,行政机关对于原告申请的拒绝,可能侵害的必须是属于原告自己的主观权利。在原告不具备主观权利的情况下,即使行政机关的不作为有可能侵害公共利益,个体也未必具有提起行政诉讼的权利。

还有要求法院判决行政机关履行自己撤销规范性文件的职责,最高人民法院在金实案行政裁定中指出:本案中,再审申请人的诉讼请求是责令再审被申请人依法履行其请求的“依法撤销海政办发〔2010〕90 号文”的法定职责,虽然不属直接针对一个规范性文件而提起的撤销之诉,但对于这种履行职责之诉而言,原告也只能是请求法院判令被告作出一个具体的、特定的行政行为,而不能请求法院判令被告作出一个抽象的、一般的行政行为。要求法院判令被告撤销一个规范性文件,与要求法院自己撤销一个规范性文件,在性质上和效果上并无二致。因为即使只是判令被告自己撤销规范性文件,也无可避免地要求法院对该被要求撤销的规范性文件的合法性直接进行审查。这显然违背《行政诉讼法》第 53 条关于规范性文件的审查只能附带进行的规定。义务之诉基本的框架就是这些,这当中含有不少非常复杂的问题,我们总体上把握住了这个情况,有一些具体问题也会迎刃而解。

（六）确认之诉与确认无效之诉

确认之诉是一个补充性的诉讼。有人形象地说它是一个筐，什么都往里面装，就跟当年的流氓罪似的。最高人民法院在刘书平案行政裁定中指出：说到各种诉讼类型，确认之诉很像一个装满各种工具的杂物筐。《行政诉讼法》规定的各种确认判决多达6种，但通说认为，只有请求确认某种法律关系存在或者不存在的一般确认之诉，才是"真正的"确认之诉，其他的确认之诉，比如确认无效之诉、继续确认之诉，以及情势判决中的违法确认等，都不过是撤销之诉、义务之诉、给付之诉等诉讼类型的变种。正因如此，确认之诉具有补充性，也就是说，仅当原告不能通过其他诉讼类型达到其目的，才存在提起确认之诉的可能。我在这个裁定里面就指出来，对仅仅一个拒收的行为请求确认违法，这缺乏诉讼立意，因为这并不是一个最便捷最能解决实际问题的类型，拒收不可逆转的还是没有收啊，就不如请求法院来对赔偿作出判决，因为法律要求以行政机关先行处理为前提。你也邮寄了，你信封上面写的是国家赔偿申请，他拒收等于是拒绝了对你作出决定，这时候到法院起诉的条件就具备了，你直接让法院判作出一个赔偿判决，坚持要求法院只判他拒收行为违法，这个只是一个中间性过程性拒收的行为，判决这个没有用。最高人民法院在刘书平案裁定中指出：再审申请人向行政机关邮寄信件，目的是要求行政机关作出一个国家赔偿决定，他在信封上也写明信件内容是国家赔偿申请书。由于行政机关无须拆开信封即可获知寄件人的目的，那么"拒收"信件就会明白无误地表明，其在事实上拒绝了这个申请，这样一来，"赔偿义务机关先行处理"这个前提条件就会成就，再审申请人可以毫无障碍地直接提起请求判令行政机关予以赔偿的诉讼。仅仅要求确认一个"拒收"行为违法，既缺乏"澄清"某种法律关系的需要，也不是最便捷、最能解决实际问题的诉讼类型。在这种情况下，裁定驳回起诉并无不当。

在张演军案件当中也讲到了确认案件的一封信，当原告不能或者是未能通过某一个其他诉讼种类在相同范围内并以相同的效力实现法律保护的时候提起确认诉讼，比如说履行法定职责诉讼中，在被告不履行或者是拖延履行法定职责时只有判决履行没有意义的情况下，才适用确认违法的，在判决行政机关履行法定职责能够更好、更直接地实现预期目的的情况下，没有必要选择裁判效果更为间接的确认违法判决。

像张演军这个案子能够判定行政机关不受理他的复议申请是违法的，但是可能也存在直接再判履行职责没有意义，比如说，你受到歹徒袭击，拨打"110"紧急求助，"110"没有去，你来起诉，他不作为。你诉它再去一趟，原来去晚了，这一次

5 分钟就去，这是履行职责，但是再去有什么用啊？没有用，但是你确认它上一次没有去，违法，有用没有用啊？有用，像过去我们处理过一个案例，甘肃某地的晚上两个歹徒来袭击原告，遂拨打“110”，“110”没有及时去，其被捅死了，那就请求确认公安局不履行出警的职责能力，判了之后有一个赔偿问题，当时就判行政机关公安局赔了 50 万元，所以说只有判决他的履行职责没有意义了，确认他违法还有用。

确认无效诉讼实际上相当于一个独立的诉讼，它跟撤销相近，撤销是违法了才撤销，确认无效是严重明显的违法，这时候就不撤销了，是确认违法，因为往往这一类重大明显的违法自始就没有效力，正如德国专家讲的，撤销一个自始就没有效力的行政行为是非常荒唐的，所以在这时候不是撤销，而是确认它无效。我们在周火生案件当中，《行政诉讼法》第 75 条规定，行政行为有实施主体，不具有行政主体资格或者没有依据等重大明显违法情形，原告申请确认行政行为无效的，人民法院判决确认无效，该条规定的虽然只是一种判决方式，但是根据《行诉法解释》第 2 条第 1 款第 4 项的规定，认为可以向人民法院请求判决确认行政行为的无效。周火生这个案件当中涉及的一个问题，提起确认无效之诉要不要有行政机关先行处理。换句话说要不要以行政机关先行处理为前提，一审法院是认为必须要先经行政机关确认是否无效，只有在行政机关不答复或者是未确认无效的情况下才可以提起确认行政行为无效的诉讼，我们是认为在一些国家和地区的确要求当事人在提起无效之诉时必须已经向做出行为的机关请求确认无效而未被允许给答复，规定此先行程序有利于更为便捷的行政救济手段，但是该先行程序通常必须基于法律的明文规定，我们国家没有规定，没有规定的情况下，你以此为理由起诉不仅客观上对当事人请求诉权增设门槛，同时也给行政机关附加了法定之外的先行处理义务，事实上我们也了解了一下，行政机关也不理睬，你哪个法规定的让我先处理这个，找不到依据。确认无效判决，《行诉法解释》又做了一些很详细的规定，首先是明确了一下什么情形算是《行政诉讼法》规定的重大且明显违法，这里面列了这么几种情形，第一，行政行为的实施主体不具有行政主体的责任；第二，减损权力或者是增加义务新的行为没有法律规范依据；第三，行政行为的内容客观上不可能实施；第四，是对重大且明显的违法做出的解释。

另外还涉及请求确认无效和请求撤销，请求确认无效和请求撤销是一个近亲，因为都涉及违法性的问题，只不过违法的程度不同，一般性的违法就是撤销，重大且明显的违法就是确定无效，当事人在提起诉讼的时候如果是请求撤销，法院认为这个违法的程度达到了重大且明显违法的程度，法院可以不可以确认它无效呢？是可以的。因为这个是没有从根本上游离于原告的诉讼请求，比撤销行为的效果对当事人的权力保护会更好，因为自始就否定了它的效力了，你撤销的话是从8月9日撤销，8月9日之前还有存续的期限。换句话说，如果他请求确认无效，发现达不到这个程度，可以不可以请求判处撤销呢？应该说也可以，但是要看起诉期限，如果他在法定起诉期限以内，提起了撤销的请求，法院认为应该是无效的，就把它判决确定无效。如果请求是确认无效，可以不可以转化为撤销？那要看起诉期限过没有过，为什么呢？一般认为请求确认无效不受起诉期限的限制。德国的专家说过一句话，如果因为当超过起诉期限就让一个从始就没有效力的行为从此就具备了效力也是很荒唐的。但是撤销是有期限要求的，如果它请求确认无效，这个时候立案的时候不考虑这个请求期限，但是很多人会钻空子，本来过了这个撤销之诉的起诉期限了，他就说我请求确认无效，如果法院不考虑起诉期限直接就判决撤销，就偷着乐达到目的了。这时候法官如果要判决撤销的话要考虑期限过了没有，如果过了不得转成撤销，要驳回起诉，这是《行诉法解释》所要明确的。

（七）一般给付之诉

一般给付之诉和履行之诉的区别就是一般给付之诉往往是与行政事实相关，义务之诉是一个法律行为，因为你给付不给付你得通过让行政机关做出一个法律行为，一般给付可能更多就是这些权力有关系基本上就可以了，不用法院行政机关做一个法律行为，比方说，不当得利的返还，公法上也有不当得利的返还，那么这个请求返还，你扣人家车了，已经确认违法了，赶紧要返还他，这就是一般的给付。《行政诉讼法》尽管规定了一般给付，但是存在的问题是面太窄，规定了原告申请被告依法履行支付抚恤金、最低生活保障待遇、社会保险待遇等给付义务，成立的话就判定履行相应的给付之诉，这个列举的面太窄了，好在有一个“等”，这个“等”我们解释为“等”外“等”，凡是涉及行政行为以外的一般的金钱或者是赔偿物给付的，包括有事实行为的给付都可以纳入一般的给付之诉。

（八）诉讼类型和重复起诉

重复起诉需要3个条件同时具备，但是诉讼请求相似，最高人民法院在陈前生案行政裁定中指出：再审申请人提起本案诉讼之前，曾经分别于2014年9月和2015年10月以金寨县政府为被告提起过两个诉讼，诉讼标的也是本案所针对的征收行政行为和房屋征收补偿协议。有所不同的是，针对征收行政行为的前诉，诉讼请求是撤销,后诉则是请求确认违法;针对房屋征收补偿协议的前诉,诉讼请求是撤销,后诉则是请求确认无效。再审申请人以此主张,请求不同,内容不同,因此是截然不同的两个诉讼。前诉和后诉有的是请求确认违法,有的是请求确认无效,有的是请求撤销,有的请求违法,虽然表面上看诉讼请求不同,但是事实上要求法院所做的裁判标的是相同的,事实上后诉不能在前诉里面已经有的情况下再重复做或者是更不允许做出一个相互矛盾的认定。在不同的诉讼类型可能好几个都可以选择的情况下还是应当建议选择一个自以为适当的诉讼类型。在张月仙案件当中我们也谈到了请求行政机关履行行政指导的职责,也是不被允许的。利用一个新的诉讼类型规避体制期限,这是王建设案件中也有所提及,他是要求撤销一个行为起诉期限过了,就转过身去找行政机关要求他自己撤销,行政机关不理睬他,他到法院提起一个履行法定职责之诉,要求法院判决他履行自己撤销的这个职责,这实际上就是利用变化一个新的诉讼种类来规避起诉期限。这种规避也是不被允许的。

最高人民法院在陈银花案裁定中指出:撤销之诉是行政诉讼最为经典的诉讼种类,它以通过撤销为原告设定负担的行政行为的方式来形成权利。这就要求,请求撤销的行为必须是一个为原告设定负担、具有法律约束力、旨在设定一种法律后果的个别调整。《行诉法解释》第 1 条第 2 款第 10 项“不属于人民法院行政诉讼的受案范围”的情形,即“对公民、法人或者其他组织权利义务不产生实际影响的行为”,就包括这层含义。本案所诉《公告》,只是一个公开而个别的通知,目的是通知行政行为的相对人参加行政程序,并不具有任何旨在创设、变更、解除或具有约束力地确认某种权利义务的内容。因此,此类行为不能成为撤销之诉的对象。

在陈银花案件中,我们明确了撤销之诉的对象必须是一个个别的调整,另外我们在陈银花案件还明确了程序行为不能单独诉求撤销,它是一个程序中间的环节,你不能在这时候太心急撤销这个程序行为,你可以在最终作出决定的时候,你起诉这个决定,然后中间的程序违法也可请求撤销,当然如果是这个程序行为导致他不可能作出决定或者会旷日持久的作出决定,这时候就另当别论。比如说复议机关长时期的中止复议,通常情况下你起诉一个中止复议的决定因为他是一个程序行为,中间性的行为是不可诉的,但是如果行政机关没有理由、没有根据旷日持久的中止,一中止两年、三年,事实上造成对他的寻求救济的权力的腐败,那这不一定就一律的不可诉。行政合同当中也会涉及请求确认行政协议无效,这个合同之诉中,是究竟适用《合同法》无效的规定还是也适用无效行政行为的规定?

我们在范凯案中做了阐述，最高人民法院在范凯案裁定中指出：《行诉法解释》第15条第2款规定："原告请求解除协议或者确认协议无效，理由成立的，判决解除协议或者确认协议无效，并根据合同法等相关法律规定作出处理。"因行政协议具有两面性，既有作为行政管理方式"行政性"的一面，也有作为公私合意产物"合同性"的一面。故行政协议既是一种行政行为，具有行政行为的属性，又是一种合同，体现合同制度的一般特征。因此，对于行政协议无效的判断，既适用《行政诉讼法》关于无效行政行为的规定，同时也适用民事法律规范中关于合同无效的规定。

行政协议是具有两面性的，根子上还是行政机关被赋予行政管理和实现公共利益的目标，只不过是借用了民事上的合同的这种手段来实现这个目的，还是一个行政的行为，只不过它跟传统的单方的行政行为不同，是一个双方行为，是通过和相对人协商、和议，达成一致，通过合同、协议这种手段来去实施的。起诉这种行政协议，怎么样适用法律？司法解释也明确了公法和私法都可以，这是适用了它两面性的特点，最初在起草诉讼法司法解释的时候，笔者就提出了一个词，叫两分法，这是针对行政协议的问题，行政性的一面可以用行政法，合同性的这一面就可以是另一个，之后又看到德国的学说里面有一个双阶理论，这时候因为行政行为还是大量的引入司法的手段，公法、私法搅和在一起，这时候仅仅去用行政法，用公法难以解决这些公私混杂的行为。如果请求确认一个合同无效，笔者觉得在无效性上是既可以从行政行为无效的这些情形要件来审查，也可以同时适用民法、合同法合同无效相关的规范来进行判断。

（九）诉讼类型与证据规则

证据规则和诉讼类型紧密相关，你不能把撤销之诉当中的证据规则运用到各种不同的诉讼类型中去，最高人民法院在曹保英案裁定中指出：《行政诉讼法》第40条规定：人民法院"不得为证明行政行为的合法性调取被告作出行政行为时未收集的证据"。这一规定既是案卷主义的要求，也是中立原则的要求。根据《行政诉讼法》的规定，行政行为合法性举证责任由被告承担。受"先取证，后裁决"规则的约束，被告提供的旨在证明行政行为合法性的证据只能限于其在作出行政行为时已经收集的证据。人民法院在审查被诉行政行为合法性时，同样受案卷主义的约束，既不能接受被告在作出行政行为时未收集的证据，也不能为了证明行政行为的合法性调取被告作出行政行为时未收集的证据。如果被诉行政行为是在没有证据或者证据不足的情况下作出的，该行政行为就已经构成违法。

在做出行政行为以后应诉，为了证明行政行为的合法性急急忙忙地调取证据，这显然是不行的，违反了先取证后裁决的规则，也违反了案卷主义的要求。案卷主义就是行政程序做出这个行为，形成一本卷宗。到法院来应诉，就要拿这一本卷宗来，就是看你做出这个行为之前你所有的证据都应该订在这个卷宗里面，在卷宗之外临时去收集补充证据，是不被允许的，再充分也不行，因为当时没有。所以《行政诉讼法》和证据相关司法解释也都明确规定了，诉讼过程中被告及其诉讼代理人不得为了证明被诉行政行为的合法性再自行收集证据，也不允许法院为了证明被诉行为的合法性去调取证据。

如果拿来的卷宗证明，被诉行政行为是在没有证据或者是证据不足的情况下做出新的行为，这已经构成违法了，后面补充得再充分也不管用。但是在其他诉讼类型当中要都去适用这个规则就出问题了。曹保英案中，行政诉讼的证明对象具有多样性，行政诉讼证据也绝不仅仅限于证明行政行为合法性的问题，那些行政行为案卷以外的证据就可以在行政行为做出后收集和提出，包括起诉条件在内的那些程序事实，法院也有职权调取。讲到这里可以再有一个分类，行政诉讼从另外一个维度上也可以做分类，有一些是复审性的诉讼，有的行为我们再来进行复审，进行司法自查，这时候更是用这个案卷的，但是有一些是非复审性的，比如说法国有个诉讼类型——完全管辖权之诉，它不限于案卷，法院就像是处理民事案件一样，证据该提就提，什么时候收集就什么收集，非常的类似于民事诉讼的那些审理方式，也适用于民事诉讼中的规则。

最高人民法院在王玉春案裁定中指出：《行政诉讼法》第 34 条第 2 款规定的“被告不提供或者无正当理由逾期提供证据，视为没有相应证据”，但在行政行为涉及第三人合法权益的情况下，简单适用这一规则，则是将不利后果转嫁到第三人的头上。正因如此，《行政诉讼法》第 34 条第 2 款特别规定，但是，被诉行政行为涉及第三人合法权益，第三人提供证据的除外。这一特别规定还表明，行政诉讼的证据并非只应由行政机关提供，凡是能够证明案件事实的合法证据，都能成为行政诉讼的定案依据。

在王玉春案件当中我们也谈到了诉讼类型化和证据规则问题。《行政诉讼法》第 34 条第 2 款规定的，被告不提供或者是无正当理由逾期提供证据，视为没有相应的证据。这确实是明确规定的，但是这个规定同样是针对撤销诉讼的。作出对原告不利的决定，又不提供证据，怎么办呢？就视为没有证据，没有证据就要撤销，但是这个规则要适用于所有的诉讼类型，就出问题。在李清林案案件中，我们又对履行职责之诉的要义做了强调，这个裁定当中请求履行法律职责之诉，有时也称为请求因为行政处分之诉，从这个概念本身就清楚地阐明了这一类诉讼的要义，所谓请求履行法定职责是指请求行政机关履行的必须是法律、法规、规章等明确赋予行政机关对外行使的行政管理职责，强调请求行政机关做出的只能是具有外部效力的调整，那些仅限于行政内部领域的措施，例如请求上级行政机关对下级行政机关做出一个命令，对下级行政机关进行监管监督等，因其不具有对外性，不直接设定新的权利义务，通常不能再请求履行法定职责之诉。

只有它是一个损益性的行为，曾经发生过效力，对你可能产生侵害或者是曾经产生过侵害才有必要继续确认。一个受益性的，被新的更高的受益替换了，你还揪住原来这个不放，没有任何诉求的意义。那提起给付之诉也需要具备给付条件，如果一般给付之诉涉及金钱给付的内容，请求金钱给付的金额必须已经获得确定，如果需要由行政机关事先作出一个行政决定核，就应当提起一个履行法定职责之诉来实现权力要求。

协议相对方以外的人可以不可以提起履责之诉？我们看一下明灯食品厂的案件，我们也到现场去看了，是一个地质塌陷区，煤矿要搬迁，就跟政府签了一个合同，他出钱，政府负责给它征地拆迁，明灯食品厂是属于塌陷区，需要搬迁的，说你赶紧给我搬啊，行政机关说我跟你有什么关系啊，这是我跟煤矿签的合同，合同相对性是只有合同的当事人才能诉合同的内容，同时主张这是一个民事合同，那我们经过审查，行政协议如果涉及第三方的效力、第三方的利益，应当不仅仅限于相对一方才有诉权，另外的就不根据这个协议依照其他法律规定，明灯食品厂也有实体法上的请求权，所以要支持的明灯食品厂的观点。

诉讼类型不仅仅是涉及判决，还涉及每一类诉讼审理的方式也不同，这些审理方式不同就集中体现在审理的要件不一样，撤销诉讼通常讲是 3 个要件，第一个要件被诉行政行为的违法性，第二个要件是被诉行政行为属于这个行政机关做的也属于这个行政机关应该承担的责任，第三个要件是权利侵害。请求履行法定职责也有自己的构成要件，这几个要件包括原告是不是向行政机关提出过申请，原告是不是拒绝或者是不答复，那原告是不是存在一个实体法上的请求权，这个我们也讨论过。被告是不是具有相应的法律职责，这是管辖权的要件。还有一些要件我们前面讨论了，裁判时机成熟，这是很重要的一个要件，裁判时机不成熟就不能作出具体到位的履行法定职责的判决，所以类型化也决定了实行更为精细的要件审查法，而不是过去我们放之四海而皆不准的合法性审查，类型化在走向精细化，如果能坚持下去，这些方法能够深入人心，会使我们的《行政诉讼法》也更精细，提供的权利保护更无漏洞，也使我们作出的裁判更有针对性，更能解决问题。

行政诉讼的证据规则及运用（一）

蔡小雪 * 最高人民法院行政审判庭

目　次

---

* 蔡小雪，最高人民法院行政审判庭退休法官。

一、举证责任

(一)举证责任概念和举证责任分配原则

1. 举证责任的概念

在学术界不少学者认为,举证责任与败诉的结果密切相关,他们给举证责任所下的定义是,法律上规定诉讼当事人,对应当确认的案件事实,有责任提出证据加以证明。如果不能提供证据,则可能要承担败诉的后果。举证责任不是一般意义上的举证义务或提供证据的权利,它是一种把提供证据同诉讼结果联系起来的诉讼制度,是一种使法院既能够用以查明全部案件事实,也能判断胜诉和败诉的审判规则。①

另一种观点认为,诉讼中的举证责任是指由法律预先规定,在案件事实难以确定的情况下,由一方当事人提供证据予以证明;如果其提供不出证明相应事实情况的证据,则承担败诉风险及不利的法律后果的制度。② 该观点与前一种观点最主要的区别点是,举证责任不仅可能与败诉的法律后果相联系,也可能导致不利的法律后果。有些学者依据这一观点的基本理论,又将举证责任分为说服举证责任和推进举证责任。所谓说服举证责任,是指这一责任由实体法规则确定,被确定有说服责任的一方当事人对自己的主张必须提供证据充分证明,使法官确信其主张成立;如果承担说服责任的当事人在法定诉讼期间内提出的证据不足以证明其诉讼主张成立,法官则必然得出其主张不能成立的结论。所谓推进举证责任,是指当事人提供证据证明其主张构成法律争端从而值得或者应当由法院进行审理的举证责任。表现为,当事人向法院提供初步证据从而启动诉讼程序。承担推进举证责任的当事人对自己的主张并不必须证明成立,只需提供证据证明有成立的可能性,或者对对方的主张并不必须证明不成立,只需提供证据引起合理怀疑,证明其不成立的可能性。如果对方无有力的证据予以反驳,无法合理地否定这种可能性时则对方的主张不能成立。承担说服举证责任的当事人在不能证明自己主张时,只能推定其主张不成立,其所承担的是败诉的法律后果。承担推进举证责任的当事人在不能证明自己的主张时,只需要承担不能证明对方主张不成

---

① 参见黄杰主编:《中华人民共和国行政诉讼法诠释》,人民法院出版社 1994 年版,第 104 页。

② 参见姜明安主编:《行政法与行政诉讼法》,北京大学出版社、高等教育出版社 2001 年版,第 347 页。

立的不利后果而不是败诉的法律后果。①

笔者认为,第二种观点的道理相对充分一些。具体有以下两点理由:第一,在诉讼案件中并非所有的事实都需要由当事人举证来加以证明,在一些情况下,当事人提出的一个主张并不需要证据加以证明,比如,众所周知或者一目了然的案件事实,案件事实已经由法院在其他诉讼中查明的,有的事实被法律假定为真实的,也有些案件事实因当事人无争议而被视为真实的,这些案件事实法院可以直接确认,免除当事人的举证责任。因此,只有在案件事实难以确定的情况下,才存在举证责任的问题。第二,承担举证责任一方的当事人举证不能并不一定必然的就要承担败诉的法律后果,在有些情况下,仅仅承担对其不利的法律后果。例如,原告提起行政诉讼,起诉时未能提供符合其起诉条件的相关证据,所导致的法律后果不是败诉,而是不能启动诉讼程序的法律后果;又如,一方当事人提出审理案件的法官与另一方当事人具有法律上的利害关系应当回避,但其提供的关于有关利害关系的证据材料不足,所导致的法律后果是回避请求被驳回,也并未导致其承担败诉的法律后果。

2. 行政诉讼举证责任分配的原则

1989 年《行政诉讼法》第 32 条与 2017 年《行政诉讼法》第 34 条第 1 款的规定相同,即"被告对作出的行政行为负有举证责任,应当提供作出该行政行为的证据和所依据的规范性文件。"该规定实际上是我国行政诉讼法所确定的举证责任分配的基本原则。它主要基于如下考虑:

第一,行政诉讼法的性质。我国行政诉讼法具有司法审查的性质,人民法院对被诉行政行为的合法性审查就是这一性质的具体体现。

第二,当事人的举证能力。在举证责任的分配上必须考虑证明的难易程度、举证人与证据的远近距离、证明能力的强弱差别等因素。

关于举证责任的研究,最早源于民事诉讼。民事诉讼确定举证责任分配的原则是,一般情况下采取"谁主张、谁举证"的规则。即若一方当事人无法对其主张提供相应的证据,将承担败诉或对其不利的法律后果。民事诉讼采取这一举证责任分配原则主要是基于,在一般情况下,原告是诉讼的发动者,他提出诉讼请求必有事实主张,因此,由原告负担证明责任是合乎情理的。由于行政诉讼法规定被告对行政行为负举证责任,未采取民事诉讼法规定的"谁主张、谁举证"的表述,

---

① 参见高家伟:《行政诉讼证据的理论与实践》,工商出版社 1998 年版,第 66～67 页。耿宝建:《行政诉讼证据及举证责任》,载《全国法院第十三届学术讨论会获奖论文集》,人民法院出版社 2001 年版,第 654～655 页。

故有学者认为,行政诉讼属于举证责任倒置,即被告承担举证责任。[①]

但是,也有学者认为,这一举证责任分配的原则是"谁主张、谁举证"的一般原则在行政诉讼中的特殊体现。因为行政诉讼主要审查被诉行政行为的合法性而不审查原告行为的合法性,无论是行政行为的合法性,还是原告行为的违法都是被告的主张,被告之所以要给予原告行政处罚,对原告采取强制措施,或者拒绝颁发原告许可证、执照等,通常是认为原告行为违法或者不合法。若不能证明,法院就推定原告行为合法,原告无须为自己的行为举证。在证明原告行为违法或者不合法以后,还不等于被告就证明了行政行为合法,被告还要进一步提出证明行政行为合法的证据,被告如不能提供充分确凿的证据证明自己的行为合法,法院就推定被告的行为违法,原告无须为被告的行为违法举证。只有被告滥用职权的行为侵犯了原告的合法权益时,才应由原告负举证责任,如果原告不能证明自己的主张,则要承担败诉的后果。所有这些,都不违反"谁主张、谁举证"的原则,而恰恰是"谁主张、谁举证"原则的体现。[②]

我国行政诉讼法规定的被告对其作出的行政行为负举证责任,并不是"举证责任倒置"情形。举证责任倒置,是指一方当事人提出的主张不由其提供证据加以证明,而是由对方当事人承担举证责任。即谁主张,谁的对方承担举证责任,原来由对方举证的,倒置为由己方举证,举证责任承担的主体发生了对换。可见,举证责任倒置是相对"谁主张、谁举证"的举证责任"正置"而言的。在行政诉讼中,纠纷的引起者是作出被诉行政行为的行政机关,被诉行政行为既然已经作出,可以推定其主张。因此,笔者同意"谁主张、谁举证"的原则是在行政诉讼中的特殊体现的观点。

(二)被告承担举证责任的范围

根据1989年《行政诉讼法》第32条、《最高人民法院关于执行〈中华人民共和国行政诉讼法〉若干问题的解释》(以下简称《若干解释》)第26条[③]和《最高人民法院关于行政诉讼法证据若干问题的规定》(以下简称《行政诉讼证据规定》)

---

① 参见黄杰主编:《行政诉讼法释论》,中国人民公安大学出版社1989年版,第73页;张树义主编:《寻求行政诉讼制度发展的良性循环》,中国政法大学出版社2000年版,第149页。

② 参见姜明安:《行政诉讼法学》,北京大学出版社1993年版,第145页。

③ 《若干解释》第26条:"在行政诉讼中,被告对其作出的行政行为承担举证责任。被告应当在收到起诉状副本之日起10日内提交答辩状,并提供作出行政行为时的证据、依据;被告不提供或者无正当理由逾期提供的,应当认定该行政行为没有证据、依据。"

第1条第1款①的规定,被告的举证责任的范围归纳为以下几个方面的内容:

1.被告应当对作出的行政行为负有举证责任

从行政行为的性质上划分,行政行为可以分为作为和不作为。作为和不作为的划分,应以行政主体的责任是作为职责或义务还是不作为职责或义务,对职责或义务的态度是积极还是消极为标准。行政主体积极履行作为或不作为职责或义务的行为是作为行为,行政主体消极对待作为职责或义务的行为是不作为。被告应对其行政作为行为的合法性承担举证责任,这在理论界和司法界均无异议。但对被告是否应当对行政不作为行为的合法性承担举证责任则存在不同的认识。

笔者认为,对行政不作为行为的合法性的举证责任只能由被告行政机关承担,而不能由原告承担。理由如下:

第一,1989年《行政诉讼法》第6条规定:"人民法院审理行政案件,对具体行政行为是否合法进行审查。"该条中的"具体行政行为"既包括作为的具体行政行为,也包括不作为的具体行政行为,根据该条的规定,如果被告行政不作为行为被诉至法院,法院就应审查行政不作为行为是否合法,而不是审查原告的申请是否具备法定的条件。因此,被告应向法院提供其行政不作为行为合法的证据和法律依据,才能证明其行为的合法性;反之,在没有任何证据或者法律依据的情况下,行政机关不作为行为显然是违法的。

第二,尽管原告是寻求授益权利的一种行为,但是,原告很难知道其所提供的材料是否齐全,是否符合法律规定的条件。而且,原告已将有关材料提交给了接受申请的行政机关,再让其提供有关材料,也是强其所难。如果让原告负举证责任显然是不公平的,也不利于原告通过行政诉讼来保护其合法权益。

第三,根据我国一些特殊的法律、行政法规的规定,行政相对人申请行政许可需要有关行政机关验收、检查、检验合格后,方能颁发行政许可证。例如,《药品管理法实施条例》第3条第(2)项规定:"申办人完成拟办企业筹建后,应当向原审批部门申请验收。原审批部门应当自收到申请之日起30个工作日内,依据《药品管理法》第八条规定的开办条件组织验收;验收合格的,发给《药品生产许可证》。申办人凭《药品生产许可证》到工商行政管理部门依法办理登记注册。"在行政管理活动中,验收、检查、检验一般由被告进行或者被告组织的有关单位及人员进

---

① 《行政证据规定》第1条第1款规定:"根据行政诉讼法第三十二条和第四十三条的规定,被告对作出的行政行为负有举证责任,应当在收到起诉状副本之日起十日内提供据以作出被诉行政行为的全部证据和所依据的规范性文件。被告不提供或者无正当理由逾期提供证据的,视为被诉行政行为没有相应的证据。"

行,被告都会保存有关材料,因此,在原告诉行政机关对其申请不作为的这类案件中,让被告提供有关验收、检查、检验等证据材料不存在困难。但被告并不会将有关验收、检查、检验等证据材料完全向原告开放,因此,原告提供有关验收、检查、检验等证据材料显然是很困难的。

第四,事实上,在审理诉行政不作为行为案件中,法律上禁止被告调查取证并不是立法不完善的表现,而是因为法律上要求行政机关的不作为行为同样应当建立在充分证据的基础之上。被告采取不作为的行为是已经对申请人的申请进行审查,其对不符合申请条件的证据已掌握,或其自身不具有管辖权,对此被告完全具备举证的能力。法院若要认定被告不作为行为是否合法,实际上是推定被告未履行法定职责,因此被告应当向法院举出被告是否答复的证据,显然这种情况下举证能力亦掌握在被告手中。据此,被告承担举证责任是符合举证责任分配原则的。

第五,行政不作为行为是行政行为中的一种,它仅仅与其他行政行为在表现形式上有所不同,因此法院审理诉行政不作为行为案件的对象只能是行政不作为行为的合法性问题,而不能是原告申请行为是否合法的问题。第一种观点和第三种观点提出,原告负有对证明其申请行为合法的举证责任,以此推理,法院审理这类案件的对象不是被诉的行政不作为行为,而是原告的申请行为,或两者同时是审理的对象,这显然有悖于行政诉讼法规定的人民法院对被诉行政行为合法性审查的原则。

第六,按照证据理论,可以将行政诉讼的举证责任分为推进责任和说服责任。负有说服责任的当事人必须向法庭提供足以证明其行为合法的证据,否则就要承担败诉或不利的法律后果。《若干解释》第 27 条和《行政诉讼证据规定》第 4 条中规定,在起诉被告不作为的案件中,原告承担证明其提出申请事实的举证责任。该条的法律依据源于 1989 年《行政诉讼法》第 41 条中原告提起诉讼应当"有具体的诉讼请求和事实根据"的规定。也就是说,该条规定的原告的举证责任是对被诉行政行为是否存在的举证责任,应当属于推进责任,不属于说服责任。其本意是原告向法院提供行政不作为行为存在的事实以启动行政诉讼的责任,而不是原告负有证明其申请行为合法的责任。行政机关的行政不作为行为多数是依行政相对人申请而产生的,行政相对人未申请,行政机关一般不能作出行政行为。只有行政相对人申请后,行政机关才有可能存在不作为的问题,行政相对人才能对行政不作为行为提起诉讼。这种举证责任仅仅是启动行政诉讼的责任,而不是原告承担证明申请行为合法的举证责任。

2. 应当要求被告提供全部证据

应当要求被告提供全部证据。主要有以下四点理由:其一,行政诉讼法规定,人民法院对行政行为是否合法进行审查,因此,行政行为的事实不仅限于被诉行政行为认定的事实,还包括与被诉行政行为合法性有关的事实。即被告作出行政行为的过程中的所有事实。具体来讲有以下几个方面的内容:作出行政行为主体的事实、被诉行政行为认定的事实、有关行政执法程序方面的事实、适用法律规范的事实及处理结果等方面的事实。因此,被告只有提供全部证据,法院才能查清被诉行政行为是否合法的问题。其二,从理论上讲,行政机关在作出行政行为时,就已经收集到足以证明案件事实的所有证据。既然行政机关已经收集到这些证据,其就应当将全部证据提供给法院,由法院对其行为的合法性进行审查。其三,《行政诉讼法》要求被告提供作出行政行为的"有关材料",应当理解为有关被诉行政行为合法性的所有材料。其四,被诉行政行为是否构成主要证据不足,其审查的主体是人民法院,而不是行政机关。如果规定行政机关可以提供主要证据材料,则意味着允许被告在提交答辩状时,对其作出的行政行为所依据的证据进行筛选,将何为主要证据,何为次要证据的判断力交由行政机关行使。倘若行政机关经过筛选向法院提供了主要证据,而法院却认为其提供的证据不是主要证据,要求其补充证据,这就会带来一系列的问题,将会导致诉讼程序和举证责任负担上的混乱。①

被告应当在法定举证期限内,提供据以作出被诉行政行为的全部证据和所依据的规范性文件。被告不提供或者无正当理由逾期提供证据的,视为被诉行政行为没有相应的证据。需要指出的是,被告对被诉行政行为合法性所承担的举证责任均属说服责任,如果被告举证不能将承担败诉的法律后果。这里所说的"全部证据"是指与被诉行政行为合法性有关的所有的证据,由于行政案件的种类不同,对被告向法院提供全部证据的要求就有所不同,举证的内容亦有所不同。

3. 一般行政案件被告举证的内容

一般行政案件,被告应当向法院提供以下五个方面的证据材料以证明被诉行政行为的合法性:

(1)有关作出被诉行政行为主体的证据材料。

(2)有关行政执法程序方面的证据材料。

(3)有关被诉行政行为所认定事实的证据材料。

---

① 参见甘文:《行政诉讼证据制度改革的设想》,载《行政执法与行政审判》(总第10集)法律出版社2004年版,第23~25页。

(4)有关适用法律规范的证据材料。

(5)有关处理结果的证据材料。

4. 授益性行政案件被告举证的内容

诉行政不作为案件和诉行政机关拒绝履行法定职责或义务的案件,虽然亦应由被告对行政不作为行为、拒绝履行法定职责或义务行为的合法性承担举证责任,但这两类案件一般是行政相对人寻求行政机关授予某种权利或者给予某种保护,均具有授益性质。因此,这两类行政案件对被告要求举证的内容与一般行政诉讼案件有所不同。

(1)诉行政机关不作为案件被告的举证内容。

此类案件被告所举证的内容应当根据其辩称的理由而定。具体来讲主要有以下几种情况:

①被告以已履行其职责或者义务但未达到原告的期望为由的不作为案件。此类案件,被告在答辩中称其已经履行了法定职责或者义务,但未达到原告期望,而不存在不履行法定职责或者义务的问题。

②被告以原告未按要求补充材料而未作出决定的案件。

(2)诉行政机关拒绝履行法定职责或义务案件被告举证的内容。

此类案件,被告应当根据拒绝的理由而定。除被告以其不具有申请事项管辖职权拒绝履行职责或义务的案件与诉行政机关不作为案件举证内容相同外,此类案件还有以下两种特殊情况:

①以申请人未提交有关材料为由拒绝颁发法律证书的案件。

②以申请不符合法定条件为由拒绝履行职责或义务的案件。

但对这两类案件,如果被告完不成举证责任,只能推定被告不履行法定职责或者义务的行为违法,但不能证明被告必须履行某种职责或者义务,一般情况下应当判决撤销被诉决定,限被告在接到原告重新申请材料的一定期限内作出行政行为。为了减少申请人的诉累,原告如果向法庭提供其全部申请材料,经法庭审查符合行政机关履行法定职责或者义务条件的,可以判决被告在一定期限内履行某项法定职责或义务。

5. 被告应当提供作出行政行为所依据的规范性文件

被告作出行政行为所依据的规范性文件是否属于证据的问题,在理论界与司法界均存在不同的意见。

有学者认为,规范性文件属于广义上书证的一个种类,行政诉讼法将规范性文件独立出来,其目的是突出它的特殊地位和作用。因此,被告举证责任的范围包括作出行政行为的证据和所依据的规范性文件两个方面的内容。①

(三)原告、第三人承担举证责任的范围

行政诉讼法明确规定,被告对行政行为承担举证责任,但这并不意味着,原告、第三人在行政诉讼中就不承担任何举证责任。在某些特定的情况下,原告、第三人亦应承担举证责任。

1. 原告承担推进举证责任

原告是行政诉讼的启动者,因此,原告应当承担推进举证责任。由于行政案件的种类不同,原告承担推进举证责任的具体内容亦有所区别。

(1)一般案件起诉人应当提供符合起诉条件的相应的证据材料

在一般行政诉讼案件中,起诉人提供符合起诉条件的相应的证据材料,具体应当包括以下内容:

①应当提供证据材料证明被诉行政行为的存在。

②应当提供证据证明起诉人与被诉行政行为之间具有法律上的利害关系。

③应当提供证明起诉符合起诉期限规定的证据材料。

④应当提供证据材料证明符合起诉的其他条件。

这里需要注意的问题是:原告完成推进举证责任后,在诉讼中应当允许被告提供反驳证据。因推进举证责任仅涉及诉讼程序问题,不涉及案件的实体问题,法院在立案时,所进行的审查是在被告没有对原告提供的证据进行质证的情况下所作出的初步判断。据此,在证明标准上要求较低,一般原告提供的证据材料有可能证明其相关起诉条件事实的存在,法院就可以决定予以立案。为此,在诉讼中,允许被告提供反驳证据。如果在诉讼中被告提供的反驳证据成立,原告的起诉不符合起诉条件的,法院可以依据诉讼中被告提供的反驳证据,裁定驳回原告起诉。

(2)起诉不作为案件中的推进举证责任问题

《行政诉讼证据规定》第 4 条规定:"公民、法人或者其他组织向人民法院起诉时,应当提供其符合起诉条件的相应的证据材料。在起诉被告不作为的案件中,原告应当提供其在行政程序中曾经提出申请的证据材料。但有下列情形的除外:(一)被告应当依职权主动履行法定职责的;(二)原告因被告受理申请的登记制度不完备等正当事由不能提供相关证据材料并能够作出合理说明的。被告认

① 参见姜明安:《行政法与行政诉讼法》,北京大学出版社、高等教育出版社 1999 年版,第 348 页。

为原告起诉超过法定期限的，由被告承担举证责任。”第 5 条规定：“在行政赔偿诉讼中，原告应当对被诉具体行政行为造成损害的事实提供证据。”

2017 年《行政诉讼法》基本吸收了司法解释中的相关规定。第 38 条第 1 款规定：“在起诉被告不履行法定职责的案件中，原告应当提供其向被告提出申请的证据。但有下列情形之一的除外：（一）被告应当依职权主动履行法定职责的；（二）原告因正当理由不能提供证据的。在行政赔偿、补偿的案件中，原告应当对行政行为造成的损害提供证据。因被告的原因导致原告无法举证的，由被告承担举证责任。”2017 年《行政诉讼法》有一点不同于《行政诉讼证据规定》的相关规定，其将被告承担起诉期限的举证责任的规定取消。我们认为，是否在起诉期限内提起诉讼，应当由原告提供初步证据，一般情况下，是原告提出初步证据，被告不认可，因此举证责任发生转移，故应当由被告承担。《行政证据规定》第 4 条第 2 款的规定仅仅是表述方式与 2017 年《行政诉讼法》不一致，但实质是一致的，故仍可适用。因行政补偿与行政赔偿在损害结果上基本相同，将其加入到原告承担举证责任中是适当的。

2. 原告应当承担的特殊说服举证责任

（1）在行政赔偿诉讼中，原告应当证明因受被诉行政行为侵害而遭受损失的事实。

2017 年《行政诉讼法》第 38 条第 1 款中规定“在行政赔偿、补偿的案件中，原告应当对行政行为造成的损害提供证据。因被告的原因导致原告无法举证的，由被告承担举证责任。”因行政补偿与行政赔偿在损害结果上基本相同，将其加入到原告承担举证责任中是适当的。

（2）原告应当对其提出被告在作出被诉行政行为时没有认定而与该行为的合法性有关联的事实承担举证责任。

在由原告承担这一举证责任时，应当注意以下三个问题：

①根据行政诉讼法的规定，在一般情况下，虽然原告不对被诉行政行为承担举证责任，但原告可以提供被诉行政行为违法的证据。因此，对原告不承担举证责任的事项，原告有权利向法院提供证据。

②原告对其提出被告在作出被诉行政行为时没有认定而与该行为的合法性有关联的事实，在举证不能时，只能认定原告主张的事实不成立，不能免除被告对被诉行政行为合法性的举证责任。

③被告在作出行政行为时未收集原告在诉讼中提供的证据，根据“先取证、后裁决”的原则，只能作为认定被诉行政行为不合法的证据使用，不能作为认定被诉

行政行为合法的证据使用。

3. 关于第三人应否承担举证责任的问题

《行政诉讼法》和《行政证据规定》中均未对第三人的举证责任作出明确的规定,有学者认为,第三人提供证据证明的对象包括程序性事实和实体性事实。程序性事实是第三人与被诉行政行为有利害关系的事实,第三人参加行政诉讼的条件是其与被诉行政行为有利害关系,其要获得第三人资格就必须证明与被诉行政行为有利害关系。在实体性事实方面,第三人与原告、被告根据规定分担证明责任。①

笔者认为,该观点中有关第三人在程序性事实方面负有举证责任是不够全面的,有关第三人在实体性事实方面的举证责任与原告、被告根据规定分担证明责任是成立的。具体理由如下:行政诉讼第三人参加行政诉讼有两种情况:一是法院通知其作为第三人参加诉讼;二是其自己要求作为第三人参加诉讼。前者参加行政诉讼属于被动参加诉讼,故不存在需要证明其与被诉行政行为之间具有法律上的利害关系,因此,也就不存在举证责任的问题;后者因为是其自己要求参加行政诉讼的,其需要证明自己与被诉行政行为之间具有法律上的利害关系,因而此种情况才存在第三人的举证责任问题。为此,笼统地说,第三人在程序性事实方面负有举证责任是不全面的。

按照行政诉讼的特点,行政诉讼第三人可以分为两种类型:一类是行政主体以外与被诉行政行为之间具有利害关系的公民、法人或者其他组织作为第三人参加诉讼的。这类第三人或认为被诉行政行为合法,或认为被诉行政行为违法,一般情况下没有新的诉讼主张,所以,不承担举证责任。但是,有两种例外情况:其一是第三人在诉讼中提出被诉行政行为没有认定的事实且与该行为的合法性有关联的事实,在这种情况下,第三人应当对其提出的事实承担举证责任。理由与原告承担这一举证责任的理由相同。其二是原告以行政机关违法向第三人颁发权利证书或者许可证的案件中,被告在法定举证期限内不举证,第三人就有责任向法庭举出其在办理权利证书或者许可证时,向被告提供过有关证明材料的证据。因为,如果第三人提供不出其在办理权利证书或许可证时向被告提供的有关证明材料的证据,法庭只能认定被告向第三人颁发权利证书或许可证的行为主要证据不足,只有在第三人提供有关证据的情况下,法庭才能确认其合法取得权利证书或许可证。另一类是行政主体作出的行政行为与被诉行政行为的合法性有

① 参见徐继敏:《行政证据通论》,法律出版社2004年版,第252页。

关联,该行政主体作为第三人参加诉讼的。

(四)行政诉讼的举证期限

举证期限是指当事人应当在法律或者司法解释规定的期限内向法院提交证明自己主张的证据,逾期提交的证据将承担法院不予采纳的法律后果。

1. 关于被告举证期限的问题

(1)关于被告提供行政行为依据的证据的期限问题

根据 1989 年《行政诉讼法》第 43 条的规定,被告的举证期限为 10 日,即被告在接到起诉状副本之日起 10 日内应当向法院提供被诉行政行为所依据的全部证据材料。2017 年《行政诉讼法》将 10 日改为 15 日。也就是说,2017 年《行政诉讼法》施行后被告的举证期限为 15 日。

根据 2017 年《行政诉讼法》第 36 条第 1 款的规定,被告在作出行政行为时已经收集了证据,但因不可抗力等正当事由不能提供的,经人民法院准许,可以延期提供。

《最高人民法院关于适用〈中华人民共和国行政诉讼法〉的解释》(以下简称《行诉法解释》)第 34 条规定:“根据行政诉讼法第三十六条第一款的规定,被告申请延期提供证据的,应当在收到起诉状副本之日起十五日内以书面方式向人民法院提出。人民法院准许延期提供的,被告应当在正当事由消除后十五日内提供证据。逾期提供的,视为被诉行政行为没有相应的证据。”

(2)关于被告提出管辖权异议案件的举证期限的确定问题

被告提出管辖权异议的案件,被告应当从其收到驳回管辖权异议通知书之日或者收到接受移送案件法院受案通知书之日起 10 日内向法院提供被诉行政行为所依据的全部证据。理由如下:参照《民事诉讼法》的规定,行政诉讼被告应当在收到起诉状副本之日起 15 日内,向法院提出管辖权异议。被告提出管辖权异议时,其所要解决的不是被诉行政行为的合法性问题,而是受诉法院受理此案是否正确的问题。法院仅审查有关管辖方面的问题,不会对被诉行政行为的合法性进行审查。此时有关案件的管辖问题还处在不确定的状态中,因此被告一般不会提供被诉行政行为所依据的证据材料,而是向法院提供有关管辖方面的证据材料和有关法律依据。如果管辖异议成立,受诉法院应当裁定将该案件移送有管辖权的法院。接受移送案件的法院要重新立案,并向各方当事人送达立案通知书、受理通知书并要求各方当事人在法定的举证期限内提供证据材料。被告在接到受案通知书之日起 15 日内向该法院提供被诉行政行为所依据全部证据材料是合理和公平的。如果管辖权异议被驳回,意味案件的管辖问题已经被确定,被告从收到驳回通知书之日起计算举证期限,有利于被告积极应诉,同时不会影响法院审判效率和原告、第三人的合法权益。笔者赞同后一种意见。

2. 关于原告和第三人的举证期限问题

《行政诉讼证据规定》第 7 条规定:"原告或者第三人应当在开庭审理前或者人民法院指定的交换证据之日提供证据。因正当事由申请延期提供证据的,经人民法院准许,可以在法庭调查中提供。逾期提供证据的,视为放弃证据权利。原告或者第三人在第一审程序中无正当事由未提供而在第二审程序中提供的证据,人民法院不予接纳。"

《行诉法解释》第 35 条规定:"原告或者第三人应当在开庭审理前或者人民法院指定的交换证据清单之日提供证据。因正当事由申请延期提供证据的,经人民法院准许,可以在法庭调查中提供。逾期提供证据的,人民法院应当责令其说明理由;拒不说明理由或者理由不成立的,视为放弃举证权利。原告或者第三人在第一审程序中无正当事由未提供而在第二审程序中提供的证据,人民法院不予接纳。"第 36 条规定:"当事人申请延长举证期限,应当在举证期限届满前向人民法院提出书面申请。申请理由成立的,人民法院应当准许,适当延长举证期限,并通知其他当事人。申请理由不成立的,人民法院不予准许,并通知申请人。"

该条的规定,应当从以下几个方面理解:

(1)原告和第三人一般举证期限是在开庭审理前。

(2)原告和第三人延期提供证据有正当事由的可以延长。

(3)在特殊情况下,原告和第三人的举证期限可以延长至第二审或者再审。

(4)对原告和第三人在第二审程序中法院准许提供、能够证明被诉行政行为违法的证据,被法院采纳后,法院应当如何判决的问题。

原告和第三人有正当事由在第二审程序中向法院提供的证据,经二审法院审查,认为这些证据具有证据的关联性、合法性和真实性,将它们作为定案的依据后,可以证明被诉行政行为违法。

(5)关于原告和第三人放弃举证权利,法院应当如何判决的问题。

原告和第三人逾期提供证据的,视为放弃举证权利。也就意味着,原告和第三人逾期提供的证据不能作为定案的依据。

(五)当事人补充证据

1. 司法解释对当事人补充证据制度的完善

《若干解释》第 28 条规定:“有下列情形之一的,被告经人民法院准许可以补充相关的证据:(一)被告在作出行政行为时已经收集证据,但因不可抗力等正当事由不能提供的;(二)原告或者第三人在诉讼过程中,提出了其在被告实施行政行为过程中没有提出的反驳理由或者证据的。”

《行政诉讼证据规定》对《若干解释》作了三项修改:一是限制了被告补充证据的时间。《行政诉讼证据规定》第 2 条规定:“原告或者第三人提出其在行政程序中没有提出的反驳理由或者证据的,经人民法院准许,被告可以在第一审程序中补充相应的证据。”二是取消了《若干解释》中规定的“被告在作出行政行为时已经收集证据,但因不可抗力等正当事由不能提供”的补充证据情形,并将被告因不可抗力等事由不能提供证据的情形规定在有关延期提供证据的条文中。三是明确规定法院要求当事人提供或者补充证据的情形,突出了对国家利益、公共利益和他人合法权益的保护。《行政诉讼证据规定》第 9 条规定:“根据行政诉讼法第三十四条第一款的规定,人民法院有权要求当事人提供或者补充证据。对当事人无争议,但涉及国家利益、公共利益或者他人合法权益的事实,人民法院可以责令当事人提供或者补充有关证据。”从上述规定来看,《行政证据规定》对当事人补充证据的规定与《若干解释》相比更具有严谨性和可操作性。

2017 年《行政诉讼法》吸收了司法解释中的相关规定,第 36 条规定:“被告在作出行政行为时已经收集了证据,但因不可抗力等正当事由不能提供的,经人民法院准许,可以延期提供。原告或者第三人提出了其在行政处理程序中没有提出的理由或者证据的,经人民法院准许,被告可以补充证据。”

2. 关于对《行政诉讼证据规定》第 2 条和第 9 条的理解问题

有关对当事人补充证据作了具体规定,应当从以下几个方面进行理解。

(1)被告要求补充证据的条件

《行政诉讼证据规定》第 2 条规定,原告或者第三人提出其在行政程序中没有提出的反驳理由或者证据,是被告可以补充证据的必要前提条件。不具备这一条件,法院一般不应当允许被告补充证据。

被告以“原告或者第三人在诉讼中提出新的证据”为由要求补充证据的,如果经过听证程序或复议程序的,法院应当与听证记录或申请复议人与被复议人向复议机关提供的证据材料进行对照,凡在其中记录的,均不应准许被告补充证据;对不在其中记录的证据,可以初步认定属于新的证据,应当允许被告对新证据的关联性、合法性和真实性补充证据。被告补充的证据与新证据无关联的,法院不应采纳。

法院难以确定被告申请补充证据的理由是否成立的,可以允许被告向法院提交补充的证据,在庭审中原告或者第三人不提异议的,法院可以采纳被告补充的证据。但是,原告、第三人提出异议的,法院应当对此问题进行质证,若原告或者第三人提出被告补充证据的理由不能成立的证据,法院不予采纳被告补充的证据。

(2)因原告或者第三人申请需要被告补充证据的条件

在行政诉讼中,原告或者第三人要求被告补充证据的,主要有以下两种情况:

第一种情况,行政机关持有对原告或者第三人有利但对自己不利的证据,在行政诉讼中,被告未向法院提供,原告或者第三人要求被告补充这部分证据。这里需要注意以下三个问题:①原告或者第三人有能力收集而没有尽到收集证据的责任,原告或者第三人应当对其不尽责任的行为承担由此引起的法律后果,因此,法院对此种情况一般不应要求被告补充证据。②原告或者第三人要求被告补充的证据,不在被告控制之下,被告无能力提供而原告或者第三人要求补充的证据,让被告补充此种证据是不现实的,因此对此种情况,法院一般亦不应要求被告补充证据。③由于原告或者第三人并不完全了解有关证据的具体内容,或不清楚这些证据最终对其有利还是不利,为此,因原告或者第三人申请被告补充的证据有两种可能性:一是对被告不利,这些证据将起到证明被诉行政行为违法的作用,对此类证据,经法院审查,具有关联性、合法性和真实性的,应当作为定案的依据。二是被告补充的证据将起到证明被诉行政行为合法的作用,根据《行政诉讼证据规定》第 1 条的规定,被告无正当事由逾期提供的证据不能作为定案的依据,因此,这些证据不能作为认定被诉行政行为合法的证据使用。

第二种情况,由于被告的疏忽或者其他原因,被告在举证期限内未向法院提供对原告不利但对第三人和自己有利的证据,第三人要求被告补充这部分证据。此种情况的案件多数发生在诉有关行政许可、行政登记和行政裁决的案件中。

这里需要注意以下四个问题:①被告不举证只有在涉及第三人的合法权益时,第三人向法院提出要求被告补充证据的请求时,法院才可以允许被告补充证据。如果不涉及第三人合法权益或者第三人未提出请求的,法院一般不应允许被告补充证据。②此类案件中被告补充的证据如果是在作出被诉行政行为之前收集的,可以证明第三人取得的法律文书是合法有效的,但如果是在此之后收集的证据,只能证明第三人取得的法律文书是不合法的。③如果被告补充的证据可以证明第三人取得的法律文书是合法的，在这种情况下，因被告未在举证期限内向法院提供证据的行为违法，但第三人取得法律文书是合法的，所以，不宜适用撤销判决，而应判决确认违法。④原告在行政诉讼中提出新的证据，被告不补充有关证据，第三人为维护自身的合法权益有权向法院补充否定原告新的证据的证据。

(3)法院依职权责令被告补充证据的条件

法院处于居中裁决者的地位，因此，在一般情况下，没有当事人的申请，不应依职权主动责令当事人补充证据。但是，由于行政诉讼是对被诉行政行为的合法性进行审查，在个别案件中，有些关系到被诉行政行为的合法性，关系到国家利益、公共利益或者他人合法权益的事实却与任何一方当事人之间都不具有明显的利害关系，因此，没有当事人向法院提供这方面事实的证据，为维护国家利益、公共利益和他人合法权益，法院完全有必要依职权要求当事人补充证据。2017 年《行政诉讼法》第 39 条规定："人民法院有权要求当事人提供或者补充证据。"《行诉法解释》第 37 条规定："根据行政诉讼法第三十九条的规定，对当事人无争议，但涉及国家利益、公共利益或者他人合法权益的事实，人民法院可以责令当事人提供或者补充有关证据。"

这里需要注意的是，对于当事人没有争议，但涉及国家利益、公共利益或者他人合法权益的事实，法院可以责令当事人提供或者补充有关证据，由于《行政诉讼证据规定》第 9 条第 2 款使用的是"可以"一词，"责令当事人提供或者补充有关证据"并不是法院唯一可以采取的手段。法院认为有必要，也可以根据《行政诉讼证据规定》第 22 条第(1)项的规定，依职权向当事人调取证据。

3. 法院对当事人举证事项负有告知义务

根据《行政诉讼证据规定》第 8 条的规定，法院应当告知的内容分为 4 个方面：(1)举证范围。(2)举证期限。(3)告知当事人无正当理由逾期提供证据的法律后果，即法院将视为当事人放弃举证权利。(4)告知当事人如有正当事由不能按期提供证据的，应当提出延期提供证据的申请，当事人不能自行收集证据，但能够提供确切线索的，可以申请法院调取证据。

行政诉讼的证据规则及运用（二）

蔡小雪　最高人民法院行政审判庭

目　次

二、提供证据的要求和调取、保全证据

(一)提供证据的要求

我国行政诉讼法虽然规定了行政诉讼证据的种类,但未规定当事人向法院提供各类证据的要求。在审判实践中,由于当事人提供的各类证据存在这样或者那样的问题,给法院质证和认证带来困难,造成拖延了审判时间,个别案件导致认定案件事实错误。为了规范当事人提供证据,提高审判效率,保障案件的公正性,《行政诉讼证据规定》根据有关法律、行政法规的规定,分别对当事人向法院提供的书证、物证、视听资料、证人证言、当事人陈述、鉴定意见、勘验笔录、现场笔录等各类证据,提出了具体的要求。同时,还对证据涉及国家秘密、商业秘密和个人隐私的证据应当说明、当事人交换证据等问题作了具体的规定。

当事人向法院提供书证的,应当符合下列要求:第一,提供书证的原件,原本、正本、副本均属于书证的原件。提供原件确有困难的,可以提供与原件核对无误的复印件、照片、节录本。第二,提供由有关部门保管的书证原件的复制件、影印件或者抄录件的,应当注明出处,经该部门核对无异后加盖其印章。第三,提供报表、图纸、会计账册、专业技术资料、科技文献等书证的,应当附有说明材料。第四,被告提供的被诉具体行政行为所依据的询问、陈述、谈话类笔录,应当由行政执法人员、被询问人、陈述人、谈话人签名或者盖章。此外,法律、法规、司法解释和规章对书证的制作形式另有规定的从其规定。

当事人向法院提供物证的,应当符合下列要求:第一,提供原物。提供原物确有困难的,可以提供与原物核对无误的复制件或者证明该物证的照片、录像等其他证据。第二,原物为数量较多的种类物的,提供其中的一部分。

当事人向法院提供计算机数据或者录音、录像等视听资料的,应当符合下列要求:第一,提供有关资料的原始载体,提供原始载体确有困难的,可以提供复制件;第二,注明制作方法、制作时间、制作人和证明对象等;第三,声音资料应当附有该声音内容的文字记录。

当事人向法院提供证人证言的,应当符合下列要求:第一,写明证人的姓名、年龄、性别、职业、住址等基本情况;第二,有证人的签名,不能签名的,应当以盖章等方式证明;第三,注明出具日期;第四,附有居民身份证复印件等证明证人身份的文件。

被告向法院提供的在行政程序中采用的鉴定意见,应当载明委托人和委托鉴

定的事项、向鉴定部门提交的相关材料、鉴定的依据和使用的科学技术手段、鉴定部门和鉴定人鉴定资格的说明,并应有鉴定人的签名和鉴定部门的盖章。通过分析获得的鉴定意见,应当说明分析过程。

被告向法院提供的现场笔录,应当载明时间、地点和事件等内容,并由执法人员和当事人签名。当事人拒绝签名或者不能签名的,应当注明原因。有其他人在现场的,可由其他人签名。法律、法规和规章对现场笔录的制作形式另有规定的,从其规定。当事人向法院提供的在中华人民共和国领域外形成的证据,应当说明来源,经所在国公证机关证明,并经中华人民共和国驻该国使领馆认证,或者履行中华人民共和国与证据所在国订立的有关条约中规定的证明手续。当事人提供的在中华人民共和国香港特别行政区、澳门特别行政区和台湾地区内形成的证据,应当具有按照有关规定办理的证明手续。

2017 年《行政诉讼法》将电子证据规定为证据的种类之一。当事人提供电子证据应当符合下列要求:

(1)无法提取电子数据原始载体或者提取确有困难的,可以提供电子数据复制件,但必须附有不能或者难以提取原始载体的原因、复制过程以及原始载体存放地点或者电子数据网络地址的说明,并由复制件制作人和原始电子数据持有人签名或者盖章,或者以公证等其他有效形式证明电子数据与原始载体的一致性和完整性。

(2)收集电子数据应当依法制作笔录,详细记载取证的参与人员、技术方法、步骤和过程,记录收集对象的事项名称、内容、规格、类别以及时间、地点等,或者将收集电子数据的过程拍照或录像。

(3)收集的电子数据应当使用光盘或者其他数字存储介质备份。监管机构为取证人时,应当妥善保存至少一份封存状态的电子数据备份件,并随案移送,以备法庭质证和认证使用。

(4)提供通过技术手段恢复或者破解的与案件有关的光盘或者其他数字存储介质、电子设备中被删除的数据、隐藏或者加密的电子数据,必须附有恢复或破解对象、过程、方法和结果的专业说明。对方当事人对该专业说明持异议,并且有证据表明上述方式获取的电子数据存在篡改、剪裁、删除和添加等不真实情况的,可以向人民法院申请鉴定,人民法院应予准许。

当事人向人民法院提供外文书证或者外国语视听资料的,应当附有由具有翻译资质的机构翻译的或者其他翻译准确的中文译本,由翻译机构盖章或者翻译人员签名。

证据涉及国家秘密、商业秘密或者个人隐私的，提供人应当作出明确标注，并向法庭说明，由法庭予以审查确认。

当事人应当对其提交的证据材料分类编号，对证据材料的来源、证明对象和内容作简要说明，签名或者盖章，注明提交日期。人民法院收到当事人提交的证据材料，应当出具收据，注明证据的名称、份数、页数、件数、种类等以及收到的时间，由经办人员签名或者盖章。

对于案情比较复杂或者证据数量较多的案件，人民法院可以组织当事人在开庭前向对方出示或者交换证据，并将交换证据的情况记录在卷。

（二）调取证据

1989年《行政诉讼法》第34条规定："人民法院有权要求当事人提供或者补充证据。人民法院有权向有关行政机关以及其他组织、公民调取证据。"尽管，该条中明确规定了法院有权向有关单位和个人调取证据。但是，我们认为，行政诉讼法确定当事人对其主张承担举证责任，为调动当事人提供证据的积极性，防止法院代行行政机关的职权，在一般情况下，法院不应当主动调取证据，法院主动调取证据和对当事人申请法院调取证据均应当有严格的条件限制。据此，《行政诉讼证据规定》第22条规定："根据行政诉讼法第三十四条第二款的规定，有下列情形之一的，人民法院有权向有关行政机关以及其他组织、公民调取证据：（一）涉及国家利益、公共利益或者他人合法权益的事实认定的；（二）涉及依职权追加当事人、中止诉讼、终结诉讼、回避等程序性事项的。"第23条规定："原告或者第三人不能自行收集，但能够提供确切线索的，可以申请人民法院调取下列证据材料：（一）由国家有关部门保存而须由人民法院调取的证据材料；（二）涉及国家秘密、商业秘密、个人隐私的证据材料；（三）确因客观原因不能自行收集的其他证据材料。人民法院不得为证明被诉具体行政行为的合法性，调取被告在作出具体行政行为时未收集的证据。"

此外，还对有关调取证据的其他问题作出了具体的规定。

2017年《行政诉讼法》第41条规定：与本案有关的下列证据，原告或者第三人不能自行收集的，可以申请人民法院调取：（1）由国家机关保存而须由人民法院调取的证据；（2）涉及国家秘密、商业秘密和个人隐私的证据；（3）确因客观原因不能自行收集的其他证据。

（三）保全证据

1989 年《行政诉讼法》第 36 条规定："在证据可能灭失或者以后难以取得的情况下，诉讼参加人可以向人民法院申请保全证据，人民法院也可以主动采取保全措施。"（2017 年《行政诉讼法》第 42 条与该条规定相同），但没有对保全的程序及具体可以采取哪些保全措施作出规定。因此，《行政诉讼证据规定》根据行政诉讼法的有关规定，参照民事诉讼法的有关规定，结合行政诉讼的特点，第 27 条规定："当事人根据行政诉讼法第三十六条的规定向人民法院申请保全证据的，应当在举证期限届满前以书面形式提出，并说明证据的名称和地点、保全的内容和范围、申请保全的理由等事项。当事人申请保全证据的，人民法院可以要求其提供相应的担保。法律、司法解释规定诉前保全证据的，依照其规定办理。"第 28 条规定："人民法院依照行政诉讼法第三十六条规定保全证据的，可以根据具体情况，采取查封、扣押、拍照、录音、录像、复制、鉴定、勘验、制作询问笔录等保全措施。人民法院保全证据时，可以要求当事人或者其诉讼代理人到场。"

（四）鉴定、鉴定意见

民事诉讼中的鉴定意见与行政诉讼中的鉴定意见相比有两个不同点：一是前者大部分产生在诉讼阶段，少数产生在诉讼之前；后者绝大部分是产生在行政程序阶段，个别产生在行政诉讼阶段。二是前者是作为认定争议事实的证据材料；而后者一般是作为被诉具体行政行为的依据。在民事诉讼和行政诉讼中，如果认为法院委托有关部门作出鉴定意见存在问题，也就意味着，争议的事实无法确认，法院不能作出判决，所以必须重新鉴定才能对争议事实作出存在或者不存在的判断。在行政诉讼中，被告在行政程序中采纳的证据存在这些问题，或属于严重违反法定程序收集的证据，或鉴定意见的错误、不明确、不完整难以判断案件事实，这类证据法庭是不能采纳的。因为，行政诉讼是审查被诉具体行政行为的合法性问题，被告是将鉴定意见作为被诉具体行政行为的依据，依据错误当然被诉具体行政行为就不能成立，依据《行政诉讼法》的规定，法院应当以被诉具体行政行为主要证据不足判决予以撤销，所以，法庭完全没有必要重新鉴定。据此，《行政诉讼证据规定》第 29 条规定："原告或者第三人有证据或者有正当理由表明被告据以认定案件事实的鉴定结论可能有错误，在举证期限内书面申请重新鉴定的，人民法院应予准许。"第 30 条规定："当事人对人民法院委托的鉴定部门作出的鉴定结论有异议申请重新鉴定，提出证据证明存在下列情形之一的，人民法院应予准许：（一）鉴定部门或者鉴定人不具有相应的鉴定资格的；（二）鉴定程序严重违法的;(三)鉴定结论明显依据不足的;(四)经过质证不能作为证据使用的其他情形。对有缺陷的鉴定结论,可以通过补充鉴定、重新质证或者补充质证等方式解决。"第 62 条规定:"对被告在行政程序中采纳的鉴定意见,原告或者第三人提出证据证明有下列情形之一的,人民法院不予采纳:(一)鉴定人不具备鉴定资格;(二)鉴定程序严重违法;(三)鉴定结论错误、不明确或者内容不完整。"

(五)勘验现场

在行政诉讼中,法院为查明案件事实,有些案件中需要进行现场勘察。为规范勘验行为,《行政诉讼证据规定》对勘验现场的程序、勘验笔录的制作以及对勘验结论的异议等问题作出了具体的规定。

三、证据的对质辨认和核实

1989 年《行政诉讼法》第 31 条第 2 款、2017 年《行政诉讼法》第 33 条第 2 款规定,证据经过法庭审查属实,才能作为定案的根据。也就是说,只有在法庭主持下,由当事人就庭审中出示的证据进行对质、辨认、核实后的证据,才可以作为定案的根据,未经法庭质证的证据,不得作为定案的根据。但对质证的程序、质证的方式、各类证据规则等没有作出规定。"证据的对质辨认和核实",实际上就是质证。质证最基本的法律意义是,其是确定证据效力的必经程序,即未经质证的证据不能作为定案的依据。质证直接体现了直接言词原则和正当程序原则。

据此,《行政诉讼证据规定》在总结近年来行政审判方式改革经验的基础上,对质证问题作出以下几个方面的规定。

(一)质证的原则及特殊情况的处理

1. 强调证据应当在法庭上出示,并经庭审质证。未经庭审质证的证据,不能作为定案的依据。同时,明确对经在行政程序或者庭前交换证据中没有争议的证据,当事人在庭前证据交换过程中没有争议并记录在卷的证据,经审判人员在庭审中说明后,当事人无异议的视为已经过质证,可以在庭审中不再进行质证,作为认定案件事实的依据。

2. 涉及国家秘密、商业秘密和个人隐私或者法律规定的其他应当保密的证据,为了国家利益和他人的合法权益,法庭不得在开庭时公开质证,可以在不公开开庭中质证。若涉及不应当让对方当事人知道的国家秘密、商业秘密、个人隐私等,法庭可以不出示,但可以适当提示。

3. 经合法传唤,因被告无正当理由拒不到庭而需要依法缺席判决的,被告提供的证据,应当视为未经质证,故不能作为定案的依据,但当事人在庭前交换证据中没有争议的证据除外。这样规定有利于查清案件事实,有利于促使被告尊重庭审的价值和法庭的权威,有利于促使被告依法行政。

(二)质证程序

《行政诉讼证据规定》除明确规定证据的出示外,还特别强调质证的内容,是证据的关联性、合法性和真实性以及有无证明效力、证明效力大小。质证的方式是由当事人及其代理人就证据问题相互发问,也可以向证人、鉴定人或者勘验人发问。但当事人及其代理人相互发问,或者向证人、鉴定人、勘验人发问时,发问的内容应当与案件事实有关联,不得采用引诱、威胁、侮辱等语言或者方式。对书证、物证和视听资料进行质证时,当事人应当出示证据的原件或者原物。但考虑到一些特殊情况,作了两项例外规定:一是出示原件或者原物确有困难并经法庭准许可以出示复制件或者复制品;二是原件或者原物已不存在,可以出示证明复制件、复制品与原件、原物一致的其他证据。

在起草《行政诉讼证据规定》中,有人提出,我们各地法院的财政状况不同,有些基层法院至今未配有视听资料播放、显示设备,故开庭中无法播放、显示,是否可以作出变通的规定。我们认为,视听资料不经播放或者显示难以质证,将会影响到案件的质量,所以,《行政诉讼证据规定》明确规定,视听资料应当当庭播放或者显示,并由当事人进行质证。

(三)证人出庭作证

当前,证人不出庭作证的问题相当普遍,由于证人不出庭作证影响到当事人对证人质证的权利实现,与直接言词原则相悖,因此,《行政诉讼证据规定》中明确规定:“凡是知道案件事实的人都有出庭作证的义务。”意在促使当事人积极寻找证人出庭作证,确保案件的审理质量。同时,又考虑到我国的国情和现实生活中的一些具体问题,《行政诉讼证据规定》中又规定,有下列情形之一的,经人民法院准许,当事人可以提交书面证言:(1)当事人在行政程序或者庭前证据交换中对证人证言无异议的;(2)证人因年迈体弱或者行动不便无法出庭的;(3)证人因路途遥远、交通不便无法出庭的;(4)证人因自然灾害等不可抗力或者其他意外事件无法出庭的;(5)证人因其他特殊原因确实无法出庭的。

《行政诉讼证据规定》中对证人的资格作了明确限定,即不能正确表达意志的人不能作证。在确定证人是否具有资格时,根据当事人申请,法院可以就证人能否正确表达意志进行审查或者交由有关部门鉴定。必要时,法院也可以依职权交由有关部门鉴定。此外,根据行政诉讼的特殊性,《行政诉讼证据规定》就行政执法人员出庭作证的问题作了具体的规定。

《行政诉讼证据规定》中明确规定了证人出庭作证的规则。如证人出庭作证时,应当出示证明其身份的证件。法庭应当告知其诚实作证的法律义务和作伪证的法律责任。出庭作证的证人不得旁听案件的审理。法庭询问证人时,其他证人不得在场,但组织证人对质的除外。证人应当陈述其亲历的具体事实。证人根据其经历所作的判断、推测或者评论,不能作为定案的依据。

由于行政诉讼涉及大量的专门性问题,为改变过去过分依赖鉴定意见,提高审理案件的质量,《行政诉讼证据规定》中借鉴英美法系中的专家证人制度,明确规定,对被诉行政行为涉及的专门性问题,当事人可以向法庭申请由专业人员出庭进行说明,法庭也可以通知专业人员出庭说明。必要时,法庭可以组织专业人员进行对质。专业人员所作出的陈述不受其亲历的具体事实的限制,可以根据有关案情作出判断。推测或者评论。

此外,《行诉法解释》第 41 条规定:“有下列情形之一,原告或者第三人要求相关行政执法人员出庭说明的,人民法院可以准许:(一)对现场笔录的合法性或者真实性有异议的;(二)对扣押财产的品种或者数量有异议的;(三)对检验的物品取样或者保管有异议的;(四)对行政执法人员身份的合法性有异议的;(五)需要出庭说明的其他情形。”第 44 条规定:“人民法院认为有必要的,可以要求当事人本人或者行政机关执法人员到庭,就案件有关事实接受询问。在询问之前,可以要求其签署保证书。保证书应当载明据实陈述、如有虚假陈述愿意接受处罚等内容。当事人或者行政机关执法人员应当在保证书上签名或者捺印……”

四、证据的审核认定

证据的审核认定,即认定证据,是指审理案件的法官依照法定程序,根据一定的原则或规则,对经过质证或者不需要质证的证据材料的客观性、合法性和关联性即证据的“三性”进行审查判断,从而确定证据材料可否采信,可采信的证据的证明力的活动。认定证据的规则,是规范法官认定证据行为的规则总称。在证据规则中,认定证据规则具有举足轻重的地位,甚至可以说是狭义的证据规则。

(一)证明要求和认定证据的基本原则

法院审理案件时,没有重新再现案件发生时的事实的能力,一些案件由于种种原因,有些证据已经灭失不复存在,或已经失去鉴定、勘查的条件,或证人受到自身能力、当时的条件限制等原因提供不出当时客观发生真实的情况的证据材料,致使法庭无法查清客观真实的案件事实。据此,行政诉讼的证明要求,应当是"法律真实",即在程序公正、公开的条件下,法院只能以证据能够证明的案件事实作为裁判的依据。据此,《行政诉讼证据规定》中明确规定:"人民法院裁判行政案件,应当以证据证明的案件事实为依据。""法庭应当对经过庭审质证的证据和无需质证的证据进行逐一审查和对全部证据综合审查,遵循法官职业道德,运用逻辑推理和生活经验,进行全面、客观和公正的分析判断,确定证据材料与案件事实之间的证明关系,排除不具有关联性的证据材料,准确认定案件事实。"所谓法官的职业道德,是指法官在从事法律职业时,为了维护法官的职业形象,规范其相关行为,在伦理道德上所应遵守的基本准则;所谓全面、客观,是指法官应当完全站在中立的立场上,不带有任何偏见、成见和个人情绪等主观色彩,对与待证事实有关的所有证据都要审查核实,并进行综合分析,避免先入为主,不任意取舍,坚持以证据为依据来认定案件事实;所谓逻辑推理是指从已知判断得到新判断的思维形式,它包括演绎推理、归纳推理和类比推理;所谓生活经验,是指人们日常生活中形成反映客观世界的自然现象和周边事物所亲身体验和感知并逐渐积累的一种规律性认识。

(二)关联性规则

1. 关联性规则的含义

证据只有与案件事实相关联才能用以证明诉辩双方所争议的案件事实。也就是说,不具有关联性的证据将被排除在可采纳的证据之外。关联性规则的意义在于明确证据的范围,避免当事人在不相关的问题上过分拖延、浪费时间,而且要求执法人员在调查取证时,应当限于与本案有关联的证据材料;在审查判断证据时,应当注意及时排除与本案无关联的证据材料。

在英美法系中,所谓关联性或相关性,是指证据必须与案件的待证事实有关,从而具有能够证明案件的待证事实的属性。我国诉讼法没有就证据关联性的属性和关联性规则的问题作出明确的规定,但是对于证据的属性和关联性规则问题,法学界和实务界共识的观点与英美法系的观点基本一致。

对证据关联性实质内涵的界定,涉及关联性与待证事实的关系问题,它是对证据关联性在证据效力上的定位与价值评估。因此,界定关联性的内容需要注意两个问题:第一,关于关联性涉及证据的内容或者实体问题。关联性涉及证据的内容或者实体,而不是该证据提出的形式或者方法。真实性和合法性不是关联性的条件或者标准,关联性指的是证据对本案事实可能具有的证明价值。至于证据是否具有真实性,取得证据的手段、方式等是否合法与证据的关联性均无任何关系。第二,关于关联性与证据的能力和证明力的问题。英美法系采取当事人处分主义,并为适应陪审团裁判,对于某种事实的证明,在审前阶段通过证据开示确定证据的关联性,排除无关联性的证据。因此,在英美法系国家,证据能力的认定主要是缺乏关联性的证据,即欠缺证据能力,自毋庸调查。但是,大陆法系采用职权主义,一般在庭审质证过程中确定证据的关联性,排除无关联性的证据。凡法院认为与待证事实有关联的证据,均应加以调查。至于是否与待证事实确有关联性,其证明力如何,属于证据评价的问题。① 两者相比较,前者采用关联性的标准较严格,后者采用关联性的标准较为宽泛;前者重在从证据能力方面审查证据的关联性,而后者侧重从证明力方面审查证据的关联性。我国在审判方式改革以后,人民法院审理行政案件采取职权主义下的当事人主义,认为当事人应负有收集证据的责任,法院的职权调查为其补充,即以当事人提出证据为第一位,法官补充调查取证为次位。我国行政诉讼证据规则在这一点上则与大陆法系的观念基本一致。为此,《行政诉讼证据规定》第 49 条第 1 款规定:"法庭在质证过程中,对与案件没有关联的证据材料,应当排除并说明理由。"但须注意,不能因该条规定了质证过程中可以排除无关联的证据,就由此否定认证阶段法庭还可以继续排除无关联的证据,法庭在认证阶段仍可以排除无关联的证据。因此,质证过程中排除无关联的证据只是一种初步的排除,主要排除那些明显无关联的证据;认证过程中法庭关联性规则和合法性规则审查的严格程度要比质证过程中排除无关联的证据严格得多,通过认证的严格审查进一步排除无关联的证据,其目的是保证诉讼程序的效率,防止将有关联的证据轻率地排除在有证明力的证据之外。

2. 行政诉讼证据关联性所包含的具体内容

证据与需要证明的案件事实具有某种联系,具有证明案件事实的可能性,是证据关联性的本质属性。民事诉讼案件的事实是双方诉讼当事人所争议的事实。也就是说,与证明诉讼当事人争议的事实具有某种联系,对其有证明可能性的证

① 参见李国光主编:《最高人民法院〈关于民事诉讼证据的若干规定〉的理解与适用》,中国法制出版社 2002 年版,第 431 ~ 432 页。

据,即具有关联性。由于行政诉讼是从民事诉讼中脱胎而来的,因此,一些法官在审理行政案件时,仍习惯于仅仅将诉讼双方当事人争议的事实作为行政案件的事实,并以此为确定证据的关联性的条件,由此造成将一些本应作为定案依据的证据,被排除在定案证据之外。根据我国行政诉讼法的规定,人民法院审理行政案件是审查被诉具体行政行为的合法性问题,而不是仅仅审查诉讼双方当事人所争议的事实。因此,行政诉讼案件的事实与民事诉讼案件的事实不同,它是指与被诉具体行政行为合法性有关的事实。具体来讲主要包括以下内容:第一,作出被诉具体行政行为的行政机关(含法律法规授权的组织、行政机关的派出机关、机构及内部机构);第二,作出被诉具体行政行为的程序;第三,被诉具体行政行为认定的事实及所依据的证据材料;第四,被诉具体行政行为所适用的法律规范条文及处理结果;第五,涉及被诉具体行政行为是否存在滥用职权或不履行法定职责等事实。此外,附带行政赔偿或者单独提起的行政赔偿的案件事实,还应当包括被诉具体行政行为所造成的损害及损害程度等事实。只要与行政诉讼案件事实之间具有某种联系,有可能起到证明作用的证据材料,就具有证据的关联性;反之,则不具有证据的关联性。这种联系可以是直接联系,也可以是间接联系,或是与案件事实发生的原因、后果有联系。它包括能够证明被诉具体行政行为合法的证据材料,同时也包括能够证明被诉具体行政行为违法的证据材料。凡是与案件事实无关联的证据材料,应确定为不可采信的证据材料;作为认定案件事实的证据,必须与案件事实具有关联性。因此,审查判断证据的关联性就成为判断证据可否采信的一项重要内容。在审查判断某一证据是否具有关联性时,应当将该证据与有关被诉具体行政行为合法性的每一部分的事实进行比较分析,看其是否可以用来证明哪一部分的事实,如果与被诉具体行政行为的合法性的某一部分事实具有某种联系,该证据就具有关联性;如果与任何部分的事实都没有任何联系的,该证据就不具有关联性。

3. 关于判断间接证据的关联性问题

间接证据是指只能证明案件片段情节,而不能证明案件主要事实的证据,需要综合若干间接证据才能推断出案件的主要事实的结论。运用直接证据证明案件主要事实比较简单,只要证据本身审查属实,主要事实就可以认定。但全部运用间接证据证明案件的主要事实则比较复杂。在我国审判活动中,绝大多数的直接证据是否具有关联性较为容易作出判断,但确定某一间接证据是否具有关联性,则难度较大。因此,不少法官常常只倾向于接受和认定直接证据,而对许多间接证据的效力不予认定,特别是对被诉具体行政行为是否存在滥用职权的间接证据不予认定。例如,原告举出被告对同类、同种性质及情节相同的案件,作出与该案件明显不同的处理的其他案件的处理决定,用于证明被诉具体行政行为的处理结果显失公正。尽管,这些处理决定不能证明被诉具体行政行为认定的事实是否存在,但可以间接证明被诉具体行政行为是否存在滥用职权的问题,因此,不应当把这些证据排除在具有关联性的证据之外。在起草《行政诉讼证据规定》时,不少同志提出,对判断证据的关联性作出具体的衡量标准,以利于各地法院正确认定证据材料的关联性。但是,由于证据材料的情况非常复杂,我国行政审判实践不长,目前难以作出确认证据关联性的标准。因此,《行政诉讼证据规定》未对证据的关联性作出具体标准的规定,而是需要法官根据具体情况,按照逻辑推理及一般证据规则进行酌定。这里需要特别提醒,在很多情况下,判断间接证据是否具有关联性不能孤立地作出认定,需要将其与其他证据放在一起进行考察后才能作出认定。

在实践中,有人提出,法官在对间接证据是否具有关联性审查时,应当要求提供证据一方的当事人说明其提供的证据所要证明的问题。如果说明所要证明的问题与被诉具体行政行为合法性具有某种联系的,则应当认定该证据具有关联性,可以对该证据是否具有合法性、真实性的问题进行下一步的审查;反之,则应当认定该证据不具有关联性,将其排除在定案的证据之外。

笔者认为,这种说法具有一定的道理,但存在一定的局限性。从一般情况来看,提供证据的一方当事人说明其提供的证据所要证明的问题,可以帮助法官发现其提供的证据与被诉具体行政行为之间是否具有某种联系。但是,在我国目前的法制条件下,当事人的诉讼能力差别很大,特别在有些偏远农村地区,原告的诉讼能力比较低,因此行政诉讼的许多当事人并不一定都清楚哪些证据与被诉具体行政行为之间具有关联性,哪些证据与被诉具体行政行为之间没有关联性。如果法官仅以一方当事人说明其提供的证据所要证明的问题来判断该证据是否具有关联性,就完全有可能将有关联性的证据排除在定案证据之外,有可能错误地认定案件事实。法官发现证据是否具有关联性是其职责,因此不能仅仅限于当事人说明其提供的证据所要证明的问题,还必须将当事人提供的证据与被诉具体行政行为合法性要件的每一部分及证明每部分的其他证据进行比较,只有在比较之后才能作出该证据是否具有关联性的判断。特别是涉及被诉具体行政行为是否存在滥用职权、显失公正的问题时更应当注意这一问题。如果法官忽视这些问题,完全有可能作出错误的判断。法官在审理具体案件中认定间接证据是否具有关联性时,一般应当依次解决以下三个问题:第一,确定间接证据可以用来证明什么问题。法官可以通过当事人说明发现该证据可以证明什么问题,也可以根据被诉具体行政行为的事实发现该证据可能证明什么问题。第二,确定间接证据对被诉具体行政行为有无直接证明性。所谓直接证明性,是指可以直接反映出被诉具体行政行为是否合法中的某一部分问题。第三,如果间接证据不具有直接证明性,就要审查该证据是否具有间接证明性。所谓间接证明性,是不能直接反映出被诉具体行政行为中任何一部分的合法性问题,但它可以用于支持或者否定证明被诉行政行为合法性证据的合法性、真实性等问题。法官只有在排除间接证据既不具有直接证明性,又不具有间接证明性后,才能将该间接证据排除在具有关联性的证据之外。

此外,在判断证据是否具有关联性时,还需注意两个问题:(1)根据最高人民法院《行政诉讼证据规定》第2条的规定,原告或者第三人在行政诉讼过程中,提出了其在被告实施行政行为过程中没有提出的反驳理由或者证据的,被告经人民法院准许可以补充或者收集相关的证据。被告在这种情况下提供的证据,或是在作出被诉具体行政行为之后收集的,或是作出具体行政行为时未作为定案依据的证据。根据"先取证、后裁决"的原则,这类证据不能直接作为证明被诉具体行政行为合法的根据,只能作为反驳原告或者第三人理由或者证明新的证据违法、不真实的证据使用。因此,被告在这种情况下提供的证据,与原告或者第三人新提出的反驳理由或者新的证据之间不具有内在的联系,亦应认定不具有关联性。(2)根据《行政诉讼证据规定》第46条[①]的规定,非专家辅助人外,一般证人只能陈述其亲身经历的具体事实,如果陈述他的判断、推测或者评论的,这部分言词应当认定没有关联性,排除在定案根据之外。

4. 关于品格证据和过去行为证据的关联性问题

所谓品格证据,是指将一个人的人品、人格、名誉等作为证据。在一般情况下,一个人的品格或者一种特定品格的证据在证明这个人于特定环境下实施了与此品格相一致的行为上不具有关联性。此规定主要适用于刑事诉讼案件,因此,有学者提出,在民事诉讼中一方当事人的品性作为证明他在具体场合的行为的证据,一般将被排除。其理由有二:一是这种证据在一般合同案件中和不涉及道德败坏的侵权行为案件中,分量极为微小;二是为编造假证据,把诉讼转变为比较双方当事人道德立场的争执。[②] 我国行政法学界和实务界原则上赞同将这个观点

---

① 《行政证据规定》第46条规定:"证人应当陈述其亲历的具体事实。证人根据其经历所作的判断、推测或者评论,不能作为定案的依据。"

② 参见沈达明编著:《英美证据法》,中信出版社1996年版,第219页。

及理由适用于行政案件。但是,在行政审判实践中,也有些法官常常把被告行政机关提供的品格证据材料作为定案的证据,导致认定案件事实错误。

我国行政法学界与实务界虽然赞同在行政诉讼中一方当事人提供的品格证据一般应当排除在具有关联性的证据之外。但并不是说,所有的品格证据都应当排除在具有关联性的证据之外。国外有关证据法中在品格证据的关联性问题上都有例外规定。笔者认为,在行政诉讼中,以下四种情况应不受此原则的限制:第一,由于原告提供的关于其本人或者其工作人员品格的某一项相关特征的证据,或者由被告、第三人提供的用于对原告或者原告的工作人员品格的某一项相关特征进行反证的证据。第二,由一方当事人提供的关于违法行为的被害人品格的某相关特征的证据,或者由一方当事人提供的用于对对方当事人及其工作人员的品格进行反驳的证据。第三,任何一方当事人,包括传唤证人的当事人,都可以攻击证人的可靠性。对证人的可靠性可以通过意见证据或者名声证据的形式予以攻击或者支持,但受下列限制:一是该证据只能针对可信或者不可信的品行。关于可信品行的证据,只能在该证人的可信品行已受到意见证据或名声证据或其他证据攻击之后,才具有可采信性。二是该证据所针对的品行必须与被诉具体行政行为合法性之间具有一定的逻辑关系。倘若不具有一定的逻辑关系,则应当排除在关联性之外。第四,为了证明一方当事人的动机、机会、意图、准备、计划、知识、身份,或有无过失、意外事件,如果一方当事人提出申请,则此类证据可以认定具有关联性。但是,这里有两个问题需要说明:一是上述四种情况下的品格证据可以认定具有关联性,但是并不一定就具有证明力。这类证据即使认定具有关联性,也仅仅是作为加强或削弱当事人陈述、被侵害人陈述、证人证言等言词性证据证明力的证据使用,而不能直接作为认定某一案件事实的定案根据。二是这四种情况的品格证据并不一定就把现实生活中的所有可以认定具有关联性的品格证据都已经包括进去,仅仅是笔者个人的分析,还有待审判实践的检验。

所谓过去行为证据,是指将一个人过去实施的某一行为作为证明现在发生的某一案件事实的证据。过去行为证据只是证明一个人过去实施过某一行为,与案件的事实之间不具有任何关联性,因此应当将其排除在具有关联性证据之外。需要注意的问题是,有些法律、法规中,将行为人以前有关行为作为处理时必须考虑的因素,应认定具有关联性,不应将其排除在具有关联性的证据材料之外。

在《行政诉讼证据规定》的初稿中规定:“与被诉行政机关认定的行为无关的其他类似行为,不得作为认定待证行为的证据。”该规定中的“类似行为”实际上就是指品格证据和过去行为证据。当时试图以明确的规定形式将品格证据与过去行为证据排除在具有关联性的证据之外。但是,在讨论过程中,不少同志提出一些例外的情况,如果将品格证据和过去行为证据均排除在具有关联性的证据之外则过于绝对,但究竟有哪些例外情况,还需要进一步通过审判实践进行总结。为稳妥解决这一问题,目前规定时机尚不成熟,故最后定稿时将初稿中有关品格证据和过去行为证据的规定删掉了。我们在审判实践中,一般应当将品格证据和过去行为证据排除在具有关联性的证据之外,同时要根据具体的情况对那些与证明案件事实有关联性的品格证据、过去行为证据认定为具有关联性的证据,这样可以使我们认定的案件事实尽可能接近真实的案件事实。

(三)合法性规则

1. 关于违反法定程序收集的证据的效力问题。《若干解释》第 30 条第 2 项规定,被告严重违反法定程序收集的证据不能作为认定被诉具体行政行为合法的根据。在起草《行政诉讼证据规定》过程中,大家认为,任何违反法定程序收集证据的行为,都是对程序所体现的“公平”“正义”原则的违反,都是同种性质的问题。简单地以“严重”或“一般”违反法定程序收集的证据作为可否采信的标准,不给“严重”界定清楚其内涵与外延,会使法官对“严重”与“一般”的判断具有非常大的裁量权。由于我国目前法官的普遍水平并不是很高,行政审判受到外部干扰较为严重,法官往往迁就行政机关,使程序的价值得不到充分的体现,这在客观上会纵容个别行政机关以非法手段获取证据,不利于行政机关形成依法行政的观念和作风。但是,如果不以“严重”作为标准,一是与实事求是的哲学观不一致;二是排除轻微违法收集的证据成本太高。综合以上所有的意见,《行政诉讼证据规定》第 57 条规定,以下 9 种不符合法定程序收集的证据材料,应当予以排除,不得作为定案根据:(1)严重违反法定程序收集的证据材料;(2)以偷拍、偷录、窃听等手段获取侵害他人合法权益的证据材料;(3)以利诱、欺诈、胁迫、暴力等不正当手段获取的证据;(4)当事人无正当事由超出举证时限后提供的证据材料;(5)在中华人民共和国领域以外或者在中华人民共和国香港特别行政区、澳门特别行政区和台湾地区形成的未办理法定证明手续的证据材料;(6)当事人无正当理由不提供原件、原物,又无其他证据印证,且对方当事人不予认可的证据的复印件或复制品;(7)被当事人或者他人进行技术处理而无法辨明真伪的证据材料;(8)不能正确表达意志的证人提供的证言;(9)不具备合法性和真实性的其他证据材料。

2. 关于以偷拍、偷录、窃听等手段收集的证据的效力问题。我国《宪法》和

《民法通则》中明确规定,公民的人格尊严受法律保护。隐私权是人格权中的一种。行政机关没有法律、法规的特别授权,窃听行政相对人之间的私人谈话和电话谈话,或偷录行政相对人在居所内的行为;公民采取偷录、窃听公民之间的谈话(包括电话等电讯谈话)和偷拍他人私生活的行为都侵害了公民的人格权,故属于非法收集证据的行为。因此,这类证据应当从定案的证据中予以排除,否则,公民的合法权益将会遭到行政机关或者其他公民的侵害,不利于维护正常的社会秩序和公民的正常生活。行政机关在检查、调查过程中,发现行政相对人的违法行为,在未经行政相对人同意的情况下,进行拍摄、录音等方式取得视听资料,这种收集证据的方式是行政机关常用的手段,国外也是如此,这些手段常常为有关法律明示或者默示规定。行政机关依照法定职权在不侵犯他人合法权益的情况下,未经他人同意而采取拍摄、录制等方式获取的证据,不构成违法。行政机关的执法行为是公开进行的,行政相对人或与案件无关的公民在未经行政机关及其工作人员同意的情况下,采取拍摄、录制等方式获取的证据,不存在侵犯行政机关及其工作人员的合法权益,妨碍行政机关行政执法活动的问题,因此不构成违法;行政相对人在行政管理过程中,处于被管理的弱势一方,其取得证据较为困难,特别是取得行政执法违法的证据更加困难。如果将这种证据定为违法,显然不利于保护行政相对人的合法权益;经审查这类视听资料是真实的,采信这种证据有利于及时查清案件事实,提高审判效力,减少诉讼成本。据此,《行政诉讼证据规定》第57条规定:"以偷拍、偷录、窃听等手段获取并给他人合法权益造成侵害的证据",不得作为定案根据。第58条规定:"以违反法律禁止性规定或者侵犯他人合法权益的方法取得的证据,不能作为认定案件事实的依据。"

3. 案卷外证据的排除规则。在实行案卷主义的国家,一般情况下,法院不得接受行政机关补充的案卷以外的证据。我国在制定《行政诉讼法》时,鉴于当时行政程序法律规范不完善和行政水平不高,所以该法中没有明确规定实行案外证据排除规则。但是,根据"以事实为根据,以法律为准绳"的原则,我国行政法中将"先取证,后裁决"作为行政机关行使职权时应当遵循的一项基本原则。也就是说,我国原则上将案卷外证据排除在行政诉讼的定案证据之外。《行政诉讼证据规定》中明确规定下列情形属于案外证据:(1)被告在行政程序中依照法定程序要求原告提供证据,原告依法应当提供而拒不提供,在诉讼程序中提供的证据,人民法院一般不予采纳。(2)被告及其诉讼代理人在作出具体行政行为后或者在诉讼程序中自行收集的证据和被告在行政程序中非法剥夺公民、法人或者其他组织依法享有的陈述、申辩或者听证权利所采用的证据,不能作为认定被诉具体行政行为合法的依据。(3)原告或者第三人在诉讼程序中提供的、被告在行政程序中未作为具体行政行为依据的证据。(4)复议机关在复议程序中收集和补充的证据,或者作出原具体行政行为的行政机关在复议程序中未向复议机关提交的证据,不能作为人民法院认定原具体行政行为合法的依据。

(四)真实性规则

1. 排除规则。这里所讲的排除规则,是指在实践中,根据法官的经验就足以判断出此类证据是不真实的,应当排除在定案的证据之外的规则。以下四种证据材料应当排除在真实性证据之外,不得作为定案的根据:第一,当事人拒不提供原件、原物,又无其他证据印证,且对方当事人不予认可的证据的复制件或者复制品;第二,被当事人或者其他人进行技术处理而无法辨明真伪的证据;第三,不能正确表达意志的证人提供的证言;第四,不具有真实性的其他证据。

2. 最佳证据规则。行政诉讼的最佳证据规则,是指法庭就数个证据证明同一事实并都具有证明力,不同证据证明了相反的事实主张的情况下,对有关各个证据证明力的大小所作出的认定规则的规定。法庭对证明同一事实的数个证据,其证明效力一般可以按照下列情形分别认定:(1)国家机关以及其他职能部门依职权制作的公文文书优于其他书证。(2)鉴定意见、现场笔录、勘验笔录、档案材料以及经过公证或者登记的书证优于其他书证、视听资料和证人证言。(3)书证的原件、物证的原物优于复制件、复制品。(4)法定鉴定部门的鉴定意见优于其他部门的鉴定意见。(5)法庭主持勘验所制作的勘验笔录优于其他部门主持勘验所制作的勘验笔录。(6)原始证据的证明力优于传来证据。(7)其他证人证言优于与当事人有亲属关系或者其他密切关系的证人提供的对该当事人有利的证言。(8)出庭作证的证人证言的证明效力优于未出庭作证的证人证言。(9)数个种类不同、内容一致的证据的证明效力优于一个孤立的证据。

3. 自认规则。一方当事人就对方当事人主张对其不利事实予以承认的声明或者表示,称为"自认"。自认规则是自认的提出、审查、采信所应遵循的准则。能够作为定案的证据的自认必须具备以下三个条件:第一,在诉讼中承认的自认具有证明效力,诉讼外的自认由法官酌情裁量。第二,在诉讼中,当事人只有明示的自认才具有证明效力,默示的自认必须结合其他证据,作出综合性分析后,才能确定其证明效力。第三,当事人及其代理在其权限内所作的承认有证据上的约束力。此外,在不受外力影响的情况下,一方当事人提供的证据,对方当事人明确表示认可的,可以认定该证据的证明效力;对方当事人予以否认,但不能提供充分的证据进行反驳的,可以综合全案情况审查认定该证据的证明效力。

4. 推定规则。所谓推定,是指根据法律规定、已有事实或者日常生活经验法则,能够推断出另一个事实存在的一种证明规则。推定是根据严密的逻辑推理和人们的日常生活经验,从已知事实推断未知事实存在,一旦前事实得到证明,法院可以径直根据前事实认定推定的事实,无须再对推定的事实加以论证。从推定的性质和依据来划分,可以将推定分为法律推定和事实推定两种。(1)法律推定。法律推定是指根据法律的规定从某一事实而推定另一事实存在的一种证明规则。以是否需要前提事实为标准,法律推定又可分为推论推定和直接推定。推论推定是以当事人一方已经向法庭证明了的前提事实为基础而进行的推定。当法律不依赖于任何事实就假定某一事实存在时,这种推定即为直接推定。法律推定作为建立在逻辑推理的基础上的一种判定,应当允许该推定不利一方当事人通过提供相反证据证明具体案件中的前提事实与推定事实之间不具有逻辑关系,或足以证明法律推定的前提事实具有虚假性。法庭只有在前提事实与推定事实之间具有逻辑关系和前提事实真实的前提下,才能作出判定;反之,推定是不能成立的。(2)事实推定。事实推定是根据已知事实或者日常生活经验法则,推论与之的诉讼中需要证明的另一事实是否存在的一种证明规则。事实推定区别于法律推定的明显标志,在于无法律明文规定,而是根据已知事实或者日常生活经验规则的推定。事实推定的适用必须同时具备以下四个条件:第一,必须是无法直接证明待证事实是否存在,因此只能借助间接事实推断待证事实。第二,前提事实必须已经得到法律上的确认,这是事实推定的前提条件。这些前提事实主要是指众所周知的事实、自然规律及定理、已依法证明的事实、日常生活经验等。因此,法官可以直接认定。第三,前提事实与推定事实之间应当具有必然的逻辑联系。即根据前提事实按照日常生活经验规则完全可以推论出推定事实的真实性。第四,允许对方当事人提出反证,并以反证的成立与否确认推定的事实是否成立。但是,自然规律及定理是不能推翻的。

在行政管理过程中,被告处于管理者的优势地位,可以利用行政管理的权力收集证据,而原告处于被管理者的弱势地位,在很多的情况下,因缺乏权力支持,难以收集证据。在行政诉讼中,经常发现被告收集了大量的证据,特别是一些对原告极为有利的证据,为了掩盖其被诉具体行政行为中的违法问题,被告拒绝向法院提供,而原告又无法提供这些证据。为保护处于弱势地位的原告的合法权益,维护司法的公正性,原告确有证据证明被告持有的证据对原告有利,被告无正当事由拒不提供的,可以推定原告的主张成立。

人民法院作出的生效的裁判文书均具有既判力。根据这一理论,生效的裁判文书所认定的事实一是因为该事实已经为人民法院作出的生效的判决、裁定所查明,客观上无再次证明的必要;二是因为该事实已经为人民法院发生法律效力的判决、裁定所认定,该判决、裁定具有法律约束力,这种约束力同时也包括对该事实认定上的不可更改性。仲裁机构的生效裁决是人民法院的执行根据之一,就这一点而言,它与人民法院发生法律效力的判决、裁定具有同等的法律效力。在行政审判中,当事人举出的证据足以证明生效的裁判所认定的事实有重大问题的,一般都采取中止该案的审理,通过审判监督程序纠正生效的判决、裁定的错误之后,再恢复该案的审理。这种做法完全不违背实事求是的原则。

5. 补强证据规则。补强证据规则最初出现在刑事诉讼中,它是指为了保护被告人的权利,防止案件事实的误认,对某些证明力显然薄弱的证据,要求有其他证据予以证实才可以作为定案根据的规则。行政诉讼的补强规则的概念与刑事诉讼的补强概念的含义具有明显的不同。它是指某一证据由于其存在证据资格或者证据形式上的某些瑕疵,不能单独作为认定案件事实的依据,必须依靠其他证据的佐证,借以担保其真实性或者补强其证据价值,才能作为定案的依据。法庭对下列证据不能单独作为定案依据:(1)未成年人所作的与其年龄和智力状况不相适应的证言;(2)与一方当事人有亲属关系或者其他密切关系的证人所作的对该当事人有利的证言,或者与一方当事人有不利关系的证人所作的对该当事人不利的证言;(3)应当出庭作证而无正当理由不出庭作证的证人证言;(4)难以识别是否经过修改的视听资料;(5)无法与原件、原物核对的复制件或者复制品;(6)经一方当事人或者他人改动,对方当事人不予认可的证据材料;(7)其他不能单独作为定案依据的证据材料。

(五)认定证据的方式

法庭对庭审中经过质证的证据,能够当庭认定的,应当当庭认定;不能当庭认定的,应当在合议庭合议时认定。人民法院应当在裁判文书中阐明证据是否采纳的理由。由于允许法庭当庭认证,就难免发生认定证据错误的问题,因此,就必须要有一个纠正错误认定证据的方式。

当庭认定证据错误,主要有三种情况,一是在庭审未结束之前发现当庭认定的证据有错误;二是在庭审结束后宣判前发现当庭认定证据有错误;三是在庭审结束后,合议庭合议中,发现新的证据材料可能推翻已认定的证据。对第一种情况，应当在庭审中重新作出认定，并阐明重新认定的理由。对第二种情况，可以在裁判文书中予以更正并说明理由，也可以再次开庭予以认定。第三种情况，只是反映当庭认定的证据可能出现错误，并不是说，已经发现错误，因此，对这种情况，必须再次开庭对新的证据和当庭认定的证据，重新进行质证，在质证后进行认定。

行政审判在助推法治政府建设中的特殊功能

程　琥[*]　北京市第四中级人民法院

目　次

* 程琥，法学博士，社会学博士后，研究员，北京市第四中级人民法院副院长。

行政诉讼制度是一个法治国家民主与法治进程的“晴雨表”，行政诉讼制度直接反映并影响国家的整体法治进程。《行政诉讼法》自1990年10月1日实施以来，有效保障了公民、法人和其他组织的合法权益、促进政府依法行政，行政诉讼制度已成为全面依法治国、建设社会主义法治国家的重要推动力量和保障力量。2014年11月1日《行政诉讼法》迎来了实施24年后的首次大修。2017年《行政诉讼法》沿着中国特色社会主义法治道路阔步前进，承担着推进法治国家、法治政府、法治社会一体建设的使命和担当，必将在全面依法治国、法治中国建设中留下浓墨重彩的一页。

一、行政诉讼面临的突出问题与《行政诉讼法》的修改

我国行政诉讼制度发端于改革开放之初，是伴随着吸引外资、保护外商利益尤其是保障外商提起行政诉讼的权利以及加大对行政权的监督和制约建立起来的。我国行政诉讼制度经历了一个从无到有、从不完善到完善的过程，涉及的行政管理领域从最初的中外合资经营企业所得税、外国企业所得税等行政管理领域，扩展到治安管理、交通运输、环境保护等诸多领域，最终推动了1989年4月4日《行政诉讼法》的颁布。应当说，作为“民告官”的行政诉讼制度在改革开放的大潮中应运而生，改革开放40年，行政诉讼制度走过了从无到有、从小到大、从弱到强的创新发展之路。[①] 行政诉讼制度的建立在我国民主法制建设进程中具有划时代的里程碑意义，“行政诉讼制度的建立确实是我国一场深刻而广泛的变革”，[②]说其是一场法制革命并不为过。客观地说，我国《行政诉讼法》在颁布实施之时不失为一部良法，其中有许多规定即便在当今法治国家中也不算落后。当然，也应该看到，我国《行政诉讼法》毕竟制定于计划经济时代，带有很深的历史烙印。加之，当初制定之时也考虑到作为一个新生事物，行政机关以及社会有关方面对之有一个逐步适应的过程，对该法的一些规定作出了折中处理，也使该法的一些规定带有明显的过渡性质。经过20多年的实施，人民法院审理了将近180万件一审行政案件，几乎涵盖大多数行政管理领域，人民法院审理一审行政案件从1990年的13,006件，占当年人民法院审理一审案件总量的0.45%，发展到2013年的123,194件，占当年人民法院审理一审案件总量的1.39%。到2014年，全国法院受理一审行政案件达到141,880件。作为“民告官”的行政诉讼制度，在

① 程琥：《在改革开放中创新发展的行政审判制度》，载《人民法院报》2018年10月31日，第5版。

② 江必新：《完善行政诉讼制度的若干思考》，载《中国法学》2013年第1期。

实际运行中不可避免地会受到地方保护和行政干预的影响,形成诉讼“主客场”现象。行政诉讼制度在当前也遇到全面系统性的困难和问题,这些困难和问题并非简单地修改《行政诉讼法》就能解决的。行政诉讼制度的实施困境,人民法院的感受最为真切。简单而言,这些困难和问题主要体现在立案难、审判难、执行难方面。①

为切实解决行政诉讼面临的突出困难和问题,党的十八届四中全会《中共中央关于全面推进依法治国若干重大问题的决定》强调指出:“健全行政机关依法出庭应诉、支持法院受理行政案件、尊重并执行法院生效裁判的制度。”“完善行政诉讼体制机制,合理调整行政诉讼案件管辖制度,切实解决行政诉讼立案难、审理难、执行难等突出问题。”2014 年 11 月 1 日,第十二届全国人大常委会第十一次会议通过了《关于修改〈中华人民共和国行政诉讼法〉的决定》,新《行政诉讼法》已于 2015 年 5 月 1 日起正式实施。此次通过的《修改决定》共计 61 条,修正范围涵盖了《行政诉讼法》的总则、受案范围、管辖、诉讼参加人、起诉和受理、证据、审理和判决以及执行等各个环节,修法后《行政诉讼法》由原来的 75 条增加到 101 条。2017 年 6 月 27 日,十二届全国人大常委会第二十八次会议审议通过了《关于修改〈中华人民共和国民事诉讼法〉和〈中华人民共和国行政诉讼法〉的决定》,并决定自 2017 年 7 月 1 日起施行。此次修改是对《行政诉讼法》的第二次修改,确立了人民检察院提起行政公益诉讼的制度。由此,我国行政诉讼制度更加完备,推动国家治理体系和治理能力现代化的作用更加凸显。新《行政诉讼法》内容非常丰富,作出了许多重大创新,具体而言有以下内容。

(一)着力解决行政争议

1. 增设解决行政争议的立法目的。2017 年《行政诉讼法》第 1 条将“解决行政争议”首次增加为行政诉讼立法目的,这将有利于行政纠纷的实质性解决,有利于从根本上维护当事人的合法权益。

2. 建立行政诉讼的立案登记制度。为有效破解当事人立案难问题,2017 年《行政诉讼法》第 51 条规定,人民法院在接到起诉状时对符合本法规定的起诉条件的,应当登记立案。对符合起诉条件的,法院应当在接到起诉状时登记立案,不能当场判断是否符合起诉条件的,应当出具注明日期的书面凭证,在 7 日内决定是否立案,并要求法院对诉状不合格的进行释明、一次性告知改正,不能借口诉状

① 参见程琥:《我国行政诉讼制度司法困境与出路》,载《中共浙江省委党校学报》2014 年第 4 期。

不合格而不受理案件,从而将法院立案时的审查限定为形式审查,有效减少了当事人的起诉障碍。同时规定了对不接受起诉状、接受起诉状后不出具书面凭证的,当事人可向上级法院投诉,上级法院有权责令改正、追究责任。

3.加大行政复议在解决行政争议中的职能作用。为提高复议制度效能、防止复议程序空转,2017年《行政诉讼法》第26条第2款规定,经复议的案件,复议机关决定维持原行政行为的,作出原行政行为的行政机关和复议机关是共同被告;复议机关改变原行政行为的,复议机关是被告。此项规定有利于倒逼行政复议机关加大对原行政行为的复议监督力度,让行政争议尽量化解在行政程序中。

4.建立行政诉讼适度调解规则。2017年《行政诉讼法》第60条规定,人民法院审理行政案件,不适用调解。但是,行政赔偿、补偿以及行政机关行使法律、法规规定的自由裁量权的案件可以调解。调解应当遵循自愿、合法原则,不得损害国家利益、社会公共利益和他人合法权益。行政诉讼适度调解有利于人民法院在行政诉讼中通过调解实质性解决争议。

5.设立行政一并解决民事争议程序。2017年《行政诉讼法》第61条规定,在涉及行政许可、登记、征收、征用和行政机关对民事争议所作的裁决的行政诉讼中,当事人申请一并解决相关民事争议的,人民法院可以一并审理。因此,人民法院在审理涉及行政许可、登记、征收、征用和行政机关对民事争议所作的裁决行政案件时,通过当事人申请一并解决相关民事争议,有助于行政纠纷实质性解决,避免出现行政诉讼程序空转。

6.增加一审简易程序。2017年《行政诉讼法》第82条规定,人民法院审理涉及被诉行政行为是依法当场作出的、案件涉及款额2000元以下的、属于政府信息公开案件三种第一审行政案件情形时,认为事实清楚、权利义务关系明确、争议不大的,可以适用简易程序。除前款规定以外的第一审行政案件,当事人各方同意适用简易程序的,可以适用简易程序。2017年《行政诉讼法》规定的简易程序有利于实现行政案件的繁简分流,优化司法资源。

(二)着力保障公民、法人和其他组织的合法权益

1.扩大行政诉讼的受案范围。2017年《行政诉讼法》第2条除取消了"具体"这一对行政行为可诉性的限定标准外,在该法第12条更为详细和全面地列举了当事人可以提起行政诉讼的案件范围,避免法院借口法律未列举而不受理。尤其是首次明确了当事人对行政机关不依法履行、未按照约定履行或者违法变更、解除政府特许经营协议、土地房屋征收补偿协议等协议不服的,对征收、征用和补偿

决定不服的，对滥用行政权力排除或限制竞争行为不服的以及对行政机关确认所有权或使用权决定不服的，均可以提起行政诉讼。

2. 扩展行政诉讼的原告保护范围。2017 年《行政诉讼法》第 25 条专门规定了行政诉讼的原告标准，行政诉讼的相对人以及其他与行政行为有利害关系的公民、法人或其他组织，均有资格作为原告提起行政诉讼，不再仅限于相对人。同时在“受案范围”部分将原告的权利保护范围明确为“人身权、财产权等合法权益”，不再仅限于人身权和财产权，极大地增强了对当事人的诉权保障。

3. 延长起诉期限。2017 年《行政诉讼法》第 46 条规定，公民、法人或者其他组织直接向人民法院提起诉讼的，应当自知道或者应当知道作出行政行为之日起 6 个月内提出。法律另有规定的除外。起诉期限的延长有利于公民、法人或者其他组织更好地行使诉权，更好地维护合法权益。

4. 增加先予执行制度。2017 年《行政诉讼法》第 57 条规定，人民法院对起诉行政机关没有依法支付抚恤金、最低生活保障金和工伤、医疗社会保险金的案件，权利义务关系明确、不先予执行将严重影响原告生活的，可以根据原告的申请，裁定先予执行。先予执行制度对于及时有效地保障特定类型当事人的合法权益具有重要意义。

5. 修改二审行政案件的审查方式。2017 年《行政诉讼法》第 86 条将二审案件的审查方式由原来的以书面审理为原则、修改为以开庭审理为原则，除非当事人没有提出新的事实、证据或者理由，但二审不开庭审理的案件法院也应当阅卷、调查和询问当事人。

6. 明确生效裁判应当再审的几种情形。2017 年《行政诉讼法》第 90 条规定，当事人对已经发生法律效力的判决、裁定，认为确有错误的，可以向上一级人民法院申请再审，但判决、裁定不停止执行。第 91 条首次列举了 8 种生效判决裁定存在的法院应当再审的情形，弥补了行政审判监督程序的立法空白。

（三）着力加大对行政机关的监督力度

1. 首次确立当事人的诉权保护原则并禁止行政机关干预阻碍法院立案。2017 年《行政诉讼法》第 3 条规定，人民法院应当保障公民、法人或其他组织的起诉权利，对应当受理的行政案件依法受理。同时规定，行政机关及其工作人员不得干预、阻碍人民法院受理行政案件。该项原则首次出现在了“总则”部分，彰显了行政诉讼中诉权保护的重要地位，有利于法院排除行政机关及其工作人员的干扰、更独立地行使审判权。

2. 建立行政机关负责人出庭应诉制度。2017年《行政诉讼法》第3条第3款规定，被诉行政机关负责人应当出庭应诉。不能出庭的，应当委托行政机关相应的工作人员出庭。该款规定有利于增强行政机关负责人对行政诉讼的重视程度，有效提高行政机关的执法水平，缓解官民矛盾。

3. 扩充可做行政诉讼被告的机关范围。2017年《行政诉讼法》第2条第2款定，公民、法人或其他组织针对行政机关以及法律、法规或规章授权组织及其工作人员所做的行政行为，均有权向人民法院提起行政诉讼，将行政诉讼的被告范围扩展到了规章授权组织，扩展了法院的司法监督范围。

4. 提出行政诉讼可跨区域管辖。2017年《行政诉讼法》第18条第2款规定，经最高法院批准，高级法院可以根据审判工作的实际情况，确定若干人民法院跨行政区域管辖行政案件。该规定为行政诉讼的跨区域管辖留下了制度空间，有望摆脱行政审判地方化对公正性的影响。

5. 设立规章以下规范性文件的附带性审查制度。2017年《行政诉讼法》第53条规定，公民、法人或者其他组织认为行政行为所依据的国务院部门和地方人民政府及其部门制定的规范性文件不合法，在对行政行为提起诉讼时，可以一并请求对该规范性文件进行审查。

6. 加大对行政机关不履行法院裁判的威慑力度。2017年《行政诉讼法》第96条规定，对行政机关不履行法院裁判、调解书的，人民法院除可对行政机关负责人按日罚款外，一是可将行政拒绝履行的情况予以公告；二是对不履行社会影响恶劣的，可以对行政机关直接负责的主管人员和其他直接负责人员予以拘留，增强了对行政机关的威慑力度。

（四）着力加强对公共利益的保障力度

2017年《行政诉讼法》第25条第4款规定："人民检察院在履行职责中发现生态环境和资源保护、食品药品安全、国有财产保护、国有土地使用权出让等领域负有监督管理职责的行政机关违法行使职权或者不作为，致使国家利益或者社会公共利益受到侵害的，应当向行政机关提出检察建议，督促其依法履行职责。行政机关不依法履行职责的，人民检察院依法向人民法院提起诉讼。"为全面贯彻落实党的十八届四中全会精神，完成中央部署的探索检察机关提起公益诉讼的司法改革任务，保障人民检察院提起公益诉讼案件的正确审理，根据《全国人民代表大会常务委员会关于授权最高人民检察院在部分地区开展公益诉讼试点工作的决定》，最高人民法院2016年2月制定了《人民法院审理人民检察院提起公益诉讼案件试点工作实施办法》(法发〔2016〕6号),自2016年3月1日起施行。2018年2月23日最高人民法院审判委员会第1734次会议、2018年2月11日最高人民检察院第十二届检察委员会第73次会议通过,自2018年3月2日起施行的《最高人民法院、最高人民检察院关于检察公益诉讼案件适用法律若干问题的解释》,包括一般规定、民事公益诉讼、行政公益诉讼、附则4个部分。这些规定对于人民法院依法公正审理公益诉讼案件,切实保障公共利益具有重要意义。实践表明,行政公益诉讼制度对维护国家利益和社会公共利益,推动行政治理体系和治理能力现代化,日益发挥出不可替代的重要作用。

2017年《行政诉讼法》实施后,更多的行政执法活动将面临涉诉风险,对行政机关负责人诉讼参与程度提出了更高要求,行政机关负责人应当主动出庭应诉,发挥模范带头作用。2017年《行政诉讼法》实施后,通过对行政复议机关维持的双被告规定,对复议机关依法履行复议职责提出了更高的要求,倒逼行政复议机关在行政复议程序中主动发挥监督纠正作用。2017年《行政诉讼法》对规章以下规范性文件的制定将产生影响,今后行政机关下发"红头文件"应当注重制定质量,避免在行政诉讼中通过当事人申请法院附带审查的途径,对规范性文件效力产生影响。今后各级行政机关都要认真执行法院的生效裁判文书,避免因为不执行法院的生效裁判文书被采取强制执行措施。

二、当前行政诉讼案件的基本情况

行政诉讼制度已经成为化解行政纠纷的一个重要法治渠道,行政诉讼制度在我国已经得到国家机关和社会各有关方面的广泛认可。结合当前涉诉行政案件,主要呈现以下六个方面的特点。

1. 立案登记制实施,受理案件数量持续增长,与经济社会发展紧密相连。2015年5月1日后,人民法院全面实行立案登记制,全国法院受理一审行政案件大幅上升,当年全国法院受理一审行政案件220,398件,比2014年上升了55.34%,比1990年增长了17倍。2016年,全国法院受理的一审行政案件持续增长,达到225,485件,同比上升13.2%。行政诉讼案件数量持续上升,表明立案登记制实施已经初步解决了"立案难",同时也说明随着依法治国的深入推进,人民群众通过依法提起诉讼保护自身权益的期望不断增强,各级人民法院积极回应群众关切,依法妥善审理新类型行政案件,切实加大对行政相对人的人身权、财产权、受教育权、劳动权以及公平竞争、信息公开、环境资源、社会救济等方面权益的保护力度,行政相对人的诉讼救济渠道日益畅通。

2. 案件类型广泛，行政争议所涉主要行政管理领域与民生紧密相关。按照行政管理领域分类标准，在一审行政案件中，行政案件受案范围几乎涉及所有行政管理领域，除知识产权行政案件外，有近七成的一审行政案件发生在城建、公安、土地资源、工商、劳动和社会保障、环境保护、交通、民政等与民生相关的行政管理领域，表明涉民生行政案件是当前行政审判工作的重中之重。2011～2015 年的 5 年间，全国法院共受理劳动保障类一审行政案件 751,408 件，其中以各级劳动保障部门为被告的共 63,145 件，占 8.4%。2002 年时，全国法院受理一审行政案件 80,728 件，其中劳动保障类案件为 3587 件，占比 4.44%。到 2015 年，全国法院受理一审行政案件 220,398 件，其中劳动保障类案件达 16,467 件，占比 7.47%，所占比例大幅上升。由此可见，随着城市化的快速推进，以及工商和劳动社会保障领域的深化改革，与民生密切相关的领域案件仍将在未来一段时期占有相当大的比重。

3. 行政诉讼被告的层级日趋多样化，领域分布并不均衡，区县政府和国家部委涉诉案件数量明显上升。按照法律关于行政案件管辖的规定，人民法院管辖以国家部委，省、自治区、直辖市政府及其部门、区县政府及其部门以及乡镇政府为被告的行政案件。随着政府信息公开行为纳入司法审查范围，国家部委等中央国家行政机关涉诉案件数增长明显，行政诉讼被告层级日趋多样化。这一方面反映出许多基层矛盾纠纷化解渠道不畅、效果不佳，矛盾纠纷向中央机关聚集的倾向；另一方面也反映出中央国家行政机关不再是行政诉讼的“旁观者”，必须适应在行政相对人和司法监督下履行职责的新形势。以市政府职能部门为被告的行政案件呈明显增长态势，相对集中于征地拆迁有关的主管部门，占市政府职能部门涉诉案件的近一半。由于国有土地上征收补偿主体的制度变革，以区县政府为被告的一审行政案件数量也有明显上升。

4. 行政行为类型仍然保持相对集中态势，政府信息公开案件占比明显回落。按照行政行为性质分类标准，行政纠纷涉及行政处罚、房屋登记、强制拆除、要求履行职责和政府信息公开等领域。近六成的一审行政案件集中在上述几个领域，这也是近年来北京法院一审行政案件分布的基本态势。其中，要求履行职责类案件大幅上升，反映出行政机关仍需强化服务职能，依法履行职责。随着当前审理政府信息公开案件的裁判标准统一和明晰，滥用政府信息申请权的行为依法得到规制，《政府信息公开条例》的立法目的得到贯彻，政府信息公开案件数量呈现出持续下降的趋势。目前政府信息公开案件多与拆迁活动和土地有关，相应的政府信息公开行政案件中的被告也相对集中在建设、规划、乡镇政府、公安等部门。

5. 行政争议实质性化解进一步深化，不同领域、区域情况不均衡。在法院一审审结案件中，法院裁定撤诉案件比率处于逐年下降趋势，2002～2011 年的 10 年间，全国法院一审行政案件原告主动撤诉的共 352，723 件，占一审结案数量的 36.90%，其中被告改变行政行为后原告撤诉的共 35，566 件；2010～2014 年的 5 年间，全国法院以撤诉方式审结一审行政案件 27.7 万件，占全部一审行政案件的 30.23%。2017 年《行政诉讼法》实施后，全国法院一审行政案件撤诉的比例虽有所下降，但仍在高位运行，2015 年为 21.35%，2016 年为 19.65%。对于行政审判实践中长期存在的原告撤诉率居高不下问题，一些专家学者曾对此提出批评，认为行政案件撤诉率高，说明原告在诉讼中受到了被告行政机关的威胁、强迫、利诱等不正当手段影响，导致原告违背个人意愿向法院申请撤诉。① 一些矛盾尖锐、法律关系复杂的行政纠纷，通过法院协调的方式得以妥善化解。协调和解案件相对集中于专利商标、城建、公安、乡镇政府、工商、土地资源、食品卫生、劳动和社会保障、政府信息公开等行政管理领域，占全部一审协调和解行政案件的 50%。通过协调和解，一大批行政争议特别是矛盾较为尖锐的行政争议，得到了妥善处理，实现了法律效果和社会效果的有机统一。

6. 严格司法审查标准，行政机关败诉率稳中有升，城建、工商、乡镇政府涉诉案件以及政府信息公开案件败诉率相对较高。人民法院通过严格司法审查，不断加大对行政机关依法行政的监督力度，对于违法或者明显不当的行政行为判决撤销、确认违法或无效、变更或重新作出行政行为；对于行政主体行政不作为，依法判决其履行法定职责或确认违法，有效维护了人民群众的合法权益，有力促进了行政机关依法行政，推动法治政府建设。2002～2011 年的 10 年间，全国法院判决行政机关上述类型行政案件共 180，174 件，占全部行政案件的 17.12%。如果按照当前以一审实体判决案件数量来计算败诉比率看，2015 年行政机关一审实体败诉率为 31.02%，2016 年行政机关一审实体败诉率则为 31.45%。这种行政机关执法合法正确率与败诉率的双提升趋势，说明司法监督效果明显。通过严格司法审查标准，加大司法监督力度，行政机关依法行政水平越来越高，法院判决支持行政机关作出的合法行政行为的比率逐年提升。② 在行政机关败诉的案件中，不同行政管理领域败诉情况并不均衡，败诉率处于前五位的分别为：乡镇政府涉诉

---

① 参见程琥：《解决行政争议的制度逻辑与理性构建——从大数据看行政诉讼解决行政争议的制度创新》，载《法律适用》2017 年第 23 期。

② 参见程琥：《解决行政争议的制度逻辑与理性构建——从大数据看行政诉讼解决行政争议的制度创新》，载《法律适用》2017 年第 23 期。

败诉率约为30.4%，工商类案件败诉率为约18.7%，城建类案件败诉率约为14.1%，政府信息公开类案件败诉率约为11.8%，土地类案件败诉率约为11.7%。败诉主要原因为主要证据不足、适用法律错误、未依法履行职责等。这些领域败诉率较高的原因可能是多方面的，除了所涉管理领域较宽、行政相对人面较广的因素外，该类型纠纷与群众切身利益密切相关，也是社会关注的热点，当事人维权意识较强，同时还存在行政机关执法不合法、不规范的问题。这在一定程度上表明行政机关仍需进一步加强依法行政，在提高行政执法水平上工功夫。

三、行政诉讼案件合法性审查的具体标准

2017年《行政诉讼法》第69条规定："行政行为证据确凿，适用法律、法规正确，符合法定程序的，或者原告申请被告履行法定职责或者给付义务理由不成立的，人民法院判决驳回原告的诉讼请求。"因此，合法的行政行为应同时具备证据确凿，适用法律、法规正确，符合法定程序，或者原告申请被告履行法定职责或者给付义务理由不成立这样几个方面的合法性条件要求。行政机关所作出的行政行为只有同时具备这几个条件，才属于合法的行政行为，缺少其中任何一个条件的，都属于违法的行政行为。对于违法行政行为的具体情形，2017年《行政诉讼法》第70条规定了6种违法行政行为情形，主要包括主要证据不足的，适用法律、法规错误的，违反法定程序的，超越职权的，滥用职权的，明显不当的。人民法院经审理如果认定被诉行政行为合法的，应当判决驳回原告的诉讼请求；如果认定被诉具体行政行为违法的，人民法院判决撤销或者部分撤销，并可以判决被告重新作出行政行为。人民法院经过审理，查明被告不履行法定职责的，判决被告在一定期限内履行。人民法院经过审理，查明被告依法负有给付义务的，判决被告履行给付义务。由此可见，人民法院审查被诉行政行为的合法性，主要以上述条件作为判断行政行为是否合法的标准。换言之，人民法院对被诉行政行为的合法性审查，也主要从这几个方面进行审查。

从2017年《行政诉讼法》规定的行政行为合法性要件，结合近些年对法院判决行政机关败诉案件的系统分析和梳理，归纳出行政执法存在的问题主要集中在以下方面。

（一）关于是否依法行使职权审查

权由法定，是行政机关依法行政的前提和基础。行政机关的权限一般来源于法律、法规和规章的规定以及"三定方案"和编制具体列明的权限。实践中，行政

机关违反法定权限行使职权主要包括超越职权和滥用职权两种情形。

1. 超越职权。所谓超越职权指行政机关超出法定范围行使权力。超越职权在实践中主要表现为：

(1)无权限。即行政机关行使了宪法、法律没有授予任何国家的权力。无权限主要包括：行政机关行使了立法权和司法权；行政机关内设机构与派出机构行使了行政职权；行政机关原行政职权已经丧失或者转移，但仍然行使原职权；行政机关尚未取得行政职权，却行使了该职权，比如行政机关尚在筹备阶段，就以该行政机关名义行使职权；委托尚未成立或者已经失效，仍以委托机关名义行使职权。比如，在审判实践中发现的街道办事处自行终止业主委员会委员资格的案件、乡镇政府对村民与村委会之间的搬迁腾退及安置补偿纠纷进行行政调处的案件以及房管部门对购房资格进行审核的案件中，均因被告并不具有相应的职权，但是却作出了涉及相关内容的行为，而被撤销导致败诉；再如，在聂某某起诉要求确认某镇政府拔除树苗行为违法一案中，《行政强制法》第 13 条第 2 款规定，法律没有规定行政机关强制执行的，作出行政决定的行政机关应当申请人民法院强制执行。因张镇政府实施的拔除树苗行为属于行政强制执行行为，而现有法律并未规定某镇政府有权直接实施上述行为，故其行为缺乏法律依据，最终被法院确认违法。

(2)事务越权。即行政机关行使了法律授予其他机关的权力。如工商部门行使了公安机关的职权。比如，在北京某汽车制造有限公司不服某区农业委员会作出的行政处罚一案中，某区农业委员会作出《关于责令北京市建材自选大市场等六个单位停产、停业、整改火灾隐患的决定》的行政处罚，北京某汽车制造有限公司是被停企业之一。但从执法权限上看，某区农业委员会并没有消防管理方面的行政处罚权。我国《消防法》规定，县级以上地方各级人民政府公安机关对本行政区域内的消防工作实施监督管理，并由本级人民政府公安机关消防机构负责实施。由此可见，某区农业委员会违反消防法规作出的行政处罚决定，显然超越了部门管辖权。某区农业委员会在诉讼中自行撤销了对 6 单位的停产决定，原告自愿申请撤回了起诉。

(3)超越权限范围，即行政机关虽然对某类事务有管辖权，但是超出了权限范围。具体又分为三种情况：

一是超出了权力的限度。我国《治安管理处罚法》第 91 条规定："治安管理处罚由县级以上人民政府公安机关决定；其中警告、五百元以下的罚款可以由公安派出所决定。"从上述法条规定来看，公安派出所有权以自己的名义对违反治安管理者作出警告或500元以下罚款的处罚，如某派出所作出500元以上的罚款或者行政拘留，就明显超出了公安派出所权力的限度。

二是地域越权。在审判实践中，经常会出现一些涉及不同地域行政执法案件。比如，《律师法》第10条第2款规定，律师执业不受地域限制。司法部颁布的《律师和律师事务所违法行为处罚办法》第31条第1款规定，司法行政机关对律师的违法行为给予警告、罚款、没收违法所得、停止执业处罚的，由律师执业机构所在地的设区的市级或者直辖市区（县）司法行政机关实施；给予吊销执业证书处罚的，由许可该律师执业的省、自治区、直辖市司法行政机关实施。从上述规定来看，律师执业不受地域限制，因此律师在执业机构所在地以外执业出现违法行为时，应当由违法行为发生地司法行政机关进行处罚，还是由该律师执业机构所在地司法行政机关作出处罚，这出现了不同地域执法机关的权限交叉。对此，司法部《律师和律师事务所违法行为处罚办法》规定由律师执业机构所在地司法行政机关实施，如果此时律师违法行为发生地的司法行政机关对该律师作出处罚决定，就出现地域越权问题。

三是层级越权，指下级行政机关行使了上级机关的权限或上级行政机关行使了下级机关的权限。比如，原告万某诉某乡政府一案中，某区人民政府颁发的《集体土地建设用地使用证》中载明土地使用者为“万义”。后该《集体土地建设用地使用证》中土地使用者由“万义”被变更为“万为”，变更处加盖“某乡人民政府某村民委员会”及“某乡人民政府房屋规划办公室”的公章。从该案反映出的问题看，根据现行法律法规，区、县人民政府具有核发、变更集体土地建设用地使用权证的职权，而乡政府无权进行确权发证及变更土地使用权登记。

从审判实践来看，超越职权是性质较为严重的一种行政违法行为，人民法院对于行政机关超越职权行使权力，一般要判决确认无效或者撤销。

2. 滥用职权。所谓滥用职权就是行政机关行使职权时，背离法律、法规、规章所规定的职权行使目的和立法精神，滥用法律、法规、规章所赋予的职权。滥用职权作出的行政行为同样不合法。目前，学界对滥用职权滥用职权有几种学说，一是违背法律目的说，认为滥用职权违背了法律目的和立法精神；二是显失公正说，认为滥用职权属于显失公正，应当判决变更；三是滥用裁量权说，认为滥用职权是滥用了行政自由裁量权；四是违反合理性说，认为滥用职权违反了行政合理性、适当性的要求。从上述学说来看，看似是几种不同学说，事实上仅是看问题的角度不同而已，上述学说之间也并不存在价值矛盾和相互冲突，可以把上述学说综合起来分析滥用职权的内涵和外延。

(1)滥用职权在行为目的上,与法律追求的目的和精神相左,滥用职权违背了法律目的和立法精神,是一种违法行为。滥用职权从形式上看可能符合法律的相关规定,但是实质上却违背了法律目的和立法精神。这就是滥用职权具有的迷惑性,即形式上合法,实质上违法。

(2)滥用职权在行为动机上,表现为不适当考虑,也就是考虑了不应该考虑的事项。依法行政的要求就是行政机关严格依据法律规定执法,行政机关在执法时不当考虑法律规定以外的其他因素,就容易导致滥用职权。

(3)滥用职权在行为内容上,表现为明显违反自由裁量权,畸轻畸重,同样情况不能同样对待。行政机关的职权如果以是否受到羁束为划分标准,可以分为羁束性职权和自由裁量权。羁束性职权显然没有裁量空间,行政机关在行使职权时只能按照法律规定的执法权限行使权力;自由裁量权则是法律规定行政机关在行使职权时由自由裁量的空间和幅度。滥用职权显然滥用了自由裁量权,而不是滥用羁束性职权,这是滥用职权与超越职权的区别。

(4)滥用职权在行为结果上,表现为明显不合理和显失公正。行政机关在行使职权过程中,不仅要求合法,而且要求要合理、适当,符合比例原则要求。滥用职权不符合行政合理、适当、比例原则的要求。行政机关滥用自由裁量权的直接结果就是行政行为显失公正,不符合社会公平正义的要求。

对于滥用职权,法院根据案件情况可以判决撤销,明显不当的可以判决变更。

(二)关于事实和证据审查

证据是指直接或间接证明案件事实情况的一切客观事实材料。行政诉讼证据则是指能够证明行政案件真实情况的一切事实。它是法院确定案件的法律事实,并对被告作出的具体行政行为是否合法、原告的诉讼请求是否有理等作出正确裁判的根据。行政诉讼证据是行政诉讼的核心,行政审判的每一道程序都离不开证据,法院通过举证、取证、质证及认证等环节,在查清案件事实的基础上,将相关法律规范适用于该事实,并作出裁判,从而完成全部诉讼活动。事实清楚、证据确凿是行政机关作出行政行为的重要事实基础,行政机关作出行政行为应当认定事实清楚,证据确实充分,对于作出行政决定所认定的事实都应当有确凿充分的证据。反之亦然,行政机关对于未经查证属实的事实不应予以认定,亦不得写入行政文书。在行政程序中认定事实,确定证据方面主要存在如下问题。

1. 证据"三性"不符合证据规定要求。作为证据,一般具有三个方面的特性:(1)证据具有合法性。证据的形式要合法,比如书证、物证、证人证言、鉴定结论、勘验笔录、现场笔录、视听资料的形式要合法；证据的取得程序要合法，比如违反法定程序收集的证据不合法，不应当采纳。比如，在一起某质量技术监督局在查处假冒伪劣产品案件中，某质量技术监督局认定被处罚人销售假冒产品的证据是依据原产品生产厂家出具的鉴定结论，其并非法定的鉴定机构，所出具的鉴定证明书不具有法定的证明效力，且案件的举报人与鉴定人是同一人，因此该证据不具有合法性。

(2)证据具有关联性。要求证据之间要相互印证，形成完整的证据链。行政机关调查收集的证据材料应当与案件具有关联性，实践中一些行政机关在应诉过程中向法院递交大量证据材料，不注意梳理证据之间的关系，致使大量没有关联性的证据材料进入诉讼过程。

(3)证据具有真实性。排除证据，也就是法官根据经验无需进一步审查，就能确定该证据不真实，将其排除在可定案证据外。比如，经过技术处理的视听资料不符合真实性要求，应当予以排除。补强证据，也就是证据的证明力较弱，还需要其他证据进一步补充、印证的。比如，未成年人的证言、具有利害关系证人的证言、未出庭作证的证人证言等。实践中，有些证据形式、取得方式不合法，不符合真实性要求。比如，在一起原告张某诉某市公安局某区分局治安行政处罚一案中，某市公安局某区公安分局对原告张某的第四次讯问笔录中的讯问时间有涂改痕迹，且无原告张某的签字或捺手印予以认可。根据最高人民法院《关于行政诉讼证据若干问题的规定》，既然无其他证据加以佐证，那么经过涂改又无当事人认可的证据，不能单独作为定案证据，亦不能将其作为合法证据予以认定。又如，在一起原告王某某诉某市公安局某区分局治安行政处罚一案中，发现该分局在调查取证、对事实和证据的分析与认定等方面存在同一办案人员在对不同证人进行询问时，询问笔录的起止时间相互冲突问题，违背了基本常识，使证据丧失了基本的合法性，故法院不应将时间相互冲突的询问笔录作为认定案件事实的证据。

2. 行政行为所依据的主要证据不足，导致事实认定不清。2017 年《行政诉讼法》第 69 条对行政行为的事实认定方面规定，“行政行为证据确凿……判决驳回原告的诉讼请求”；第 70 条对行政行为“主要证据不足的”，判决撤销或部分撤销。从法律规定来看，对行政行为合法的证据要求是“证据确凿”，对行政行为不合法的事实和证据方面的判定标准是“主要证据不足”。因此，“主要证据”是判定行政行为是否合法的重要证据标准。实践中，“主要证据”是指行政机关认定事实必不可少的证据。行政机关认定事实除了主要证据外，通常还有其他一些次要证据；主要证据不足，将使事实认定不成立，而次要证据缺少则不会影响案件基本事实。在一个案件中，哪些是主要证据，哪些是次要证据，要作具体分析。“主要证据不足”是被告向法庭提供的证据达不到被诉具体行政行为所认定的事实所需要的证明标准。比如，在一起冯某某不服北京市工商行政管理局海淀分局举报答复一案中，2013 年 6 月 19 日、6 月 24 日，冯某某就其在中关村某超市购买的“手撕鱿鱼丝”及 2013 年 4 月 1 日生产的“鲜烤马鲛鱼”含有甲醛的问题向“12315 举报中心”进行举报，并邮寄了举报材料，其中包括相应生产批次的产品检验报告，检出甲醛为 6.26mg/kg。海淀工商分局接到举报后予以立案并进行现场检查。现场未发现“手撕鱿鱼丝”，海淀工商分局对 2013 年 5 月 25 日生产的“鲜烤马鲛鱼”50 克/袋进行了抽样，并将抽检样品送往北京市食品质量监督检验三站检验。该检验机构同年 7 月 8 日出具的检验报告显示，检验项目甲醛未检出（检出限0.5），该样品经检验，所检项目符合 GB 2760—2011《食品安全国家标准　食品添加剂使用标准》。海淀工商分局据此于 7 月 15 日作出销案决定，于 7 月 18 日对冯某某作出被诉答复，并向其邮寄送达。冯某某收到被诉答复后，于 2014 年 3 月 12 日向北京市工商行政管理局申请行政复议，该复议机关于同年 7 月 4 日作出行政复议决定，以超出法定期限为由驳回冯某某的行政复议申请。冯某某仍不服，遂向某区法院提起诉讼。某区法院经审理认为，本案中冯某某向海淀工商分局举报的是生产日期为 2013 年 4 月 1 日的 50 克袋装“鲜烤马鲛鱼”涉嫌存在甲醛超标的问题，但海淀工商分局据以作出被诉答复的检测报告中检测的是生产日期为 2013 年 5 月 25 日的 50 克袋装“鲜烤马鲛鱼”。考虑到食品生产的特殊性，不同生产批次的同一食品在添加剂的使用或所包含的成分上可能会存在差异。因此，海淀工商分局以不同生产批次的食品检测报告为依据作出销案的被诉答复，显然缺乏客观真实性。是故，海淀工商分局作出的被诉答复认定事实不清，证据不足，应当予以撤销，并对冯某某的申诉举报重新作出处理。某区法院遂判决撤销被诉答复，责令海淀工商分局在法定期限内对冯某某的申诉举报事项重新作出处理。再如，在某株式会社起诉某区商务委要求撤销商务审批一案中，因某区商务委作出商务审批时依据的董事会决议并非原件，且时任副董事长的韩某某否认参加过该董事会并在决议上签过字，本案中董事会决议作为主要证据，显然证据效力不足，被诉行政行为被法院撤销。另外，在房屋拆迁裁决案件中，某区住建委作出裁决的主要事实依据是评估公司针对被拆迁房屋出具的评估报告。一旦评估报告的送达出现问题，就会导致被诉拆迁裁决的主要事实依据丧失。在房屋登记案件中，此种情形亦较为多发。如果房屋登记所依据的房屋买卖合同被确认无效，或者房屋登记所依据的关于遗产分配的公证书被公证部门撤销，被诉房屋登记行为的合法性基础丧失，属于主要证据不足，事实认定不清，应予撤销。

3. 行政机关没有充分调查取证，导致事实认定不清。行政执法人员在作出行政行为时不仅要全面收集证据，充分调查取证，而且应对证据进行严格审查，确保所作出的处理决定无懈可击。比如，在李某某不服北京市国土局行政答复一案中，市国土局在收到李某某反映张某某与王某某盗采砂石、小汤山镇马坊村南路东侧建设废旧回收市场、小汤山镇马坊村南路西侧建设村民回迁楼问题后，对李某某作出了《答复》。经法院核实，北京市公安局昌平分局小汤山派出所 2010 年 10 月 9 日"110"接处警记录中"反馈情况"一项显示："民警到现场经了解，系马坊村村委会主任王某某在太阳城南侧地里挖土，北京某置业集团经理韩某某称小汤山镇知道此事，民警正在工作。"这一情况与《答复》第一项内容："根据您提供的材料和我局调查掌握的情况，既不能证明昌平区小汤山镇马坊村张某某、王某某实施了盗采砂石行为，也不能证明张某某、王某某因盗采砂石行为达到移送公安机关追究刑事责任的条件"冲突，《答复》第二、三项内容称所涉地块已恢复原貌，但市国土局在本次诉讼中未提供相关证据证明，故《答复》主要证据不足，应予撤销。某区法院遂判决撤销市国土局作出的《答复》。再如，在闫某某不服某镇政府信息公开一案中，原告提交的证据已初步证明了其申请公开的信息存在，而被告却未提交证明"信息不存在"以及已经履行合理搜寻义务方面的证据，因此其拒绝公开应由其制作并保存的信息属于主要证据不足。在石某某诉某镇政府拆除违法建设一案中，某镇政府在实施强制拆除行为之前，没有对涉诉承包地的承包人进行全面调查，将实际由石某某所建建筑物的建设主体错认为石甲，并进行了拆除，因此导致被诉具体行政行为认定事实不清。

4. 行政机关未在法定举证期限内向法院提供据以作出行政行为的证据，导致被诉行政行为视为没有证据。根据《行政诉讼法》以及《最高人民法院关于行政诉讼证据若干问题的规定》，被告应当在收到起诉状副本之日起 15 日内，提供据以作出被诉具体行政行为的全部证据和所依据的规范性文件。被告不提供或者无正当理由逾期提供证据的，视为被诉具体行政行为没有相应的证据。实践中，有关举证期限的规定尚未引起行政机关足够充分的重视。一些行政机关行政程序中收集的证据未能在复议、诉讼过程中依期限提供，使相对人产生误解，认为该份证据是在复议、诉讼过程中补充收集的，从而引发对行政行为合法性的质疑；在法定时限之内不能够一次性提供全部证据材料，特别是对据以作出具体行政行为的法律依据、对程序性证据材料重视不够；如果被诉行政行为的主要证据存在上述情形，法院必须依法予以撤销。

(三)关于是否正确适用法律审查

在我国,80% 以上的法律、90% 以上的行政法规、100% 的行政规章需要政府实施。在国家治理体系中,政府无疑是最重要的治理主体和法律实施主体。法律适用涉及行政机关作出行政行为的法律依据,如职权依据,程序依据以及后果依据。依法行政的原则要求行政机关作出行政行为时必须有法律依据,没有法律依据的行政行为违法。从审判实践来看,被诉具体行政行为适用法律、法规错误的表现形式主要包括:

1. 适用法律、法规性质错误,如应当适用甲法,却适用了乙法。比如,在一起彭某某不服某县国土资源局信息公开答复一案中,2012 年 10 月 6 日,彭某某向某县国土资源局提出政府信息公开申请,申请获取本组村民高某某建房用地审批信息。11 月 28 日,某县国土资源局作出答复:根据《档案法实施办法》第 25 条的规定,集体和个人寄存于档案馆和其他单位的档案,任何单位和个人不得擅自公布,如需公布必须征得档案所有者的同意。故查询高某某建房用地审批资料必须依照上述法律规定到本局档案室办理。同时建议如反映高某某建房一户两证的问题,可以直接向局信访室和执法监察大队进行举报,由受理科、室负责依法办理。彭某某不服,提起诉讼,请求法院撤销被告作出的答复,并责令被告公开相关信息。某县人民法院经审理认为,根据最高人民法院《关于审理政府信息公开行政案件若干问题的规定》第 7 条的规定,原告申请的政府信息系保存在被告的档案室,并未移交给专门的档案馆,被告某县国土资源局依法应适用《政府信息公开条例》的规定对原告申请公开的信息进行答复,而被告在答复中却适用《档案法实施办法》的相关规定进行答复,属于适用法律、法规错误,依法应予撤销。原告申请公开的信息是否应当提供,尚需被告进行调查和裁量,故原告该项诉讼请求不予支持。判决撤销被诉答复,责令被告 30 个工作日内重新予以答复。某县国土资源局不服,提出上诉,某市中级法院判决驳回上诉、维持原判。

2. 适用法律、法规条文错误,是指适用法律、法规没有错误,但适用的具体条文错误。比如,在岳某某不服某区住建委作出的《不予受理决定书》一案中,被告依据《北京市城市房屋拆迁裁决程序规定》第 4 条第 1 款第 2 项"搬迁期限未满,或者已超过拆迁期限的,裁决机关不予受理"这一规定不予受理原告提出的裁决申请。但被告在《不予受理决定书》中将这一条文的名称表述为"第 4 条第 2 款",属于法律条文表述错误。所幸被告在《不予受理决定书》中同时引用了条文内容,且所引用的内容恰当无误,故法院判决驳回了原告的诉讼请求,只是在判决书中对被告表述错误的问题予以指正。

3. 适用了没有效力的法律规范，是指被诉具体行政行为适用的实体法律、法规、规章及其他规范性文件，尚未生效或者已经失效或者本身就不具备法律效力，这主要出现在新旧法衔接问题中。比如，在某区人力资源和社会保障局申请法院强制执行《行政处理决定书》的非诉行政案件中，某区人力资源和社会保障局作出《行政处理决定书》，限被执行人在收到决定书后15日内，到社会保险经办机构为员工缴纳社会保险费。被申请人收到上述处理决定书后未依法提起诉讼或申请复议。故某区人力资源和社会保障局向法院申请强制执行上述行政决定。该院经审查发现，因违法行为发生于2009～2010年，某区人力资源和社会保障局系依据《社会保险费征缴暂行条例》第13条的规定作出上述处理决定，同时依据该条例第26条的规定，即“缴费单位逾期拒不缴纳社会保险费、滞纳金的，由劳动保障行政部门或者税务机关申请人民法院依法强制征缴”向该院申请强制执行。但本案中行政相对人的违法行为发生在《社会保险法》生效前，但行政强制执行行为发生在《社会保险法》和《行政强制法》生效后的，应当依据《社会保险法》和《行政强制法》的规定，确定行政强制执行的实施主体，而不是依据已经废止的《社会保险费征缴暂行条例》的规定执行。故某区人力资源和社会保障局属于适用法律错误。

4. 未适用应当适用的法条，是指被诉具体行政行为未适用有关对被处理行为或者事项定性或处理的法律、法规及规章的条文，具体包括被诉具体行政行为根本没有引用任何法律、法规、规章或者只引用了法律、法规、规章的名称，没有引用具体条文；被诉具体行政行为只引用了有关定性或定性和处理的原则条文，没有引用应该适用的有关处理规定条文；被诉具体行政行为只适用有关处理的条款。比如，在崔某会、崔某伶诉某镇政府《限期拆除通知书》一案中，某镇政府认为崔某会、崔某伶在乡、村庄规划区内未取得北京市规划行政主管部门的许可手续进行建设，违反了《北京市禁止违法建设若干规定》第3条之规定，属违法建设。但由于《北京市禁止违法建设若干规定》第3条只是一个有关违法建设的定义条款，并未明确应当取得乡村建设规划许可证的情形，因此某镇政府认为崔某会、崔某伶的建设行为违反该条款的表述不准确。再如，在信息公开案件中，行政机关不引用法律条文现象较为明显。如在孙某某一案中，某镇政府仅以“信息不存在”为由对孙某某的信息公开申请予以答复，未援引任何法律依据。根据规定，如果行政机关作出政府信息公开答复有对应的法律条文可以援引，应当写明法律依据及具体条款，如果未写明法律依据，人民法院可以认定被诉行政行为适用法律错误。因《政府信息公开条例》第21条第3项对“信息不存在”的答复方式有明确规定，因此，行政机关在有条文可以援引的情形下不予援引的做法有可能被法院认定为适用法律错误。

5. 没有适用法条中必须适用的内容，是指被诉具体行政行为引用的法律、法规的条文正确，但是没有适用该条规定中规定的必须适用的内容，而适用了不应适用或者选择适用的内容。比如，在市国土局申请某乡村俱乐部有限公司土地行政处罚执行等四案中，市国土局作出处罚依据的是《土地管理法》第 76 条。根据该条规定，对于未经批准非法占用土地且符合土地利用总体规划的，责令退还非法占用的土地，没收在非法占用的土地上新建的建筑物和其他设施，可以并处罚款……即“责令退还”“没收”为应罚内容，“罚款”为可罚内容。但市国土局处罚的内容仅为罚款，应罚内容并未涉及，与上述法律规定不符。

（四）关于是否遵循法定程序审查

行政程序是行政行为所经历的顺序、步骤和时限以及所采取的方式。法定程序是我国法律、法规、规章规定的行政机关实施具体行政行为时必须遵循的程序。依法行政不仅要求行政机关实施行政行为在内容上合法，而且要求其在程序上也要合法。程序违法指行政主体及其行政执法人员的行政行为不符合行政法律规范要求的强制性外部程序的情形。实践中，部分执法人员的程序意识淡薄，重实体，轻程序，甚至认为按程序办事麻烦，影响效率，增加执法成本。在具体办案中，对执法依据、定性准确、证据确凿比较重视，而对出示证件、先立案后调查、先作处罚决定后收缴罚款以及告知、听证程序等重视不够。违反法定程序主要表现为以下几个方面：

1. 违反法定期限。超出法定期限，又被称为“迟到”的行政行为。比如，在康某某不服某区政府信息公开答复一案中，根据《政府信息公开条例》第 24 条第 2 款的规定：“行政机关不能当场答复的，应当自收到申请之日起 15 个工作日内予以答复；如需延长答复期限的，应当经政府信息公开工作机构负责人同意，并告知申请人，延长答复的期限最长不得超过 15 个工作日。”本案中，在案证据不足以证明被告作出《政府信息延长答复期告知书》后向原告送达的事实，被告关于其依据上述规定已告知原告信息公开申请延期答复的主张缺乏证据支持，故应认定被告存在程序违法之情形。某区法院遂判决确认《政府信息不存在告知书》违法。

2. 先裁决后取证。“先取证后裁决”是行政法的一项基本原则。处理决定作出之后收集的证据不具有法律效力。比如，在张某某请求撤销某区规划局作出的停工通知书一案中，2013 年 3 月 26 日，某区规划局批准张某某对私房 1.5 间原拆原建。在拆除旧房时其邻居曹某某出面阻止翻建。为此,张某某对曹某某提起排除妨碍的诉讼。2014 年 7 月 21 日,某区规划局认为张某某未在建设工程规划许可证规定的期限内开工,其作出的建房审批表已经失效,故责令停工,并向其送达了停工通知书。但某区规划局向张某某送达了停工通知书之后,才组织人员到张某某及其邻居曹某某住处调查张某某申请建房及建房开工情况,属先裁决后取证,违反了法定程序,其所作出的停工通知被法院判决撤销。

3. 违反法定方式。违反法定方式是指行政行为违反法定方式或者违反法定具体要求。比如,在侯某某不服北京市昌平区某镇政府强制拆除通知一案中,依据《行政强制法》第 35 条的规定,行政机关作出强制执行决定前,应当事先催告当事人履行义务。催告程序是法律规定的作出强制执行决定前必须履行的法定程序。某镇政府在作出被诉的强制拆除决定之前,虽然向侯某某送达了《行政强制执行催告书》,但因某镇政府在该催告书中将限期拆除决定的文号写错,造成某镇政府实际上未履行催告义务,构成程序违法。同时,依据《行政强制法》第 44 条"对违法的建筑物、构筑物、设施等需要强制拆除的,应当由行政机关予以公告,限期当事人自行拆除。当事人在法定期限内不申请行政复议或者提起行政诉讼,又不拆除的,行政机关可以依法强制拆除"之规定,行政机关应当在当事人申请行政复议或者提起行政诉讼的法定期限届满后进行强制拆除,以防止尚有争议未得到司法救济的强制拆除得以实施。本案中,某镇政府在 2013 年 8 月 17 日作出的限期拆除决定告知侯某某诉权和起诉期限,在期限未届满的情形下,于 2013 年 8 月 24 日作出强制拆除决定违反了上述规定。北京市昌平区人民法院遂判决撤销了被诉通知。

4. 违反法定步骤。近年来,为了加快拆除违法建设进度,部分行政机关因司法程序周期较长,绕开法律规定直接拆除,违反程序现象较为普遍,引起群众不满。对违法建设的认定、拆除是一种非常严肃、严厉的行政行为,在进入强拆之前,可以采取多种方式以达到当事人自拆的目的,但只要进入强拆阶段,行政机关在调查、作出处理、文书送达、执行等都必须严格按照法定程序进行。政府在这一问题上积极作为的态度固然值得肯定,但从当下法治政府建设的大环境下看却有失妥当,亦会带来一系列的后续问题。因此,应当避免个别行政机关在特殊情况下以提高行政效率为由违法行政,或者以剥夺相对人应享有的程序正义为代价片面追求行政目标。比如,在贺某某不服北京市顺义区李桥镇人民政府实施的强制拆除行为一案中,2001 年,原告在位于李桥镇洼子村北侧承包地上建设总建筑面积 409.06 平方米的砖混结构房屋。2010 年 9 月 4 日,被告针对涉案建筑物依据

《中华人民共和国城乡规划法》第 65 条的规定，对原告作出限期拆除通知。2011 年 4 月 20 日，被告针对涉案建筑物对原告作出拆除通知书。原告对被告作出的限期拆除通知不服，向顺义区人民政府申请行政复议。2011 年 7 月 19 日，复议机关作出维持的复议决定。原告不服，向顺义区法院提起行政诉讼，2011 年 10 月 24 日，顺义区法院判决驳回了原告的诉讼请求。原告不服提起上诉。2011 年 12 月 15 日，北京市第二中级人民法院判决维持了顺义区法院的判决结果。2012 年 4 月 28 日，被告组织人员将涉案房屋拆除。2012 年 5 月，原告得知涉案房屋被拆除。2015 年 2 月 4 日，原告在与被告信息公开案中得知涉诉行为系被告所为。原告对被告的拆除行为不服，提起本诉。顺义区法院经审理认为，本案中，被告仅针对涉案建筑物对原告作出《限期拆除通知》及《拆除通知》，在实施强制拆除行为前是否进行了催告、公告的程序，没有提交证据予以证明，故被告对涉案建筑物实施的强制拆除行为，缺少前述法律规定的前置程序，应予确认违法。遂判决确认被告北京市顺义区李桥镇人民政府将原告贺某某位于李桥镇洼子村的建筑物、构筑物、设施强制拆除的行为违法。

5. 没有依法履行告知程序。违反法定程序的问题主要集中在应该告知的权利没有告知。如有的行政机关在作出责令停产停业、吊销许可证或者较大数额罚款等行政处罚前，未依照我国《行政处罚法》第 42 条的规定，告知当事人有要求举行听证的权利；在作出行政许可时，没有依照《行政许可法》第 47 条的规定，告知行政许可的申请人、利害关系人享有要求听证的权利。如某行政机关以张某非法运输铁矿石为由，对张某作出罚款人民币 3 万元的行政处罚，却没有在处罚前，告知张某有要求举行听证的权利。张某以此为由提起行政诉讼。

6. 混淆简易程序和一般程序界限。违反简易程序出示执法身份证件、当场处罚、裁执分离的原则。《行政处罚法》第 33 条规定，违法事实清楚并有法定依据，对公民处以 50 元以下、对法人或者其他组织处以 1000 元以下罚款或者警告的行政处罚的，可以当场作出行政处罚决定。一般情况下，简易程序行政处罚特指行政执法人员在行政违法案件的现场，直接对违法事实清楚的违法行为人实施行政处罚，强调实施处罚的当场性。行政处罚的简易程序，仅仅是程序形式的合并，并非对行政处罚当事人在行政处罚中的程序权利的全面减并。简易程序行政处罚并不要求必须由两名以上行政执法人员实施，完全可以且在绝大多数情况下均是由一名行政执法人员当场实施。

7. 送达程序违法。实践中，行政机关送达行政文书应当按照《民事诉讼法》规定的方式进行送达，可以采取直接送达、委托送达、邮寄送达，如果邮寄送达未果,可直接向相对人送达文书,同时邀请村委会工作人员作为见证人或者采取拍照、录像方式记录送达过程,如果相对人拒收,行政机关可以留置送达。如果上述方式仍然不能进行送达,可以采取公告送达方式。严禁在未见到相对人的情形下进行张贴。比如,在原告某单位诉某区城管大队一案中,城管大队在检查中发现某单位在其经营地点店面外设置灯箱且未能出具相关审批手续,故作出《提取证据物品书》,将该单位的灯箱进行证据先行登记保存。后城管大队对该单位作出《物品处理通知书》,对其灯箱依法作出返还处理。同日,被告工作人员至该单位店面,因店面外有新砌高墙阻隔,未能与该单位法人取得联系,亦未将《物品处理通知书》进行留置送达。某区城管大队在检查中依法对灯箱予以先行登记保存,虽于其后作出返还灯箱的《物品处理通知书》,但截至原告起诉前未以任何法定形式向物品所有人进行送达,应认定为程序违法。故某区法院依法确认被告先行登记保存但未及时处理的行为违法。再如,在王某某起诉市国土局行政处罚一案中,被告在未见到被送达人的情况下,直接将《国土资源行政处罚告知书》及《国土资源行政处罚决定书》张贴在了被送达人家的建筑物上。因此种方式不符合法律规定,所以被告的行为属于程序违法。

(五)关于是否依法履行法定职责审查

不履行或怠于履行法定职责是行政机关及其工作人员消极地不履行法定职责,不进行实体审查和处理或公民、法人及其他组织向行政机关申请需要办理的事项,属于该行政机关的法定职责,但该行政机关及其工作人员超过一定期限拖延不履行。简言之,即"应为而不为"的行政行为。其主要表现形式有三种,即拒绝履行,拖延履行,不予答复。行政机关及其工作人员不履行法定职责,往往给相对人造成不应有的损害。比如,原告胡某诉某工商局一案中,胡某通过拨打工商局投诉举报电话申诉从某超市"购买的'康维他蜂胶复合胶囊'食用后出现过敏现象,产生腹泻"。某工商局对胡某作出《答复》,告知原告依据《卫生部关于"黄芪"等物品不得作为普通食品原料使用的批复》,康维他蜂胶复合胶囊属于保健食品范畴,被告无管辖权,并已将原告的申诉函告朝阳药监局。某区法院经审理认为,根据有关规定,国家对于声称具有特定保健功能的食品实行严格监管,该食品是否声称具有特定保健功能是确定具体监管部门的重要标准。被告在接受原告申诉后,未对涉案胶囊是否声称具有特定保健功能进行调查核实,而仅以该食品中含有蜂胶成分即认定该食品为保健食品,被告无管辖权,属于未尽到应尽的法定职责。故判决责令被告对原告所提申诉进行调查核实并重新作出处理。

再如，在张某等7人诉市住建委不履行法定职责一案中，2011年6月26日，包括原告张某等7人在内的北京市东城区京香福苑小区79名居民通过举报信的方式向市住建委进行投诉，投诉内容为：北京市东城区安定门内车辇店胡同在建的立体停车楼，未取得《施工许可证》，属于违法施工。市住建委于同年6月27日收到上述举报信。同年7月18日，上述投诉人委托律师再次向市住建委邮寄信函，要求市住建委对于投诉人的投诉给予答复。至张某等7人于2011年9月9日向某区法院提起行政诉讼提起诉讼时止，市住建委未对投诉人的投诉予以答复。在本案诉讼期间，市住建委于2011年10月11日作出《信访事项答复意见书》，对包括本案原告在内的信访人的信访请求答复如下：依据《建筑工程施工许可管理办法》第16条第2款的规定，根据发展改革和规划部门的批复和调查意见，该项目为临时性设备安装工程，不在施工许可管理相关法规约束范围之内，不需办理建筑工程施工许可证。某区法院经审理认为，本案中，市住建委于2011年6月27日收到包括本案原告在内的北京市东城区京香福苑小区79名居民的投诉信后，未履行受理、告知等正当行政程序，且向法院提交的证据无法证明在法定期限内履行了其行政职责，至本案原告向法院提起行政诉讼之日起已逾60日未对投诉人的投诉予以答复。故市住建委的行为已构成怠于履行法定职责，应予纠正。鉴于在本案诉讼过程中，市住建委已针对包括本案原告在内的信访人的信访请求作出答复，故要求市住建委对原告的投诉事项再次予以处理已无实际意义。鉴于此，某区法院遂判决确认被告北京市住房和城乡建设委员会未在法定期限内对原告张等7人的投诉事项进行处理的行为违法。

（六）关于行政行为是否明显不当审查

行政诉讼是对行政机关的行政行为进行合法性审查。合理性和适当性一般是行政机关自由裁量权的范畴，法院不予审查。但是，如果这种不合理或不适当已经达到明显不当的程度，那就属于违法的行政行为了。2017年《行政诉讼法》第77条规定，"行政处罚明显不当，或者其他行政行为涉及对款额的确定、认定确有错误的，人民法院可以判决变更。人民法院判决变更，不得加重原告的义务或者减损原告的权益。但利害关系人同为原告，且诉讼请求相反的除外。"为进一步加强对行政处罚的监督力度，2017年《行政诉讼法》对原《行政诉讼法》第54条进行修改，将"显失公正"修改为"明显不当"，同时还扩大了变更判决的适用范围。将"显失公正"改为"明显不当"并无实质变化，"明显不当主要表现为处罚决定的畸轻畸重，由于已属极不合理，故视为违法情形。其他行政行为明显不当的，不能适用变更判决,法院只能作出撤销判决”。[①] 比如,张某某不服某公安分局对田某某作出的治安管理处罚裁决案。张某某与田某某因琐事发生争执,田某某殴打张某某并致其轻微伤(偏重)。某公安分局以田某某殴打他人违反《治安管理处罚法》为由,对田某某作出治安罚款200元的处罚。根据该案的具体情节及所造成的危害后果,法院认定某公安分局仅对田某某治安罚款200元的处罚畸轻,明显不当,遂变更为对田某某行政拘留3日。

四、加快建设法治政府、推进依法行政的路径选择

2015年12月,中共中央、国务院印发了《法治政府建设实施纲要(2015—2020)》,提出了法治政府建设的总体目标,即到2020年基本建成“职能科学、权责法定、执法严明、公开公正、廉洁高效、守法诚信”的法治政府。法治政府建设是全面依法治国的关键环节和重点所在,能否如期建成法治政府,直接影响到2035年法治国家、法治政府、法治社会基本建成的总体部署。法治政府建设是系统工程,必须坚持党的领导,加强顶层设计,调动基层创新积极性,按照既定的“路线图”和“时间表”,一以贯之地加快推进。

(1)加强法治政府建设的顶层设计,提高运用法治思维和法治方式认识问题、解决问题的能力。把法治建设从重立法重形式重宣传、轻执法轻落实轻效果的倾向中转变过来,把观念认识从依法行政是虚的,说起来重要,做起来不要向实实在在推动转变,把法治工作从重治民重处罚重管理、轻治权轻教育轻服务的方式中转变过来,及时消除影响和制约法治政府的深层次障碍。行政机关“关键少数”以及普遍多数是否具有法治思维,可以有以下几个判断标准:一是具有行政行为必须合法的意识;二是具有依据既有规则办事的意识;三是具有遵守法定程序的意识;四是具有公平正义的意识;五是具有公开诚信的意识;六是具有责任意识。要积极查找当前依法行政、法治政府建设中的突出问题、“短板”,制订法治政府行动计划、路线图和时间表并加以严格落实。

(2)严格规范公正文明执法,切实提升行政执法的法律权威和公信力。一是建立权力清单和责任清单。推行权力清单制度,划定权力边界,接受社会监督,解决审批项目多、时限长、环节多、自由裁量权大等问题,提高行政效率,压缩行政成本。同时,建立政府的“责任清单”,确定政府责任范围。二是完善行政决策程序,建立决策责任机制。落实公众参与、专家论证、风险评估、合法性审查和集体

① 袁杰主编:《中华人民共和国行政诉讼法解读》,中国法制出版社2014年版,第211~212页。

讨论决定的重大决策程序要求。重大决策合法性审查主体是审查机制中重要的要素之一，加强重大决策合法性审查队伍建设，对于合法性审查机制的作用发挥至关重要。三是严格依法履行职责。行政机关要自觉在法律范围内活动，遵循合法行政、合理行政、程序正当、高效便民、诚实守信、权责统一的原则和精神，严格依照法定权限和程序行使权力、履行职责。四是规范执法行为。行政机关要强化程序意识，确定自由裁量权标准，细化执法流程，明确执法环节和步骤，保障程序公正，做到处理违法行为的手段和措施适当适度，消除执法中的随意性和钓鱼执法、选择性执法等执法不公问题，提高执法公信力，尽力避免或者减少对当事人权益的损害。五是强化政府法制部门在破解行政执法共性难题、促进依法行政方面的职责，发挥政府法制机构之间的协调联动作用，有效应对和化解长期困扰行政执法的疑难法律问题。六是全面深化政务公开，不断提高政府工作透明度。严格执行《政府信息公开条例》，按照"以公开为原则、不公开为例外"的要求，加大政府信息、政务信息公开力度，打造阳光政府、透明政府，让行政权在阳光下运行。

（3）进一步规范重大工程项目房屋征收拆迁行为，切实保障涉迁当事人特别是弱势群体的合法权益。一是要将推进重大工程项目建设纳入法治化轨道，在征地拆迁过程中，贯彻决策民主、程序公正、过程公开的原则，既坚持法定标准不放松，依法推进工程项目建设，又保障涉迁当事人的合法权益，规范和引导其理性表达诉求，不能片面理解"服务大局"而侵害相对人的合法权益，不能片面强调行政效率而牺牲依法行政。二是加大监督管理力度，确保征地拆迁工作"不走样"。为把涉重大工程项目的好事办好，需要行政机关在征地拆迁审批许可环节严格审查标准，依法招标投标，遵循法律法规规定的专家论证、公众参与程序，特别是谨防超越职权和违反法定程序，甚至借合法征收拆迁"搭便车"随意扩大征收拆迁范围、降低征收拆迁补偿标准，严重侵害被征收拆迁人合法权益的行为。三是更新执法理念，强化服务意识，增强执法的人文关怀，高度重视和切实保障征收拆迁弱势群体的合法权益，帮助他们解决生活中的实际困难。

（4）加强基层基础建设，着力提升基层行政机关执法能力和水平。大量的行政管理与执法在基层，大量的行政案件也发生在基层，基层执法又涉及普通老百姓的切身利益。从实践看，行政诉讼反映的很多问题，也多存在于基层执法中。一是强化基层执法人员的法治理念教育，切实提高依法行政意识和行政执法水平，努力推动形成办事依法、遇事找法、解决问题靠法、化解矛盾用法的良好氛围。二是切实增强程序和证据意识。修改后的《行政诉讼法》规定，行政行为程序轻微违法，但对原告权利不产生实际影响的，人民法院判决确认违法，但不撤销行政行为。该项规定明显提高了行政程序的法律地位，进一步抑制“重实体、轻程序”的错误倾向。三是各级政府及相关职能部门要加强对下级政府及其职能部门行政管理和执法工作的业务指导和监督，切实解决执法中遇到的问题和困难，有效促进政府执法水平的提高，力争将更多的矛盾和纠纷化解在基层。四是提升行政执法队伍建设，夯实依法行政的基层基础保障。加大依法行政学习和培训力度，培养和树立依法办事的良好意识和习惯，着力加强重点领域业务制度建设，特别是梳理细化征地拆迁、违法建设查处和强制拆除、政府信息公开等领域法律实施细则和标准，并不断强化行政执法责任制，将依法行政纳入绩效考核体系。

(5)加大法治专门人才培养力度，积极发挥法治专门人才在推进法治政府建设的作用。着力加强思想政治教育，按照“正规化、专业化、职业化”的要求，重点抓好各级政府法制机构及其人才队伍建设，以及行政执法队伍建设，充分发挥法律顾问、公职律师作用，不断提升依法行政水平。一是充分发挥法制工作部门的作用。重点在决策、合规、检查、复核等工作环节有效介入，促进行政机关依法行政。加强对政府机关法制工作的重视程度，从队伍建设入手，配齐、配强法制工作人员，提升法制部门在行政机关中的地位，使其合法性审查能力进一步得到提升。修改后的《行政诉讼法》规定，在负责人不能出庭的情况下，应委托相应的工作人员出庭应诉，这就对法制工作人员的素质和能力提出了更高要求。因此，要加强法制工作部门的队伍建设，进一步提升法制工作水平。二是充分发挥公职律师的作用。2018 年 12 月 13 日司法部印发的《公职律师管理办法》第 2 条规定：“本办法所称公职律师，是指任职于党政机关或者人民团体，依法取得司法行政机关颁发的公职律师证书，在本单位从事法律事务工作的公职人员。”第 13 条规定：“公职律师可以受所在单位委托或者指派从事下列法律事务：(一)为所在单位讨论决定重大事项提供法律意见；(二)参与法律法规规章草案、党内法规草案和规范性文件送审稿的起草、论证；(三)参与合作项目洽谈、对外招标、政府采购等事务，起草、修改、审核重要的法律文书或者合同、协议；(四)参与信访接待、矛盾调处、涉法涉诉案件化解、突发事件处置、政府信息公开、国家赔偿等工作；(五)参与行政处罚审核、行政裁决、行政复议、行政诉讼等工作；(六)落实‘谁执法，谁普法’的普法责任制，开展普法宣传教育；(七)办理民事案件的诉讼和调解、仲裁等法律事务；(八)所在单位委托或者指派的其他法律事务。”三是充分发挥政府法律顾问作用。建立政府法制机构人员为主体、吸收专家和律师参加的法律顾问队伍，保证法律顾问在制定重大决策、推进依法行政中发挥积极作用。

(6)深化司法与行政良性互动机制，着力推进行政机关负责人出庭应诉和司法建议落实反馈工作，切实提高行政应诉意识和能力，形成预防和化解行政争议、推动法治政府建设的合力。预防和化解行政争议，建设法治政府是系统工程，也是行政机关和法院的共同使命。当前，法院与政府及其职能部门已建立了较为良好的互动机制，并初见成效。各级人民法院积极延伸行政审判职能，通过依法向行政机关发送司法建议、建立联席会议和信息交流制度、向全社会发布行政审判白皮书等活动，建立司法与行政的双向促进关系，推进行政机关依法履行经济社会管理职能，为实现国家治理体系和治理能力现代化作出贡献。一是高度重视行政应诉工作，切实提高行政应诉能力。为贯彻落实党的十八届四中全会《中共中央关于全面推进依法治国若干重大问题的决定》中关于“健全行政机关依法出庭应诉、支持法院受理行政案件、尊重并执行法院生效裁判的制度”的要求，中央全面深化改革领导小组于 2015 年 10 月 13 日讨论通过了《关于加强和改进行政应诉工作的意见》，明确提出行政机关要支持人民法院受理和审理行政案件，保障公民、法人和其他组织的起诉权利，认真做好答辩举证工作，依法履行出庭应诉职责，配合人民法院做好开庭审理工作。2016 年 6 月 27 日，国务院办公厅以国办发〔2016〕54 号文形式正式发布了《关于加强和改进行政应诉工作的意见》。最高人民法院于 2016 年 7 月 28 日下发《最高人民法院关于行政诉讼应诉若干问题的通知》。实践中，必须纠正不积极应诉或者只委托律师出庭应诉的做法，杜绝因应诉不力导致败诉案件的发生。二是大力推进行政机关负责人出庭应诉工作。推动行政机关负责人出庭应诉，是贯彻落实修改后的《行政诉讼法》的重要举措；规范行政诉讼应诉，是保障行政诉讼法有效实施，全面推进依法行政，加快建设法治政府的重要举措。要准确理解行政诉讼法和相关司法解释的有关规定，正确把握行政机关负责人出庭应诉的基本要求，依法推进行政机关负责人出庭应诉工作。出庭应诉的行政机关负责人，既包括正职负责人，也包括副职负责人以及其他参与分管的负责人。行政机关负责人不能出庭的，应当委托行政机关相应的工作人员出庭，不得仅委托律师出庭。涉及重大公共利益、社会高度关注或者可能引发群体性事件等案件以及人民法院书面建议行政机关负责人出庭的案件，被诉行政机关负责人应当出庭。《行政诉讼法》第 3 条第 3 款规定的“行政机关相应的工作人员”，包括该行政机关具有国家行政编制身份的工作人员以及其他依法履行公职的人员。被诉行政行为是人民政府作出的，人民政府所属法制工作机构的工作人员，以及被诉行政行为具体承办机关的工作人员，也可以视为被诉人民政府相应的工作人员。三是加大司法建议落实力度。司法建议主要是针对行政执法中的问题和隐患提出的，有助于完善制度、推进工作。要建立司法与行政之间司法建议发送、落实和反馈情况的信息沟通机制，并将行政机关落实反馈情况纳入考核范围，提高司法建议回函率。四是适时发布行政诉讼典型案例。相对于抽象的法律条文，案例可以将抽象的法条生动化，达到以案释法的效果。五是加强法制培训，有计划地组织行政执法人员旁听案件审理，通过旁听公开审判的方式，有效提升行政执法人员依法行政的意识，促进行政机关应诉能力的提高。六是邀请法官为行政机关领导干部和执法人员经常性地举办法治讲座，以切实提高依法办事的水平和能力。

专题十

《人民检察院行政诉讼监督规则（试行）》第16条的理解与适用

温　辉[*]　国家检察官学院

目　次

* 温辉,法学博士,国家检察官学院教授。

检察实践中,行政审判“原判决、裁定适用法律、法规确有错误”既是当事人申请监督的重要事由,也是检察机关提出抗诉的法定情形。2016 年 3 月 22 日,最高人民检察院发布《人民检察院行政诉讼监督规则(试行)》(以下简称《监督规则》),其中第 16 条对《行政诉讼法》第 91 条第 4 项规定的“适用法律、法规确有错误”作出司法解释。准确理解和把握《监督规则》的含义,是正确行使检察监督的前提和基础。本次课程,围绕《监督规则》第 16 条的内容,结合检察监督案件,讲解“原判决、裁定适用法律、法规确有错误”的具体情形、把握的要点,以及适用中应注意的问题。

一、适用法律与案件性质明显不符

(一)从一则案例谈起

案例一:2014 年,甲公司与乙公司签订《乙烯废碱液处置合同》,约定乙公司委托甲公司运输并处置乙烯装置产生的废碱液,价格为每吨 1000 元。合同签订后,甲公司未将废碱液运送到指定的地点进行处置,而是将废碱液转交给没有处理危险废物资质的李某处置,每吨支付李某 300 元。李某将废碱液拉至 D 区某福小区外的停车场,并将废碱液排入该停车场内挖设的排污隐蔽管道内。在排放废碱液过程中,废碱液与管道内的废水反应产生大量刺激性气体。居住在某福小区的居民时常能闻到难闻的化学气味。

2014 年 11 月 1 日,某福小区居民刘某向 D 区人民法院提起行政诉讼,称甲公司运输处置的废碱液属于危险废物,而该公司并不具备处理危险废物的条件,D 区环保局向该公司颁发《危险废物处理许可证》的行为违反法律规定。因此,请求人民法院予以撤销。D 区人民法院以刘某的起诉不属于行政诉讼受案范围为由,裁定不予受理。刘某上诉后,被二审驳回。刘某申请检察监督。

讨论题:是否应支持监督申请?为什么?

本案法院的结论是裁定不予立案;理由是不属于行政诉讼受案范围。根据被诉行政行为,即许可行为,以及诉讼请求,即撤销已颁许可证,可以判断审查重点为:D 区环保局向甲公司颁发《危险废物处理许可证》的行为是否属于行政诉讼受案范围。《行政诉讼法》第 12 条第 3 项规定:人民法院受理公民、法人或者其他组织因申请行政许可,行政机关拒绝或者在法定期限内不予答复,或者对行政机关作出的有关行政许可的其他决定不服提起的诉讼。《最高人民法院关于审理行政许可案件若干问题的规定》(2009 年 11 月 9 日通过)第 1 条规定:“公民、法人或者其他组织认为行政机关作出的行政许可决定以及相应的不作为,或者行政机关就行政许可的变更、延续、撤回、注销、撤销等事项作出的有关具体行政行为及其相应的不作为侵犯其合法权益,提起行政诉讼的,人民法院应当依法受理。”据此可以判断,法院以刘某的起诉不属于行政诉讼受案范围为由裁定不予受理是错误的。但是以刘某的起诉不属于行政诉讼受案范围为由裁定不予受理是错误的,并不意味着刘某的起诉就应该受理。按照《行政诉讼法》第49条的规定,原告应当是符合《行政诉讼法》第25条规定的公民、法人或者其他组织。《行政诉讼法》第25条第1款规定:“行政行为的相对人以及其他与行政行为有利害关系的公民、法人或者其他组织,有权提起诉讼。”①就本案而言,刘某不是颁证行为的相对人,那么刘某是否为颁证行为的利害关系人呢?这就涉及一个相关理论问题,即如何界定利害关系人。

(二)案件审查重点:利害关系人

《最高人民法院关于适用〈中华人民共和国行政诉讼法〉的解释》(2017年11月13日通过)(以下简称《2017年适用解释》)第12条规定:“有下列情形之一的,属于行政诉讼法第二十五条第一款规定的‘与行政行为有利害关系’:(一)被诉的行政行为涉及相邻权或公平竞争权的;(二)在行政复议等行政程序中被追加为第三人的;(三)要求行政机关依法追究加害人法律责任的;(四)撤销或者变更行政行为涉及其合法权益的;(五)为维护自身合法权益向行政机关投诉,具有处理投诉职责的行政机关作出或者未作出处理的;(六)其他与行政行为有利害关系的情形。”该条列举的方式虽然明确清楚,但给人“只见树木,不见森林”的感觉。概括地讲,是否具有“利害关系”主要从以下三个方面考察。(1)主观要件。主观上的认识决定是否存在争议,即无争议即无讼。主观要件强调原告的主观认

---

① 从立法和司法解释角度,原告资格的规定有一个从空泛、原则到相对明确、可操作的发展过程。1989年《行政诉讼法》规定的原告是“认为具体行政行为侵犯自己合法权益的公民、法人或者其他组织”,其意在为起诉人提供指引。然而对人民法院而言,该标准失之空泛,难付实用。在此情况下,2000年《最高人民法院关于执行〈中华人民共和国行政诉讼法〉若干问题的解释》第12条规定,起诉人只有“与被诉具体行政行为具有法律上利害关系”才具有行政诉讼的原告资格。这就为人民法院提出了一个相对客观的审查标准。虽然从文义上看,“法律上利害关系”具有不确定性,但经过多年的实践探索,已形成很多共识,确定性逐渐增强。2014年《行政诉讼法》在吸取了上述经验的基础上,对原告资格作出了规定,要求原告必须与行政行为“有利害关系”。虽然表述上与《最高人民法院关于执行〈中华人民共和国行政诉讼法〉若干问题的解释》略有区别(少了“法律上”三字),但精神实质是连贯一致的。参见最高人民法院行政审判庭编著:《最高人民法院行政诉讼司法解释理解与适用》(上),人民法院出版社2018年版,第97页。

识和判断，即“公民、法人或者其他组织认为行政机关和行政机关工作人员的行政行为侵犯自己合法权益”而向法院提起诉讼。这里有三点需要注意：一是“合法权益”一般不包括反射性利益；二是利害关系指的是公法上的利害关系；三是权益归属于原告而不是他人或公共利益。(2)客观要件。客观上的权益侵害决定是否存在不利影响。客观要件要求权益损害实际发生，或具有可预见性，而不是主观臆想。(3)法律要件。原告主张的权益在具体行政规范保护范围内。也就是说，从法律规范本身或者从法律规范目的角度来看，原告所主张的合法权益，本来就在行政机关作出行政行为时应予考虑的范围之内。比如，规划法上关于间距的要求可以推知，行政机关批准建设行为时，必须考虑相邻权人的利益并予以保护。这就是“保护规范理论”或者“保护规范标准”，即以行政机关作出行政行为时所依据的行政实体法和所适用的行政实体法律规范体系，是否要求行政机关考虑、尊重和保护原告诉请保护的权利或者法律上的利益。①

据此来判断刘某是不是本案利害关系人，主要看其起诉是否具备法律要件。《危险废物经营许可证管理办法》第10条第2款规定：“危险废物综合经营许可证的内容，还应当包括贮存、处置设施的地址。”这就可以推定与贮存、处置设施存在相邻关系的公民、法人或者其他组织被纳入《危险废物经营许可证管理办法》的保护范围，上述主体变身为与颁证行为存在利害关系的利害关系人，并且依据《行政许可法》第47条②的规定享有要求听证的权利。因此，相邻权受到行政法的保护，相邻权人可以以利害关系人的身份参加到行政许可程序之中。本案要审查的另

① 在刘某明诉张家港市人民政府行政复议再审案中，最高人民法院即运用这一理论分析认定，刘某明等与张家港市人民政府的《关于江苏金沙洲旅游投资发展有限公司金沙洲生态农业旅游观光项目备案的通知》这一审批行为之间不具有利害关系。“就本案而言，根据《国务院关于投资体制发展改革的决定》《中央预算内直接投资项目管理办法》《政府核准投资项目管理办法》《江苏省企业投资项目备案暂行办法》等规定，发展改革部门对政府投资项目的审批行为和企业投资项目的核准和备案行为，主要是从维护经济安全、合理开发利用资源、保护生态环境、优化重大布局、保障公共利益、防止出现垄断等方面，判断某一项目是否应予审批、核准或备案（以下统称项目审批行为）。考察上述一系列规定，并无任何条文要求发展改革部门必须保护或者考量项目用地范围内的土地使用权人权益保护问题，相关立法宗旨也不可能要求必须考虑类似于刘某明等个别人的土地承包经营权的保障问题。发展改革部门在作出项目审批行为时，也就无需审查项目用地范围内的征地拆迁、补偿安置等事宜，无需考虑项目用地范围内单个土地、房屋等权利人的土地使用权和房屋所有权的保护问题。因此，项目建设涉及的土地使用权人或者房屋所有权人与项目审批行为不具有利害关系，也不具有行政法上的权利义务关系，其以项目审批行为侵犯其土地使用权或者房屋所有权为由，申请行政复议或者提出行政诉讼，并不具有申请人或者原告主体资格。”见最高人民法院（2017）最高法行申169号行政裁定书。

② 第47条规定：“行政许可直接涉及申请人与他人之间重大利益关系的，行政机关在作出行政许可决定前，应当告知申请人、利害关系人享有要求听证的权利……”

一个方面即是刘某与甲公司贮存、处置危险废物的设施之间是否构成相邻关系。因本案没有这方面的证据,为此需要检察机关在受理监督申请后进一步调查。

案件性质的认定需要对实体法中相关问题有一个很好地理解和把握。需要特别强调的是:要将案件事实与法律条文适用要件进行对照,“目光不断往返于规范和事实之间”,所谓的“规范”不局限于法律的某一条某一款,而应结合立法目的、法律调整的社会关系的特殊性、法律的整体结构、上下条文的逻辑关系等进行综合分析,平衡各方利益。有人认为利益平衡应注意两个方面的问题:[①]一是不能仅考量双方当事人的利益,还需考量国家利益、公共利益和他人的合法权益;二是不能仅用经济利益进行衡量,还要从政治、环境、对社会影响等多方面综合衡量,从中选出相对合理的解决方案。

二、违反法律适用规则

法律适用规则主要有:上位法优先规则、特别法优先规则、新法优先规则、裁判规则。

(一)上位法优先规则

根据《立法法》的规定可以明确法律的位阶由高到低为:宪法、法律、行政法规、地方性法规(自治条例和单行条例)、规章。需要说明的是,地方性法规的效力高于规章,是有前提条件的,即地方性法规的效力高于本级和下级地方政府规章。省、自治区的人民政府制定的规章的效力高于本行政区域内的设区的市、自治州的人民政府制定的规章(《立法法》第89条)。

《立法法》在“适用与备案”一章确立了上位法优先规则。在行政执法活动中,下位法是行政执法人员第一位的、主要执法依据。换言之,实践中的行政行为是依据下位法作出的,并未援引和适用上位法。只要下位法不违反上位法的规定,下位法的法律效力理所当然地及于司法审查活动,拘束于人民法院。这体现了适用优先。适用优先是相对于效力优先而言的一个范畴,特指在实施性规定与上位法不抵触时,下位法可以优先适用和援引。而效力优先是指在实施性规定与上位法发生抵触时,适用上位法的规定,上位法在位阶或法律效力上高于或优于实施性规定。[②] 由此可见,适用优先以效力优先为前提;同时,适用上位法优先规

---

① 参见蔡小雪:《审判业务专家是怎样炼成的》,法律出版社2017年版。

② 参见奚晓明主编:《解读最高人民法院司法解释》(行政·国家赔偿·其他卷),人民法院出版社2006年版,第226页。

则也以下位法违反上位法的规定为前提。这就引出以下问题:用什么标准衡量、判断下位法违反上位法规定。

1. 抵触的含义

上下位法之间往往是不一致的,但不一致不等于抵触。从语义上看,“不一致”与“相抵触”之间没有根本性的区别,甚至可以作为同一词互换使用。但是,在立法法上则具有不同的寓意。不一致是一种客观描述,是指法律规范对同一调整对象作出了不同的规定。①

一是上位法规定的比较原则、比较概括,下位法是为实施上位法而对上位法的细化或者具体化,因此,下位法的规定相对比较具体,更具有可操作性。如《行政处罚法》规定上位法已经作出行政处罚规定的,行政法规、地方性法规或者规章必须在上位法规定的“给予行政处罚的行为、种类和幅度的范围内规定”。这种不一致不会导致适用法律效果的不同,因此不构成抵触。

二是授权立法允许上下位法之间不一致。有两种形式。(1)填补法律空白型授权立法。《立法法》第 9 条规定:“立法法第八条规定的事项尚未制定法律的,全国人民代表大会及其常务委员会有权作出决定,授权国务院可以根据实际需要,对其中的部分事项先制定行政法规,但是有关犯罪和刑罚、对公民政治权利的剥夺和限制人身自由的强制措施和处罚、司法制度等事项除外。”(2)暂调/暂停适用型授权立法。《立法法》第 13 条规定:“全国人民代表大会及其常务委员会可以根据改革发展的需要,决定就行政管理等领域的特定事项授权在一定期限内在部分地方暂时调整或者暂时停止适用法律的部分规定。”

什么是抵触呢?不相容等于抵触。抵触是指下位法的“不一致”不被上位法所允许,即上下位阶法律规范之间不相容。换言之,法律规范之间的“不一致”是法律允许的,可以并行不悖,就属于不抵触。法律规范之间的“不一致”超出立法者的“有意的安排”,背离了立法意图,突破了上位法的禁止性规范,就属于抵触。当然,这种禁止性规范可能是法律条文中明确规定的,也可能是根据立法本意推

---

① “不一致”包括这样的含义:首先,不同的规定是针对同一调整对象而作出的。如果调整对象不同,也就缺乏可比性。其次,它是一种客观上的不相同,不带有评价色彩,是中性的。最后,它是一种实质意义上的不相同,而不是形式意义上的不同,即使措辞的方式不同或者规定的详尽程序不同,只要实际内容没有出入,仍然不属于不一致。参见奚晓明主编:《解读最高人民法院司法解释》(行政·国家赔偿·其他卷),人民法院出版社 2006 年版,第 211 页。

定的。①

2. 抵触的具体情形

根据最高人民法院发布的《关于审理行政案件适用法律规范问题的座谈会纪要》(2004年5月18日)的规定,抵触的具体情形包括:

(1)下位法缩小上位法的权利主体范围,或者违反上位法立法目的扩大上位法规定的权利主体范围;(2)下位法限制或者剥夺上位法规定的权利,或者违反上位法立法目的扩大上位法规定的权利范围;(3)下位法扩大行政主体或其职权范围;(4)下位法延长上位法规定的履行法定职责期限;(5)下位法以参照、准用等方式扩大或者限缩上位法规定的义务或者义务主体的范围、性质或者条件;(6)下位法增设或者限缩违反上位法规定的适用条件;(7)下位法扩大或者限缩上位法规定的给予行政处罚的行为、种类和幅度的范围;(8)下位法改变上位法已规定的违法行为的性质;(9)下位法超出上位法规定的强制措施的适用范围、种类和方式,以及增设或者限缩其适用条件;(10)法规、规章或者其他规范文件设定不符合行政许可法规定的行政许可,或者增设违反上位法的行政许可条件;(11)其他相抵触的情形。

3. 抵触的表现形态

下位法与上位法相抵触,有的是显性的,有的是隐性的。如《河南省盐业管理条例》(河南省人大常务委员会1999年5月30日通过并施行)第30条规定:"违反本条例二十一条第一款②规定的,由盐业行政主管部门没收违法运输的盐产品,对货主和承运人分别处以违法运输的盐产品价值一倍以上三倍以下的罚款。"而国务院《食盐专营办法》第25条规定:"违反本办法第十八条的规定,无食盐准

---

① 杜某之夫廖某富系建始县环卫所职工。2008年3月28日上午,廖某富根据单位安排在209国道建始县相植物油厂公路段清扫沟边淤泥时,被黄某忠驾驶的货车撞伤后死亡。交警大队认定,黄某忠负事故的主要责任,赔偿廖某富138,000元。2008年5月26日建始县社保局认定廖某富死亡属因工死亡,并于同年7月7日作出《关于一次性支付廖某富工伤保险待遇的通知》,决定:根据恩施州政发(2004)20号文件第48条、第54条的规定,同意一次性支付工伤保险待遇共计58,993元。该通知附明细表载明各项补助费均已扣除交通事故补偿金额。杜某不服,提出诉讼。本案争议焦点为:交通事故中获得民事赔偿与享受工伤待遇之间是否冲突?换言之,即获得民事赔偿后是否还能够享受工伤待遇?《恩施州工伤保险实施细则》第54条、《湖北省工伤保险实施办法》第39条规定:由于道路、航运、航空、铁路等交通事故引起的工伤,或者职工被派遣出境工作时所发生的工伤,或者职工工伤涉及其他民事伤害赔偿的,应按照有关规定索取伤害赔偿。获得的伤害赔偿低于工伤保险待遇的,根据用人单位是否参与工伤保险,由经办机构或所在单位补足差额部分。对于获得民事赔偿后是否还可以获得工伤保险补偿,《工伤保险条例》并无具体规定。湖北省的规章对此作出了明确规定。与条例的立法精神相悖,侵害了工伤职工获得工伤保险救济的权利。最高人民检察院民事行政厅编:《人民检察院民事行政抗诉案例选》(第20集),中国检察出版社2015年版,第211~216页。

② 第21条第1款规定:"运输食盐,应当按照规定办理准运证,严禁无证运输。"

运证托运或者自运食盐的,由盐业行政主管机构没收违法运输的食盐,对货主处以违法运输的食盐价值三倍以下的罚款,对承运人处以违法所得三倍以下的罚款。"显然,下位法《河南省盐业管理条例》扩大了《食盐专营办法》规定的罚款的幅度范围——从三倍以下扩大到一倍以上三倍以下,违反了上位法。

隐性抵触是与显性抵触相对而言的。所谓"显性抵触"主要是指对照上位法与下位法条文规范,很明显存在不一致之处,且上位法也没有授权下位法作出不同规定的"意思表示";所谓"隐性抵触"是指下位法与上位法间的"不一致"需要借助对法律条文内容的分析和解释,才能搞清楚不同规定之间到底是相容还是不相容,进而作出抵触与否的判断。

如平湖市规划与建设局发布的《关于加强白蚁防治费征收管理的通知》(平建〔2007〕43 号)(以下简称《通知》)则属隐性违反上位法。《通知》明确白蚁防治费属建设行政事业性收费,要求职能单位严格执行行政事业性收费制度,在办理行政许可手续中加强监管。根据《通知》的规定,南市防治站实际上丧失了从事白蚁防治业务的权利。南市防治站于 2004 年 9 月取得个人独资企业营业执照和税务登记证后,一直从事白蚁防治业务,核定的经营范围是白蚁防治,开具经营服务性发票给建设单位。而《浙江省房屋建筑白蚁防治管理办法》(以下简称《管理办法》)第 6 条规定:房屋建设项目经依法批准、核准或备案后,建设单位在项目设计时,应当将白蚁预防计划列入设计文件,预防费用列入工程概预算,自主委托白蚁防治机构提供服务,并与受托机构就该建设项目签订白蚁预防合同,缴纳白蚁预防费。《管理办法》适用对象既包括建设行政管理部门下属的行政事业单位性质的白蚁防治机构,也包括经工商行政管理部门核准的其他白蚁防治服务机构;《通知》却将白蚁防治费界定为行政事业性收费,从而变相地剥夺了非行政事业单位性质的白蚁防治机构的经营权。另外,这种限制措施既不合理也不必要:对白蚁的防治管理没有益处,不仅不利于有害生物的防治,也不利于相关生物科技和制药业的健康发展。

对于隐性违反上位法规定的下位法的审查,应主要把握以下三个关键点:①一是所限制的经营活动是否为上位法所允许,上位法有没有授权行政机关予以限制的意图;二是该限制的内容虽不明确,但与其他因素相结合是否产生实际上限制竞争的结果;三是该限制是否合理与必要,若该限制在损害部分经营者合法权益的同时,却无法产生有益的市场竞争秩序,这种限制即为不合理且不必要的。

---

① 最高人民法院行政审判庭编:《中国行政审判案例》(第 2 卷),中国法制出版社 2011 年版,第 123 页。

不难看出,审查过程中立法意图的正确理解和把握是一个重要环节。关于这一点,在甘露案①中体现得尤为突出。

(二)特别法优先规则

1."同一机关"的理解与把握

《立法法》第 92 条规定:"同一机关制定的法律、行政法规、地方性法规、自治条例和单行条例、规章,特别规定与一般规定不一致的,适用特别规定……"对此,需要把握以下三点:一是法律也好、行政法规也罢,必须是同一机关制定的。这意味着法律规范处于同一位阶,不同位阶的法律规范之间不存在特别与一般的关系。二是非同一部门制定的法律规范,即使是处于同位阶,也不适用特别规定优于一般规定。三是特别规定与一般规定必须是同时施行的法律规范,或者特别法实施在后。如果特别法实施在前,一般法实施在后,在考虑特别与一般关系的同时,还需要考虑新法与旧法的关系,一般来说,按照新法优先规则予以解决。

2. 基本法律与非基本法律

理解和把握《立法法》第 92 条有一个关键词"同一机关"是绕不开的。一般

---

① 甘露系暨南大学 2004 级硕士研究生。甘露 2005 年间在参加现代汉语语法专题科目的撰写课程论文考试时,提交了《关于"来着"的历时发展》的考试论文。任课老师发现其提供的考试论文是从网上抄袭的,遂对其进行批评教育,要求其重写论文。甘露第二次向任课老师提交了考试论文,又被老师发现与发表于《江汉大学学报》2002 年第 2 期中的一篇论文雷同。2006 年 3 月 8 日,暨南大学作出《关于给予硕士研究生甘露开除学籍处理的决定》,给予甘露开除学籍的处分。甘露不服,向广东省教育厅提出申诉,教育厅认为学校的处分程序违法,影响甘露陈述权、申诉权和听证权的行使,责令暨南大学重新作出处理决定。2006 年 6 月 19 日,暨南大学重新作出处分决定,给予甘露开除学籍处分。2007 年 6 月 11 日,甘露提起行政诉讼,认为开除学籍处分没有法律依据及处罚太重。一、二审中,甘露均败诉;甘露在向广东省法院申请再审被驳回后,向最高人民法院申请再审。《普通高等学校学生管理规定》第 54 条第 5 项规定:剽窃、抄袭他人研究成果,情节严重的,学校可以给予开除学籍处分。第 68 条规定,高等学校应当根据本规定制定或修改学校的学生管理规定,报主管教育行政部门备案。《暨南大学学生管理暂行规定》第 53 条第 5 项,《暨南大学学生违纪处分实施细则》第 25 条规定:剽窃、抄袭他人研究成果,情节严重的,可给予开除学籍处分。这两个文件的上述规定是根据《普通高等学校学生管理规定》第 54 条第 5 项规定制定的,因此不应违背《普通高等学校学生管理规定》相应条文的立法本意。《普通高等学校学生管理规定》第 54 条列举了 7 种可以给予学生开除学籍处分的情形,其中第四项和第五项分别为考试违纪和剽窃抄袭。其中第(五)项所称的"剽窃、抄袭他人研究成果",是指高校学生在毕业论文、学位论文或者公开发表的学术文章、著作,以及所承担科研课题的研究成果中,存在剽窃、抄袭他人研究成果的情形。所谓"情节严重",系指剽窃、抄袭行为具有非法使用他人研究成果数量多、在全部成果中所占比例大、地位重要,手段恶劣,或者社会影响大,对学校声誉造成不良影响等情形。甘露所提交的论文属于课程考核的一种形式,即使存在抄袭行为,也不属于第五项规定的情形。因此,暨南大学援引《暨南大学学生管理暂行规定》第 53 条第 5 项,《暨南大学学生违纪处分实施细则》第 25 条,属于适用法律错误。一二审维持,显属不当,应予纠正。参见最高人民法院行政判决书(2011)行提字第 12 号。

来说，是不是"同一机关"很容易识别，不存在问题。但针对全国人大与全国人大常委会是不是《立法法》上所谓的"同一机关"，则是一个理论上和实践中都充满争议的问题。

有学者从《立法法》文本分析，认为《立法法》在重申宪法关于全国人大及其常委会行使国家立法权及其相关规定基础上，分别用两节对全国人大和全国人大常委会的立法权限和程序作了规定，明确规定全国人大常委会的法律解释权及法律解释的效力等同于法律；从《立法法》法律术语中也可看出，全国人大常委会是常设机关并非全国人大常设机构，两者同为国家立法权主体，虽联系密切但区分明显。所以，两者不是"同一机关"。

我们从宪法地位、权力性质、职权、立法程序等几个方面来比较全国人大和全国人大常委会有什么不同。（如表 10－1 所示）

表 10－1　全国人大和全国人大常委会的区别

内容/主体	全国人大	全国人大常委会
宪法地位	最高国家权力机关/人民行使国家权力的机关	全国人大常设机关
权力性质	主权性权力	法律性权力
人员组成	由省、自治区、直辖市、特别行政区和军队选出的代表组成	由全国人大选举的下列人员组成：委员长、副委员长、秘书长、委员
职权内容	应当由最高国家权力机关行使的职权（《宪法》第 62 条）	全国人大授予的职权（《宪法》第 67 条）
立法程序	《立法法》第二节（第 14～25 条）	《立法法》第三节（第 26～44 条）

由此可见，全国人大和全国人大常委会之间存在不同之处，但正如有学者所认为的那样：[①]全国人大通过的基本法律和全国人大常委会通过的其他法律称呼不同，但二者没有什么不同。至于全国人大和全国人大常委会是否完全一样，包括法律效力和立法地位是否完全一致，目前仍没有明确定论。

在司法实践中，法院坚持认为基本法律和其他法律的效力是一样的，全国人大和全国人大常委会是同一机关。

---

① http://www.cssn.cn/fx/fx_flx/201310/t20131023_461127.shtml，最后访问日期：2018 年 12 月 30 日。

案例二: 2005年1月27日,刘某海驾驶摩托车被值勤交通民警以不按规定车道行驶为由、以简易程序处以100元罚款。刘某海不服,于2005年3月18日将交警部门诉至广西南宁市青秀区人民法院。原告认为,根据《行政处罚法》第33条的规定,对公民处以警告或50元以下罚款的处罚才能适用简易程序当场处罚。而且《行政处罚法》第3条还特别规定,法律、法规、规章对行政处罚的规定和行政机关实施行政处罚的程序,都必须"依照本法",这就明确排除其他法律、法规、规章作出除外规定的效力。被告行政机关认为,根据《道路交通安全法》第107条第1款[①]和公安部《道路交通安全违法行为处理程序规定》第7条第2款的规定,对原告作出的处罚是符合法律规定的。此案适用的是《道路交通安全法》而非《行政处罚法》,是符合新法优于旧法、特别法优于普通法的行政执法依据的适用规则的。

《行政处罚法》是全国人大制定的基本法律;《道路交通安全法》是全国人大常委会制定的非基本法律。一审法院审理认为,被告对原告作出处罚依据的是《道路交通安全法》,该法是规定道路交通安全的特别法,按照特别规定优于一般规定的法律适用,被告适用上述法律规定对原告作出当场处罚100元,适用法律、法规正确,程序合法。据此,原告主张被告适用简易程序作出处罚决定,处罚程序不合法的理由不成立,判决驳回原告诉讼请求。

显然,一审法院没有将全国人大与全国人大常委会是不是"同一机关"作为一个问题提出来,并在判决中加以阐释说明,而是直接将其作为结论予以运用。与一审法院不同,二审法院审理认为,本案出现了法律规定的选择适用问题,并进一步认为:全国人大常委会作为全国人大的常设机关,没有上下级的区分,应视为同一机关;全国人大和全国人大常委会制定的法律也不存在上位法和下位法的区分,只存在"基本法律"和"基本法律以外的法律"的区别。《行政处罚法》是全国人大制定的关于行政处罚的基本法律,《道路交通安全法》是全国人大常委会制定的关于道路交通安全管理的法律,属于基本法律以外的法律。由于两法不存在上位法和下位法的区分,故不存在下位法的规定与上位法的规定相抵触的情形,只是出现了同一机关制定的法律一般规定与特别规定不一致的情形,即《行政处罚法》的上述规定属于行政处罚适用简易程序的一般规定,《道路交通安全法》的上述规定属于对道路交通违法行为实施行政处罚适用简易程序的特别规定。根

---

① 《道路交通安全法》第107条第1款规定:"对道路交通违法行为人予以警告、二百元以下罚款,交通警察可以当场作出行政处罚决定,并出具行政处罚决定书。"

据《立法法》第 83 条[①]关于特别规定优于一般规定的规定，交管部门实施行政处罚没有违反法定程序。判决驳回上诉，维持原判。

特别法优先规则，旨在解决不同的法律规范之间，一般规范与特别规范的冲突问题。但同一法律规范内部的不同法条之间有特别规定与一般规定的，仍然适用特别规定优先规则。最高人民法院《关于审理行政案件适用法律规范问题的座谈会纪要》(2004 年 5 月)指出："同一法律、行政法规、地方性法规、自治条例和单行条例、规章内的不同条文对相同事项有一般规定和特别规定的，优先适用特别规定。"

(三)新法优先规则

1. 规则适用条件

《立法法》第 92 条规定："同一机关制定的法律、行政法规、地方性法规、自治条例和单行条例、规章，特别规定与一般规定不一致的，适用特别规定；新的规定与旧的规定不一致的，适用新的规定。"新法优于旧法，适用条件为：其一，新法与旧法的制定主体是"同一机关"。对"同一机关"的理解，我们已经在前面讲过，这里不再重复。其二，新法与旧法都是生效法律规范。如果旧法失效或新法废止旧法，则不存在优先问题，就应该适用新法。其中可能涉及法律溯及力问题。其三，新法与旧法针对同一事项出现不同规定。如果新法与旧法调整的范围不同，则不存在管辖交叉，那么也不发生选择适用的问题。

2. 存在的问题

对同一事项新的一般规定与旧的特别规定不一致的，如何适用？按照《立法法》的规定，应由制定机关裁决。但下面两种情形，可以不适用裁决。

(1)新的一般规定允许旧的特别规定继续适用的，适用旧的特别规定。如《行政诉讼法》第 46 条规定："公民、法人或者其他组织直接向人民法院提起诉讼的，应当自知道或者应当知道作出行政行为之日起六个月内提出。法律另有规定的除外。"《行政诉讼法》第 46 条在规定了一般起诉期限外，还规定了特别起诉期限，即允许法律有另外的、不同于 6 个月特别规定。现有法律，如《土地管理法》《专利法》《水污染防治法》等，对起诉期限都有特别规定。《土地管理法》为 30 天、《专利法》为 3 个月、《水污染防治法》为 15 天。

(2)新的一般规定废止旧的特别规定的，适用新的一般规定。如《行政复议

---

① 2015 年修正后的《立法法》为第 92 条。

法》第42条规定:“本法施行前公布的法律有关行政复议的规定与本法的规定不一致的,以本法的规定为准。”有人认为:由于《行政复议法》是行政复议的普通法,其规定为一般规定,该规定明文废止了其施行前公布的与本法的规定不一致的有关行政复议的法律规定。《行政复议法》第9条规定:“公民、法人或者其他组织认为具体行为行为侵犯其合法权益的,可以自知道该具体行政行为之日起六十日内提出行政复议申请;但是法律规定的申请期限超过六十日的除外。”

如果某个法律规定复议申请期限30天或15天,总之不足60天,显然与行政复议法不一致,而不予适用,应适用行政复议法的60天期限。

(四)裁决规则

1. 裁决机关

人民法院在行政审判中,发现法律规范之间存在冲突或不一致,又不能根据效力高低确定如何适用时,应由最高人民法院送请有权机关作出裁决或解释。如果发生冲突的两个或若干规范性文件的制定机关是同一机关的话,所谓的“有关机关”,一般是指制定机关。如同一机关制定的新的一般规定与旧的特别规定不一致时,由制定机关裁决。如果不是同一机关的话,所谓的“有关机关”,或是共同上级机关,或是国务院,或是人大常委会。具体情形如下:

(1)由全国人民代表大会常务委员会裁决

当法律之间对同一事项的新的一般规定与旧的特别规定不一致,不能确定如何适用时,由全国人民代表大会常务委员会裁决。

地方性法规与部门规章之间对同一事项的规定不一致,不能确定如何适用时,由国务院提出意见,国务院认为应当适用地方性法规的,应当决定在该地方适用地方性法规的规定;认为应当适用部门规章的,应当提请全国人民代表大会常务委员会裁决。

根据授权制定的法规与法律规定不一致,不能确定如何适用时,由全国人民代表大会常务委员会裁决。

(2)由国务院裁决

行政法规之间对同一事项的新的一般规定与旧的特别规定不一致,不能确定如何适用时,由国务院裁决。

部门规章之间、部门规章与地方政府规章之间对同一事项的规定不一致时,由国务院裁决。

(3)由全国人大常务委员会和国务院以外的其他制定机关裁决

同一机关制定地方性法规、规章对同一事项的新的一般规定与旧的特别规定不一致时,由制定机关裁决。

2. 法院选择适用①

立法法草案说明指出:"法律、行政法规、地方性法规、自治条例和单行条例、规章之间不一致,执行机关不能根据效力高低确定如何适用时,应由有权机关对如何适用作出裁决。"送请有关机关对如何适用作出裁决的前提是"执行机关不能根据效力高低确定如何适用"。如果执行机关可以确定如何适用,则不必送请有关机关裁决。

(1)地方性法规与部门规章冲突的选择适用

第一,法律或者行政法规授权国务院主管部门对其规定的事项作出实施性或者解释性规定,部门规章的实施性规定或者解释性规定优先适用。首先,从形式上看,这种规章的解释性规定直接来源于立法机关在上位法中的授权,依据授权作出的解释性规定具有优先适用性,更能体现上位法立法者的意图;其次,从实质上看,法律或者行政法规之所以授权国务院主管部门作出解释,而未要求地方作出实施性规定,主要是考虑法律或者行政法规的具体实施具有很强的专业性,而法律或者行政法规的规定又因原则概括而不便操作,授权国务院主管部门作出实施性规定,既解决了专业性问题,又便于在全国范围内施行。如《传染病防治法》第52条第2款规定:"具体办法由国务院卫生行政部门规定。"

第二,尚未制定法律、行政法规的,部门规章对于国务院决定、命令授权的事项,或者对于属于中央宏观调控的事项、需要全国统一的市场活动规则以及对外贸易和外商投资等事项作出的规定,应当优先适用。首先,贯彻国务院决定命令是国务院部门的基本职能,在国务院决定命令授权或者要求国务院部门作出实施性规定时,其规定具有优先适用性,更利于国务院决定命令的实施;其次,国务院部门对某些事项具有专属的职权,其在其专属职权范围内制定的规章的适用应当具有排他性或优先性。通常而言,需要制定统一规范或者标准的事项,或者涉及财政、税收、海关、金融、外贸等国家统一管理事项,部门规章的规定应当优先适用。

第三,地方性法规根据法律或行政法规的授权,根据本行政区域的实际情况作出的具体规定,应当优先适用。法律行政法规之所以授权地方性法规根据本行

① 这部分重点参考了奚晓明:《解读最高人民法院司法解释》(行政·国家赔偿·其他卷),人民法院出版社2006年版。

政区域的实际情况作出具体规定,是因为根据实际情况,考虑到地区不平衡、地域差异和地方特点等,无须在全国范围内统一执行。

第四,地方性法规对属于地方性事务作出规定的,应当优先适用。根据《立法法》第73条,中央授权地方立法机关对属于地方性事务需要制定地方性法规的事项享有立法权。并且从立法法第73条第4款①的规定来看,地方性法规的内容与法律是不一致的,应体现和突出地方特色。

(2)部门规章与地方政府规章冲突的选择适用

部门规章与地方政府规章之间发生冲突时,①法律或者行政法规授权部门规章作出实施性规定的,其规定优先适用;②尚未制定法律、行政法规的,部门规章对于国务院决定、命令授权的事项,或者对于属于中央宏观调控的事项、需要全国统一的市场活动规则以及对外贸易和外商投资等事项作出的规定,应当优先适用;③地方政府规章根据法律或行政法规的授权,根据本行政区域的实际情况作出的具体规定,应当优先适用;④地方政府规章对属于本行政区域的具体行政管理事项作出的规定,应当优先适用;⑤能够直接适用的其他情形。

(3)部门规章之间冲突的选择适用

国务院部门之间制定的规章对同一事项的规定不一致时选择适用:

①与上位法不相抵触的部门规章规定。

②与上位法均不抵触(或没有上位法),优先适用根据专属职权制定的规章规定。这种情形是指某些国务院部门对某种行政管理事项具有专属职权,其他部门可能有一般性的管理职权,这些部门基于不同的职权背景作出的不同规章发生冲突,应当优先选择具有专属职权的部门制定的规章,也即"专属职权具有优先性"。②

③两个以上的国务院部门就涉及其职权范围的事项联合制定的规章规定,优先于其中一个部门单独作出的规定。根据最高人民法院2004年2月16日作出的(2004)行字第2号《对〈关于对塔式起重机的监督管理权限如何选择适用行政规章的请示〉的答复》规定,人民法院在审理行政案件中,发现部门规章之间有关

---

① 《立法法》第73条第4款规定:"制定地方性法规,对上位法已经明确规定的内容,一般不作重复性规定。"

② 依据我国现行的交通管理体制,交通部门与建设部门分别调整和管理"公路"和"城市道路"。当行政主管部门对跨越城市道路和城郊公路营运的公共汽车是否征收公路客运附加费的规定不尽一致,应如何适用规范?对此,最高人民法院采用专属职权具有优先性的原则,认为应适用交通部门发布的规范性文件。详见奚晓明:《解读最高人民法院司法解释》(行政·国家赔偿·其他卷),人民法院出版社2006年版,第238~240页。

部门职权规定发生冲突时,经审查确认法律、行政法规及国务院的有关文件中未明确划分有关部门职权的情况下,与之管理职权相关的国务院部委及直属局共同制定并发布的文件中有关部门职权范围的规定,可以作为判断部门职权的依据。人民法院适用国务院有关部门共同制定并发布的文件,应该有两个前提条件:其一,上位法对相关问题没有做出明确规定;其二,有关部门共同制定并发布的文件与上位法不存在抵触问题。具备上述两个条件的文件具有法律效力。

三、违反法律溯及力规定

(一)规定的含义

法理上有一个基本原则即法不溯及既往。这主要是从实体角度来说的,并且下列情形除外:(1)法律、法规或者规章另有规定的;[①](2)适用新法对保护相对人的合法权益更为有利的;(3)按照行政行为的性质应当适用新的实体规定的。

实践中应当如何把握,我们先看一个案例。

案例三:[②]2018 年 3 月,A 区环保局对 B 公司进行现场执法检查。经查,B 公司成立于 2013 年 6 月,其 PVC 塑料制品加工项目(以下简称涉案项目)于 2014 年 12 月建成投产至今,但需要配套建设的环保设施未经验收。2018 年 4 月,A 区环保局依据新修订的《建设项目环境保护管理条例》有关规定,对 B 公司下达《行政处罚事先(听证)告知书》。2018 年 5 月,A 区环保局对 B 公司涉案项目"未验先投"环境违法行为正式下达《行政处罚决定书》,给予罚款 20 万元。

2018 年 6 月,B 公司不服 A 区环保局作出的《行政处罚决定书》,向 C 区人民法院提起行政诉讼(注:环境类案件指定管辖至 C 区法院)。2018 年 7 月,C 区人民法院进行了公开开庭审理。

2018 年 8 月,C 区人民法院经审理作出行政判决,认为:根据从旧兼从轻的法律适用原则,B 公司违法行为发生在新修订的《建设项目环境保护管理条例》以前,A 区环保局作出的行政处罚在新法实施后,程序问题应当适用新法的规定,实体问题应当适用旧法的规定。因此,A 区环保局作出的《行政处罚决定书》适用法律错误,依据《行政诉讼法》第 70 条第 2 项的规定,撤销 A 区环保局作出的《行

---

① 《建设项目环境保护管理条例》(2017 年修订)第 29 条规定:"军事设施建设项目的环境保护管理,按照中央军事委员会的有关规定执行。"

② 案例来源:《违法行为发生在旧法期间,新法实施后的处罚从新还是从旧?》,载《中国环境报》2018 年 10 月 19 日。

政处罚决定书》,并责令A区环保局在判决生效后两个月内依法重新作出行政处罚决定。

(二)规定的具体运用

对法院的判决有不同的意见。[①] 其中有一种观点认为,[②]应当综合考虑环保部门作出的环境行政处罚不同种类,对企业权利和利益可能造成的负面影响,来认定是“从重”还是“从轻”。对本案来说,适用旧法必须责令企业停止生产或者使用,并不利于保护相对人的权利和利益,适用新法反而更有利于保护相对人的权利和利益。我个人认为,从严格执法角度来说,这个判决确实有值得商榷之处。

先说“从旧”。从旧的一个前提是违法行为发生在新法实施之前。如果违法行为发生在新法实施之后,或者虽然发生在新法实施之前,但违法行为有持续状态,在这种情况下不存在从旧问题,而应适用新法。结合本案,就需要确定B公司

---

① 说法一:此类案件有些地方已有争议了,省、市、县环保部门都认为应当适用新条例,当地法院及法制办却认为要适用旧条例。理由是依据2004年最高人民法院印发的《关于审理行政案件适用法律规范问题的座谈会议纪要》通知(以下简称《会议纪要》)。《会议纪要》中“关于新旧法律规范的适用规则”指出,根据行政审判中的普遍认识和做法,行政相对人的行为发生在新法施行以前,具体行政行为作出在新法施行以后,人民法院审查具体行政行为的合法性时,实体问题适用旧法规定,程序问题适用新法规定,但下列情形除外:(1)法律、法规或规章另有规定的;(2)适用新法对保护行政相对人的合法权益更为有利的;(3)按照具体行政行为的性质应当适用新法的实体规定的。说法二:本案中,违法行为发生在旧法期间,环保部门在新法实施后才作出处罚。有人理解违法行为从旧法一直持续到新法生效实施,理所当然适用新法,并不适用《会议纪要》规定的情形。说法三:这是一个持续性违法行为如何适用法律的问题。中国行政法本身的不完善在环境领域得到了最全面的体现。有人认为违法行为持续至新法生效,适用新法。如果新法前终止了违法行为,未超过两年的适用旧法。说法四:此案可以参考原环境保护部2018年2月《关于建设项目“未批先建”违法行为法律适用问题的意见》,其中提到,“对违反环保设施‘三同时’验收制度的处罚,不受‘未批先建’行政处罚追溯期的影响。建设项目违反环保设施‘三同时’验收制度投入生产或者使用期间,由于违反环保设施‘三同时’验收制度的违法行为一直处于连续或者继续状态,因此,即使‘未批先建’违法行为已超过二年行政处罚追溯期限,环保部门仍可以对违反环保设施‘三同时’验收制度的违法行为依法作出处罚,不受‘未批先建’违法行为行政处罚追诉期限的影响。”说法五:环境法与一般法的重要区别之一就是,一般法强调行为的“发生”(例如《刑法》第12条),而环境法上的行为“持续”更为普遍(未批先建和未验先投均是)。因此,环境法的“从旧兼从轻”原则需要考虑行为的“持续性”,这需要全国人大、最高法、生态环境部,从环境法的特殊性上加以考量。说法六:“从旧兼从轻”原则,往大了说是保障人权,往小了说就是“保护被处罚人”,这一原则的出发点是“人”,而不是行为本身,也是环境领域自我视野中的“环境污染”!因此,环境法领域适用这一原则必须慎重,如果各地理解不一,可能会造成某种混乱。说法七:《环境行政处罚办法》第22条第4项规定,违法行为处于连续或继续状态的,从行为终了之日起计算。本案中如果违法行为持续到新法实施后,应该如何适用法律呢?说法八:本案关键问题是“未验先投”行为是否是持续性行为。

② 《违法行为发生在旧法期间,新法实施后的处罚从新还是从旧?》,载《中国环境报》2018年10月19日。

未经验收的违法行为是不是一种持续行为。法院判决中没有涉及这一问题，从法院对事实认定来看——认定B公司违法行为发生在新修订的《建设项目环境保护管理条例》以前，法院没有将B公司违法行为作为一种持续行为来看待。那么，这就有一个问题，违法行为发生于2014年。根据行政处罚法关于违法行为2年时效的规定，B公司违法行为已经不具有可处罚性。但法院又判决“责令A区环保局在判决生效后两个月内依法重新作出行政处罚决定”，显然自相矛盾。实践中一般是将未经验收行为视为一种持续行为。具体到本案，B公司未经验收的违法行为始于2014年12月建成投产，持续至2018年3月，A区环保局对B公司进行现场执法检查发现。因此，此案应适用新法。说此案适用新法，不等于说行政机关法律适用没有问题。A区环保局对B公司的行政处罚在适用法律上存在如下问题：没有责令B公司限期改正。从法律条文的规定来看，“责令限期改正”在先，“罚款”在后。如果B公司没有申请验收，那么，行政机关在选择处罚时应首先选择“责令限期改正”而不是罚款。从行政处罚的目的来讲，处罚既是为了惩戒违法行为，也是为了纠正违法行为。而只罚款，不责令限期改正，显然不利于纠正违法行为，与《行政处罚法》规定的处罚适用原则相背离。《行政处罚法》第23条规定：“行政机关实施行政处罚时，应当责令当事人改正或者限期改正违法行为。”当然，如果B公司申请了验收，已经改正了违法作为，则可以处以罚款。

再说“从轻”。比较新旧法对违法行为(需要配套建设的环保设施未经验收)的处罚，很难说旧法的处罚轻于新法。旧法第28条规定：违反本条例规定，需要配套建设的环境保护设施未建成、未经验收或者经验收不合格，主体工程正式投入生产或者使用的，由审批该建设项目环境影响报告书、环境影响表或者环境影响登记表的环境保护行政主管部门责令停止生产或者使用，可以处10万元以下的罚款。新法第23条规定：“违反本条例规定，需要配套建设的环境保护设施未建成、未经验收或者经验收不合格，建设项目即投入生产或者使用的，或者在环境保护设施验收中弄虚作假的，由县级以上环境保护行政主管部门责令限期改正，处20万元以上100万元以下的罚款；逾期不改正的，处100万元以上200万元以下的罚款；对直接负责的主管人员和其他责任人员，处5万元以上20万元以下的罚款；造成重大环境污染或者生态破坏的，责令停止生产或者使用，或者报经有批准权的人民政府批准，责令关闭。”仅就罚款来说，旧法轻于新法：一是数额小，二是罚款是任意性规范——“可以”。但从法律条文的整体内容来说，新法是“责令限期改正”加“罚款”，旧法是“责令停止生产或者使用”加“罚款”。“责令停止生产或者使用”显然重于“责令限期改正”。新法按照比例原则,“造成重大环境污染或者生态破坏的,责令停止生产或者使用,或者报经有批准权的人民政府批准,责令关闭”。

四、明显违背立法本意

这是一个法理上法律解释的问题。法律解释是解释者通过对法律文本的解释来探明的法律规范的意义。法律文本是一种书面的语言。如果说,法律规范的意义就隐含在语言之中,那么我们读懂语言、文字,就应当了解法律规范的意义。但事实上显然不是。即便是日常生活中,我们也会遇到这样的情况:我们看书,字都认识,但意思不甚明了。日常生活中是这样,法律是一门专业学问,读法律规范就更是如此了。语言文字的意义并不总是跃然纸上。如何发现法律规范的意义呢? 一个重要的方法就是探寻立法本意。①

(一)立法本意及寻找路径

司法机关对法律进行解释时,往往把实现立法本意作为最高的价值取向和司法目标。“判决、识别、确认立法原意,依据对立法原意的适当理解,以保持与立法原意一致的方式,对法律规定进行解释,在世界各国的司法解释实践中获得普遍承认和适用。”②

法理上,探寻立法本意的路径主要有以下三个:

1. 语义原意说。即采取“文义解释”或“平义解释”方法,从法律规范所运用的词语(包括标点符号)本身的字面意义,“即取其最自然、明显、正常和常用的意义”③来解释法律,寻求立法本意。如《矿产资源法》第 39 条规定:“违反本法规定,未取得采矿许可证擅自采矿的,擅自进入国家规划矿区、对国民经济具有重要价值的矿区范围采矿的,擅自开采国家规定实行保护性开采的特定矿种的,责令停止开采、赔偿损失,没收采出的矿产品和违法所得,可以并处罚款……”从文义

---

① 对法律是否存在立法本意,有人持否定的观点。刘星教授认为立法意图说存在难以寻到原意,或即便找到也会有不同的理解等困难。在刘星教授看来,“意图”毕竟是个心理学的概念,是在涉及人的主观思想、希冀的语境中被使用的词语,针对整体的法律作者如立法机构使用这一词语,将会产生无法对应的描述结果。另外,意图承载于文字之中,人们对法律本文及各类立法资料本文中的文字会有不同理解。参见刘星:《法律解释中的大众话语与精英话语》,载梁治平主编:《法律解释问题》,法律出版社 1998 年版,第 113 页以下部分。

② 陈春龙:《中国司法解释的地位与功能》,载《中国法学》2003 年第 1 期。

③ 陈弘毅:《当代西方法律解释学初探》,载梁治平主编:《法律解释问题》,法律出版社 1998 年版,第 5 页。

解释来说,"可以"就不是"必须","并处"就不是"单处",而是要求在作出了其他处罚的情况下,才可以科处罚款。另外,"顿号""逗号"也是我们理解法律的语义原意时,不可或缺的重要因素。如果相对人的违法行为造成了实际损失,而行政机关对相对人仅作出"停止开采""没收违法所得"的处罚,而没有处以"赔偿损失"。据此,可不可以认定行政机关履职不完全?

2. 历史原意说。探寻立法本意不能局限于法律词语、法条文字本身,必须借助各种立法史材料,尤其是立法准备材料,通过对立法材料的研究,了解法律制定时的一般舆论情况、社会状况,以及立法者意图通过法律所要救济的对象或解决的问题。

3. 理性原意说。也就是想象性重构,[①]即在存在法律漏洞的情况下,把立法者假设为是以合理手段追求合理目的的理性立法者,追问如果立法者处在当下会希望运用法律解决什么问题、表达何种含义,以此解释法律,弥补法律可能存在的缺漏。[②]

(二)具体运用

由于语言的意义不仅有历时的变化,还有共时的变化,因此,对同一语词会有不同的理解。一个词可能会出现几个"平义"。另外,每个语词都有个核心的含义,但语词的边界却是含混的、富有弹性的,可以变化、延展的。[③] 因此,需要从语义原意以外的历史原意、理性原意等路径去找寻立法本意。接下来的问题是到哪里去找历史原意?拉伦茨给我们指出了方向。拉伦茨将法律文本和立法资料放

① 通常认为,想象性重构可以追溯到古希腊时期"制定法的衡平"原则。这一原则允许法院将一部措辞明确的制定法扩张适用于被忽视的,但却属于法律的理念或目的当中的情形,或者在文本可能会产生过于严苛且无助于法律目的的结果时引入例外情况。转引自王云清:《制定法解释中的想象性重构》,载《法律科学》2017 年第 3 期。

② 沈某福等人在未取得采矿许可证的情况下,非法盗采矿山资源,造成山体损毁、植被破坏、土壤流失,并对地形地貌景观、地下含水层及地质构造的稳定造成一定影响。检察机关向某国土资源局发检察建议,建议其履行矿山地质环境监督管理职责。依据之一为《矿山地质环境保护规定》第 16 条——开采矿产资源造成矿山地质环境破坏的,由采矿权人负责治理恢复,治理恢复费用列入生产成本。行政机关回复:履职的法律依据不足,拒不履行监管职责。理由之一,《矿产资源法实施细则》第 6 条的解释"采矿权,是指在依法取得的采矿许可证规定的范围内,开采矿产资源和获得所开采的矿产品的权利。取得采矿许可证的单位或者个人称为采矿权人"。沈某福等未取得采矿许可证,不是采矿权人。因此不符合《矿山地质环境保护规定》第 16 条"开采矿产资源造成矿山地质环境破坏的,由采矿权人负责治理恢复"的规定。对此就需要运用理性原意进行想象性重构,认为立法者是采取举轻以明重的方法,对依法取得采矿资格的人尚且规定要负责治理恢复,更遑论非法采矿的人呢!

③ 参见苏力:《解释的难题:对几种法律文本解释方法的追问》,载梁治平主编:《法律解释问题》,法律出版社 1998 年版,第 37 页。

在一起,作为探究立法原意的材料,具体包括:(1)法律本身、法律的前言、指导性规定、标题、法律的意义脉络以及由此显现的价值决定;以及(2)不同的草案、讨论纪录及添附在草案中的理由说明,国会的报道。[①] 在司法实践中,草案说明和法律"总则"的内容,特别是其中关于立法宗旨的条文,是我们寻找立法本意最重要参照和依据。刘自荣案[②]就是这样的典型:借助历史原意分析,完成了一次想象性重构。

案例四:2001年1月7日,新疆米泉市铁厂沟镇三矿副矿长刘自荣得知该矿井下三水平三米八煤层第三采仓仓顶被拉空,将会给煤矿生产带来隐患且炮工也无法下井生产,工人按规定也将被单位处罚。2001年1月8日晚10时左右,刘自荣与炮工余远贵一起在工人周天清的宿舍内,将瞬发电雷管改制成延期电雷管时发生爆炸,刘自荣的左手拇指、食指、中指被炸去,无名指受伤。事发后,铁厂沟镇煤矿立即将刘自荣送往医院救治,并承担了刘自荣的全部医疗费用。2001年3月21日,铁厂沟镇煤矿与刘自荣达成赔偿协议,铁厂沟镇煤矿一次性补助刘自荣今后生活费、营养费15,000元。

2001年4月9日,刘自荣向米泉市劳动人事社会保障局申请工伤认定。2001年4月25日,米泉市劳动局作出不予认定工伤决定。不予认定工伤的主要理由有两点:一是刘自荣改造电雷管的行为未经领导指派,属于个人私自制造行为,且不在工作时间和工作区域内,不符合劳动人事部发(1996)266号《企业职工工伤保险试行办法》(以下简称《工伤保险试行办法》)第8条[③]第4项及其他条款的规定;二是刘自荣与炮工余远贵的行为违反了《中华人民共和国民用爆炸物品管理条例》和公安部2001年8月28日《关于对未经许可将火雷管改为电发雷管的行为如何处理问题的批复》,是一种非法制造爆炸物的行为,属违法行为,依据《企

---

① 参见[德]卡尔·拉伦茨:《法学方法论》,陈爱娥译,商务印书馆2003年版,第209页。

② 《最高人民检察院公报》2013年第5期,第26~30页。

③ 《工伤保险试行办法》第8条规定:"职工由于下列情形之一负伤、致残、死亡的,应当认定为工伤:(一)从事本单位日常生产、工作或者本单位负责人临时指定的工作的,在紧急情况下,虽未经本单位负责人指定但从事直接关系本单位重大利益的工作的;(二)经本单位负责人安排或者同意,从事与本单位有关的科学试验、发明创造和技术改进工作的;(三)在生产工作环境中接触职业性有害因素造成职业病的;(四)在生产工作的时间和区域内,由于不安全因素造成意外伤害的,或者由于工作紧张突发疾病造成死亡或经第一次抢救治疗后全部丧失劳动能力的;(五)因履行职责遭致人身伤害的;(六)从事抢险、救灾、救人等维护国家、社会和公众利益的活动的;(七)因公、因战致残的军人复员转业到企业工作后旧伤复发的;(八)因公外出期间,由于工作原因,遭受交通事故或其他意外事故造成伤害或者失踪的,或因突发疾病造成死亡或者经第一次抢救治疗后全部丧失劳动能力的;(九)在上下班的规定时间和必经路线上,发生无本人责任或者非本人主要责任的道路交通机动车事故的;(十)法律、法规规定的其他情形。"

业职工工伤保险试行办法》第 9 条[①]第 1 项“犯罪或违法的”不予认定工伤。

刘自荣不服，申请新疆昌吉回族自治州劳动人事局复议，昌吉回族自治州劳动人事局维持了米泉市劳动局不予认定工伤决定。刘自荣不服，向米泉市人民法院提起行政诉讼。自此以后刘自荣开始了长达 12 年之久的诉讼“马拉松”，案件先后经四级人民法院 6 次审理，检察机关抗诉，共作出 6 份判决书和 1 份抗诉书。最后结果是，经最高人民检察院抗诉，最高人民法院受理并裁定提审，于 2013 年 3 月 21 日作出(2011)行提字第 15 号行政判决书，认为：最高人民检察院抗诉理由成立，予以采纳。

最高人民法院再审认为：刘自荣作为副矿长，其基于煤矿正常生产的需要而与其他炮工一起在工人宿舍内将瞬发电雷管改制成延期电雷管，并因雷管爆炸而受伤，尽管其中不能排除具有避免工人因工作失误遭受处罚的因素，但该行为显然与本单位工作需要和利益具有直接关系，符合《企业职工工伤保险试行办法》第 8 条第 1 项规定的情形。公安部《关于对将瞬发电雷管改制为延期电雷管的行为如何定性的意见》认为，雷管中含有猛炸药、起爆药等危险物质，在没有任何防护的条件下将瞬发电雷管改制为延期电雷管，属于严重违反国家有关安全规定和民爆器材产品质量技术性能规定的行为，不应定性为非法制造爆炸物品的行为。参照上述规定，本案刘自荣将瞬发电雷管改制成延期电雷管的行为，不属于《企业职工工伤保险试行办法》第 9 条第 1 项规定的“犯罪或违法”情形。

不得不说，《工伤保险条例》的立法精神是分析认定刘自荣行为性质的一个重要考量因素。

案件历经 12 年。在这期间，中国的人权事业已有了飞跃式进步，人权观念已有了突破性发展，2004 年《宪法》修正案将人权写入宪法，规定“国家尊重和保障人权”。在这期间，工伤法律规范已实现了新旧法的更替，从《企业职工工伤保险试行办法》发展到《工伤保险条例》。2003 年国务院出台制定的《工伤保险条例》，更加突出了对劳动者社会保障权利的保护。如《工伤保险条例》第 14 条第 6 项只规定“在上下班途中”，删除了《企业职工工伤保险试行办法》中“必经路线”，充分考虑了日常生活中这样的现实情况，即职工上下班的路径并非固定的、一成不变的、唯一的，而是存在多种选择。并且在司法实践中，法院对工伤认定中的“三要素”——合理时间、合理路线、合理目的——更倾向于扩大解释。如 2014 年

---

① 《工伤保险试行办法》第 9 条规定：“职工由于下列情形之一造成负伤、致残、死亡的，不应认定为工伤：(一)犯罪或违法；(二)自杀或自残；(三)斗殴；(四)酗酒；(五)蓄意违章；(六)法律、法规规定的其他情形。”

最高人民法院发布《最高人民法院关于审理工伤保险行政案件若干问题的规定》(2014年9月1日起施行)。该规定第6条规定:“对社会保险行政部门认定下列情形为‘上下班途中’的,人民法院应予支持:(一)在合理时间内往返于工作地与住所地、经常居住地、单位宿舍的合理路线的上下班途中;(二)在合理时间内往返于工作地与配偶、父母、子女居住地的合理路线的上下班途中;(三)从事属于日常工作生活所需要的活动,且在合理时间和合理路线的上下班途中;(四)在合理时间内其他合理路线的上下班途中。”

这种认识观念必然会影响到法院对刘自荣案的审查判断。[①] 蔡小雪(担任该案审判长)认为:[②]根据我国《宪法》第45条、《劳动法》第1条以及有关工伤保险的法律规范规定,在处理工伤保险问题时,突出了对职工权利的保护,偏重规定职工的权利和用人单位的义务。可以说,有关工伤保险的立法是以职工为权利本位,以用人单位为义务本位。因此,在有关工伤保险法律规范中规定“应当认定工伤”不明确的,应当从宽适用。根据有关法律的立法目的,在对有关规定中的“工作原因”存在缩小解释与扩张解释都有一定道理时,适用扩张解释更符合我国宪法的基本精神。

不难看出,在刘自荣案中,法院对“在紧急情况下,虽未经本单位负责人指定但从事直接关系本单位重大利益的工作”进行扩张解释,将刘自荣的行为定性为“与本单位工作需要和利益具有直接关系”,进而适用《企业职工工伤保险试行办法》第8条第1项认定为工伤。利益前面少了“重大”两字,不是疏忽遗漏,而是有意为之。

五、结语

有人说民事诉讼案件中的事实,有时杂乱无章,有时真伪不明,法官并不是像法学家一样思考,而是像历史学家一样考证。就行政法而言,很多行政诉讼案件的争议主要在适用法律上。一方面是因为对法律规范理解不同而引起争议,另一方面,是对到底应适用哪一个法律规范有不同认识而引起争议,实际上是规范性文件——行政机关作出行政行为的依据——之间在“打架”。行政审判中的难题

---

① 关于新旧法适用衔接的问题,按照法学理论一般是遵循“实体从旧,程序从新”的原则。“实体从旧”主要是指判断行政行为合法性的标准应当“从旧”,须按照行政行为作出时的法律规范来判断。但人们的认识观念会随着时间的流逝与时俱进地发生相应的变化,而不会停留在过去。人们对旧法的解读,要想回到当时语境之下,只能是“想象性重构”,不可能不带出新观念。而这种因时空原因所造成的隔膜,事实上是难以甚至是无法根除的。

② 参见蔡小雪:《审判业务专家是怎样炼成的》,法律出版社2017年版。

更可能是法律适用问题——规范位阶高低不齐,效力大小不等,规范冲突不断。相应地,行政检察监督的重点也在法律适用上。因此,检察官必须像法学家一样思考,以规范思维为本,综合经验思维、批判性思维、对话思维、价值思维和论证思维,运用法律智慧、监督智慧、政治智慧对行政检察监督案件作出正确的审查判断,坚持"三个效果"的有机统一,充分发挥法律监督"保障法律正确实施,维护社会公平正义,维护国家法制统一、尊严和权威"之实效。

非诉行政执行检察监督

——一个地方实践和经验

黄金娜[*] 福建省人民检察院

目 次

---

* 黄金娜,福建省人民检察院行政检察处检察官。

开展非诉行政执行活动监督是新时期行政检察工作的重要内容之一,也是检察机关履行法律监督职能的题中之意。开展非诉行政执行检察监督工作,既能够有效促进人民法院公正司法,又能够有效促进行政机关依法行政、规范执法,还能够有效维护国家社会公共利益,维护当事人的合法权益。本专题主要立足于福建省5年来的实践,结合监督案例,谈谈我们工作的“得”与“失”,个人的所感所悟。

一、非诉执行监督制度的背景及法律依据

(一)非诉行政执行的概念

完整意义上的非诉执行需要从两个维度理解:一个维度是,从法院的行政执行依据维度理解,这个维度理解行政执行问题,包括了行政诉讼执行和行政非诉执行。就执行依据而言,我们知道,刑事执行活动的执行依据仅有人民法院生效的判决裁定文书这一单一执行依据。但民事和行政案件的执行依据则是多样的,如民事执行依据除通过诉讼而形成的生效判决裁定调解书外,还包括了非诉讼形成的各种文书,比如民事执行的凭证,包括仲裁机构作出的仲裁裁决或调解书、劳动仲裁机构作出的劳动仲裁书或调解书以及公正机关作出的具有强制执行力的债权文书。同样的,行政执行的依据也是多样的,既包括经诉讼后形成的具有执行内容的生效判决裁定文书和调解书,也包括执行没有经过诉讼而由行政机关以行政决定方式形成的具有强制执行效力的法律文书。其中,以行政决定方式形成的具有强制执行效力的法律文书并申请法院强制执行就是行政非诉执行问题。另一个维度是,从行政执行维度理解,非诉执行则是行政机关根据已发生法律效力的行政决定对不履行行政决定的公民、法人和其他组织,依法强制其履行法律义务的问题。这种强制执行的方式包括由行政机关自行强制执行和申请法院的强制执行两种,其中申请法院强制执行方式就是我们所说的非诉执行。

从世界各国行政强制执行的模式来看,依据是否需要借助法院的介入来区分一般有三种模式:第一种模式是,大陆法系的德奥模式,该模式认为,行政强制执行是一种为国家所专有的公权力,行政决定具有公定力、拘束力、确定力和执行力等效力,因此,行政机关完全可以自行实现其作出的决定的内容,无须法院的介入。该模式为德国、奥地利以及我国台湾地区所采用。第二种模式是,普通法系的英美模式,该模式认为行政决定若均由行政机关来执行,不利于相对人合法权益的保护,也不利于实现社会公平与公正价值。由此,行政机关需要强制执行时

要向法院提起类似的行政诉讼，由法院依诉讼程序作出裁决，强制相对人履行行政义务的模式。第三种模式是，混合模式为日本以及我国所采用，即行政机关有一定的强制执行权，包括代履行、执行罚等权力，其他则由法院来执行。我国由于受到普通法系和大陆法系的影响，兼容了两大法系的内容，为此形成了以申请法院强制执行为原则，以行政机关自行执行为例外的基本制度。目前根据法律规定，有20部法律和23部行政法规规定了行政机关的强制执行权，概括起来包括县级以上人民政府、公安、税务、防汛、海关等机关有强制执行权。我国这种强制执行制度既有利于充分保障相对人的合法权益，又兼顾了行政效率，因此具有特殊的法律价值。综上所述，两个维度对非诉执行的理解实际上是一致的，即一个问题的两个方面，无非是从哪个主体执行来区分的。

关于非诉执行制度，在学理上又可以分为：广义上的非诉行政执行和狭义的非诉行政执行。其中，广义的非诉行政执行是指，一切行政强制执行活动，包括有强制执行权的行政机关自行强制执行和人民法院依申请强制执行；狭义上的非诉行政执行，仅指人民法院依申请强制执行行政机关作出的行政行为，即行为相对人在法定期限内既不提起行政诉讼又不履行行政行为确定的义务，行政机关或法律确定的权利人依法申请人民法院强制执行。我们今天主要在狭义意义上讨论非诉行政执行问题。

（二）非诉行政执行的特点

相对于行政诉讼执行，非诉行政执行有以下特点：第一，非诉行政执行的执行机关是人民法院。第二，非诉行政执行的根据是行政机关作出的行政处理决定，执行标的是行政机关的行政行为所指向的对象。由于该行政行为没有经过行政诉讼，因而其执行有别于人民法院对经过行政诉讼判决维持的行政行为的执行。第三，非诉行政执行的被执行人只能为公民、法人或者其他组织。但在特定情况下，非诉行政执行的申请人也可能是生效的行政行为确定的权利人或者其继承人、权利承受人。第四，非诉行政执行的执行前提是公民、法人或者其他组织在法定期限内，既不提起行政诉讼，也不履行具体行政行为所确定的义务。如果公民、法人或者其他组织已经向人民法院提出行政诉讼，则根据最高人民法院司法解释规定："在诉讼过程中，被告或者具体行政行为确定的权利人申请人民法院强制执行被诉具体行政行为，人民法院不予执行，但不及时执行可能给国家利益、公共利益或者他人合法权益造成不可弥补的损失的，人民法院可以先予执行。后者申请强制执行的，应当提供相应的财产担保。"第五，非诉行政执行的执行目的是保障没有强制执行权的行政机关作出的具体行政行为得以实现,这实际上是司法权对行政权的保障。

(三)检察机关开展非诉行政执行监督的必要性

近年来,人民法院非诉行政执行工作取得很大进展,仅以 2015 年为例,全国法院共办理非诉行政执行案 172,880 件,而同期的行政诉讼案件 220,398 件,福建省 2015 年全省法院共办理非诉行政执行案达 21,158 件,而同期的行政诉讼案件仅 6787 件。由此不难看出,非诉行政执行案件数基本与行政诉讼案件平分秋色,甚至在一些地区占比更高。同时,我们也注意到该制度与群众的切实利益密切相关,对公民权利义务有直接影响,但实务中由于制度设计上的不足,屡屡有侵害公民权利义务的事件发生,集中体现在三个大的方面:一是实务中存在较多不规范行为。当前非诉行政执行主要集中在房屋拆迁、土地出让金、环保等方面的行政处罚案件中,这些往往与当地经济发展和人民群众的切身利益紧密相关,受关注度较高。行政机关为便宜行事,或不申请法院执行而自行实施执行措施,或怠于申请执行,或将因各种原因不愿出面执行的案件推到法院,增加司法负累。法院的不规范问题同样存在,有的法院在受理环节进行实质审查,仅对符合执行条件的案件予以立案,有的法院滥用执行和解、变更执行标的,还有的法院审查流于形式,对明显违法的行政行为裁定准予执行,甚至不经审查直接进入执行程序。二是审查执行难度大。非诉行政执行"案件数量逐年增多,执行难度越来越大"。非诉行政执行主要集中于区县一级,而基层法院行政庭通常配备法官、书记员不足五六人,许多法院办案压力大,每年要审查非诉执行和行政诉讼案件数百件。同时办案难度大,一些案件涉及执法领域多且部分领域专业性强、案件情况复杂,法院要在完成办案任务的前提下保证办案质量并非易事。三是救济不足不利于矛盾化解。非诉行政强制执行基于行政相对人在法定期限内不提起诉讼又不履行相应义务而发生,相对人已丧失对行政行为的诉权,可以理解为相对人不起诉或放弃、丧失诉权的一种代价,也就不存在救济问题,但行政机关申请执行的程序以及法院的审执流程仍有违法风险,目前的救济程序不明确,更是难以获得救济。这一系列的问题决定了非诉执行需要检察机关的介入。

(四)检察机关开展行政非诉执行的法律依据

从理论上讲,1989 年通过的《行政诉讼法》第 10 条规定"人民检察院有权对行政诉讼实行法律监督"。这与 1991 年通过的《民事诉讼法》第 14 条规定的"人民检察院有权对民事审判活动实行法律监督”有些细微的差别。行政诉讼中检察机关是对行政诉讼实行法律监督，这个规定与1996年的《刑事诉讼法》第8条“人民检察院依法对刑事诉讼实行法律监督”是一致的，而当时的《民事诉讼法》对检察机关的民事诉讼监督职能表述为“人民检察院有权对民事对审判活动实行法律监督”。由此，从法理上来讲，该规定隐含着检察机关除可以对审判活动监督外，还包括对立案受理和执行等环节的监督；也就是说，检察机关对人民法院民事审判职能的监督只能限制在审判活动中，而不是在民事诉讼的全过程，而检察机关对行政审判的监督则与刑事是一样的，可以是诉讼的全过程。但实际执行中，由于该规定还是不明确以及法院的不同认识，全国检察机关均没有对法院的行政执行（也当然包括了非诉执行）进行监督。一直到2011年3月，最高人民法院、最高人民检察院联合下发了《关于在部分地方开展民事执行活动法律监督试点工作的通知》，该通知第8条明确规定“人民检察院对人民法院执行行政判决、裁定、行政调解和行政决定的活动实行法律监督，其范围和程序参照本通知执行”，该款中法院执行行政决定的活动就是指非诉执行。由此正式明确检察机关非诉执行监督的职权。在该联合通知中，最高人民法院、最高人民检察院还明确了检察机关对法院执行活动的监督方式是检察建议，这为非诉行政执行监督提供了借鉴和参照。

而正式确定检察机关有权对行政非诉执行实行法律监督则是2012年8月通过的《民事诉讼法》和2014年11月通过的《行政诉讼法》，根据《行政诉讼法》第101条的规定“人民法院审理行政案件，关于期间、送达、财产保全、开庭审理、调解、中止诉讼、简易程序、执行等，以及人民检察院对行政案件的受理、审理、裁判、执行的监督，本法没有规定的适用《中华人民共和国民事诉讼法》的相关规定”。而根据《民事诉讼法》第235条“人民检察院有权对民事执行活动实行法律监督”的规定，由此显然检察机关有权对包括行政非诉执行在内的行政执行活动实行法律监督。此后，2016年12月，最高人民法院、最高人民检察院又联合制定了《关于民事执行活动法律监督若干问题的规定》，该规定的第21条再次明确“人民检察院对人民法院行政执行活动实施法律监督，行政诉讼法及有关司法解释没有规定的参照本规定执行”。

（五）检察机关开展非诉行政执行监督的工作原则

由于非诉行政执行监督还处在探索阶段，需稳妥有序，并遵循一定的工作原则。我们认为，在司法实践中检察机关至少应当遵循以下几条原则：一是合法性监督与合理性监督相结合，以合法性监督为主的原则。对于法院审查非诉行政执行案件的审查标准，《行政诉讼法》没有作出明确规定。《行政强制法》第58条规定了“实质审查”标准，也就是合法性审查标准。对于检察监督来说，也应当侧重遵循合法性监督原则。重点可以从调阅合议庭评议笔录，合议庭在审查时是否听取了行政相对人的答辩意见，是否举行了必要的听证，听证结果如何等方面予以把握。二是级别管辖上应以同级管辖为主，以上级管辖为例外原则。由同级检察院进行监督，不仅有利于当事人申请检察监督，也有利于查证执行行为是否存在违法。但对于个别案情复杂、影响重大的案件，或者涉及异地执行、委托执行的案件，应当视情况由上级检察院管辖。三是事后纠正性监督与事中防范性监督相结合，以事后纠正性监督为主的原则。非诉行政执行程序色彩很浓，应当建立开放的执行检察监督体系，将检察监督覆盖执行活动的全过程。但由于法院执行工作的程序性和效率性，检察机关一般不宜过早介入，可以在违法、不当的执行行为发生后启动监督程序，提出监督意见。四是维护公正，效率优先原则。在检察机关受理、审查执行监督申请时，法院的执行活动有时没有结束，并且一般不会因检察监督的介入而停止。因此，要注重对受侵害权利的及时、有效救济，保障受侵害当事人或利害关系人的合法利益。否则，一旦错过了监督时机，当事人因法院违法或不当执行所遭受的损失将难以弥补，这将大大削弱非诉行政执行监督的办案效果。

（六）检察机关对非诉行政执行监督的重点环节

针对非诉行政执行案件，检察机关的法律监督应当突出重点环节，增强监督的针对性。我们认为有这么几个重点环节：一是申请执行的行政行为是否符合受理的有关规定，法院是否可以依法执行。按照我国法律规定，除涉及税的征收等规定了行政机关的行政强制执行权外，其他行政行为的强制执行申请一般法院都可以依法受理。二是法院是否尽了合法性审查义务。包括：(1)主体是否适格。申请人是否有法定职权；是否有事实依据；是否超过法定的申请期限；是否符合法定程序。(2)行政行为是否存在违法情形。监督行政机关作出的行政行为，程序是否合法，适用法律法规是否正确，处罚是否显失公平，是否存在怠于履行职责，行政机关是否滥用了职权等违法情形。对于被申请执行的行政行为有明显的错误的，并损害了被执行人合法权益的行为，而法院是否裁定准予执行。这些都应当纳入检察机关的监督范围。

二、福建省开展非诉行政执行监督的实践与经验

（一）基本情况

近年来，我们以涉及国家利益和社会公共利益案件，特别是人民群众反映强烈的涉生态环保和民生领域的非诉行政执行案件为重点领域，以人民法院受理和执行行政机关非诉行政执行申请、行政机关申请法院强制执行行政决定、有强制执行权的行政机关自行强制执行活动为重点环节，扎实开展非诉行政执行监督，2012 年以来，全省检察机关共办理非诉行政执行监督案件 1778 件。

1. 从案件来源来看，检察机关在履职过程中自行发现案件 1745 件，占 98.1%，其中通过案件检查发现 1573 件，相关单位提供线索 58 件；当事人申请监督案件仅有 33 件，占 1.9%。

2. 从涉及领域来看，涉卫生计生领域案件 694 件，占 39%；涉生态资源环境领域案件 508 件，占 28.6%；涉国有资产保护领域案件 161 件，占 9.1%；涉食品药品安全领域 65 件，占 3.7%；其他领域案件 350 件，占 19.6%。

3. 从监督对象来看，监督法院非诉行政执行案件 626 件；监督行政机关申请或自行强制执行案件 1152 件。

4. 从监督的违法情形来看，涉及行政机关违法：行政机关对行政相对人不履行行政决定所附义务怠于向人民法院申请强制执行的案件 1006 件，占 87.4%；行政机关申请强制执行中其他违法行为的案件 116 件，占 10%；具有行政强制执行权的行政机关自行强制执行中违法行为的案件 30 件，占 2.6%。另外，涉及法院违法：法院对行政机关申请非诉行政执行案件应当受理而不受理或者不应当受理而受理的案件 142 件，占 22.7%；法院对行政机关申请非诉行政执行的案件逾期未作出执行裁定，怠于采取执行措施或者未能在法定期限内执结的案件 353 件，占 56.4%；法院非诉行政执行活动中程序违法、侵害相对人合法权益等其他违法行为的案件 131 件，占 20.9%。

（二）主要经验做法

我们把握依法监督、理性监督、有限监督原则，找准非诉行政执行活动监督的重点领域和关键环节，拓宽线索发现渠道和监督方式方法，加强机制建设，巩固工作成果，提升监督水平。

1. 拓展渠道,广泛挖掘案件线索

非诉行政执行监督是一项全新的业务,在探索起步阶段,首先要解决的就是案源问题,所以不能消极等待案件上门,而要体现一定的进取性,我们主要以检察机关履职中发现线索为主、受理当事人申请监督为辅,建立常态化线索发现渠道。

第一,通过开展行政执法专项检查拓展案源。自探索非诉行政执行活动监督以来,各地会同当地人大检查组、政府法制办开展行政执法检查活动,重点选择环境保护、食品药品、安全生产等民生领域作为突破口,走访行政执法部门,抽查行政处理和行政处罚、行政征收执法案卷,深入了解行政执法工作现状,重点查找行政处罚执行不到位、未及时申请法院强制执行等问题。2014 年,省院部署开展行政处罚执行检察专项活动,各地在全面掌握 2012 年以来行政处罚案件基础上,针对当地行政执法的现状,有针对性地选取重点领域深入排查,如厦门海沧区院针对辖区海洋线长、非法占用海域情形多发以及环保执法压力大等区情特点,排查海洋综合执法、国土、环保等部门所作行政处罚案件 431 件。晋江市院针对环保处罚执行率过低的情况开展专项检查,从环保部门获取环保行政处罚清单及申请执行清单,再到法院行政庭、执行庭核对环保处罚案件执行情况,从而发现监督线索。

第二,通过行政执法监督机制平台拓展案源。整合运用"两法"衔接信息共享平台。各地行政检察部门积极参与"两法"衔接平台建设,督促行政机关及时录入案件信息,有的还指定专人作为平台兼职管理员,对平台信息进行日常巡查监督,同步跟踪行政执法案件处理情况。此外,各地探索创新,搭建行政执法与行政检察衔接机制,如晋江市院协调市信访办将市长热线收集到的涉及群众反映行政执法和非诉行政执行问题的案件线索及时移送检察机关处理。石狮市院将每周五定为"行政执法机关走访日",每周走访两个行政执法机关,抽查行政执法案件卷宗。福安市院在市林业局挂牌成立"行政执法巡回检察工作室"。

第三,通过加强对外互动交流扩展案源。一是主动加强与法院沟通协商,消除认识分歧,争取法院的理解支持,获取非诉行政执行信息。有的结合法院系统开展的执行案款集中清理活动,对非诉行政执行案件进行抽查;有的与法院联合开展行政非诉执行案件质量评查活动,从中发现怠于执行、执行超期、违法终结执行的案件线索。二是注意从媒体报道中发现线索,对于媒体报道的群众反映强烈、社会影响大的非诉行政执行案件开展调查,发现确有问题的,及时予以监督。三是加强非诉行政执行监督职能宣传,提高社会认知度,扩大群众申请监督渠道。完善与律师协会、律师事务所、法律援助中心、司法所等法律服务机构的沟通机制，建立民行检察联络点。结合举报宣传周、法制宣传日、检察开放日、巡回检察等活动开展集中宣传，发放民行工作联系卡，普及行政检察知识，接受群众咨询，受理案件线索。充分运用新媒体新载体宣传，有的与当地电视台合作将监督成功的案例拍摄成纪录片，如福州"法眼"栏目、龙岩"记者追踪"栏目。

2. 抓住重点，加强对法院非诉行政执行监督

针对法律规定相对粗疏，法院非诉行政执行活动相对封闭、缺乏有效监督的情况，我们注重把握法院执行活动的关键环节，找准监督的切入点，提高监督针对性和实效性。在深入调查核实基础上，从证据采信、事实认定和法律适用等方面严格把握监督标准，确保检察建议有事实、有理由、有依据。做好后续跟踪工作，跟进检察建议落实情况，督促行政机关配合法院开展执行活动，及时将案件执行完毕。重点监督以下五种情形：

第一，监督法院纠正怠于受理情形。法院受理环节是非诉行政执行的入口，入口不畅则所有工作难以开展。《行政强制法》第56条第1款规定："人民法院接到行政机关强制执行的申请，应当在五日内受理。"第57条规定："人民法院对行政机关强制执行的申请进行书面审查，对符合本法第五十五条规定，且行政决定具备法定执行效力的，除本法第五十八条规定的情形外，人民法院应当自受理之日起七日内作出执行裁定。"最高人民法院《关于适用〈中华人民共和国行政诉讼法〉的解释》第155条第3款规定人民法院对符合条件的申请，应当在5日内立案受理，并通知申请人；对不符合条件的申请，应当裁定不予受理。实践中，法院因执行力量不足、害怕矛盾迁移、法律认识分歧等，逾期未受理非诉行政执行申请，也未作出是否准予强制执行裁定，导致行政处罚决定长期搁置，无法进入执行程序，使行政监管目的落空，损害了行政执法活动的权威性和公信力。

行政机关向法院申请强制执行，法院存在有案不立、拖延立案、人为控制立案、干扰依法立案等问题，一些基层法院甚至长期不办理非诉行政执行案件，或者不办理涉不动产的非诉行政执行案件。对此，通过发出检察建议，督促法院按照法定程序办理，既促进了解决个案受理问题，也通过个案或者类案监督，促进解决了普遍性怠于受理问题。如厦门一些基层院就法院超过法定期限未对海洋渔业、国土、环保等部门执行申请作出是否受理结果问题，提出检察建议33件。针对个别检察建议不被法院采纳的情况下，由厦门市院跟进监督。通过集中监督，解决了厦门一些基层法院对非诉行政执行案件长期不予办理的违法状况。

典型案例:厦门市海洋与渔业局与林某生海洋行政处罚非诉行政执行监督案

【基本案情】

2011 年 6 月 21 日,厦门市海洋与渔业局在巡查中发现,翔安区马巷镇村民林某生占用海域建设沙场。2012 年 9 月 14 日,厦门市海洋与渔业局作出行政处罚决定:责令退还非法占用海域、恢复海域原状,处以非法占用的海域使用金 13 倍的罚款,即 813.54 万元。2012 年 12 月 29 日送达处罚决定书,2013 年 5 月 27 日送达催告书。2013 年 6 月 25 日,厦门翔安区法院收取市海洋与渔业局申请强制执行的材料。但翔安区法院自收取之日起,未通知厦门市海洋与渔业局补充申请行政强制执行的材料,亦未作出是否受理的处理结果。

【监督情况】

2015 年 4 月 30 日,厦门翔安区检察院向翔安区法院发出检察建议,提出两项建议:一是依法及时对该案予以受理或者裁定不予受理;二是依照《行政强制法》等法律及司法解释的规定完善案件受理机制,以保障行政处罚权的正确行使。2015 年 6 月 20 日,翔安区法院答复称:一是此类案件均暂未受理;二是正在协调"审执分离"模式,但尚无结果;三是在现有情况下,法院暂不具备受理此类案件的条件。2015 年 10 月 9 日,翔安区检察院以翔安区法院对检察建议处理结果错误,提请厦门市检察院跟进监督。

【监督结果】

2016 年 5 月 3 日,翔安区法院作出行政裁定:一是准予强制执行厦门市海洋与渔业局作出的行政处罚决定书;二是被执行人应于 10 日内退还非法占用海域、恢复海域原状;三是被执行人应于 10 日内向法院缴交罚款 813.54 万元及逾期缴交加处的罚款 813.54 万元;四是被执行人在上诉期限内不履行退还非法占用海域、恢复海域原状的义务,依法强制执行,由申请执行人厦门市海洋与渔业局组织实施,由此产生的费用由被执行人承担;五是被执行人在上述期限内不缴交罚款及加处罚款,法院依法采取强制措施,由此产生的费用由被执行人承担。

【本案意义】

该案是对行政非诉执行监督案件如何办理的一次有益探索,价值在于检察机关如何开展行政非诉执行监督，如何在法院抵触的情况下确保效果。在同级监督遇到障碍的情况下，采用上级院跟进监督、报告市区两级人大进行监督等方式，解决了当地非诉行政执行长期无法进入司法程序的问题。

第二，监督法院纠正怠于执行行为。实践中，有些法院作出准予执行裁定后未采取适当的执行措施，甚至不采取任何措施，如对被执行人有可供执行的财产不及时予以执行，怠于行使财产调查权，除了查询被执行人银行存款外，没有调查其他财产状况，没有足额查封财产，案件久拖未能执行，或者直接以未发现可供执行财产而终结执行。对此，发出检察建议把握的时间标准是："法院没有在三十日内对非诉行政执行案件作出裁定的，以及法院作出准予执行裁定后，超出三个月内未予执行的。"积极与法院就执行案件查控手段单一、强制执行措施运用不足等问题展开探讨，建议法院在查询银行账户等过程中化静态查询为动态跟踪，及时有效地查控被执行人的财产。对于一些长期难以解决的类案，同时向行政机关和法院发出检察建议，督促开展集中清理活动，推动召开工作协调会，最终促进案件得以执行。

典型案例：莆田市国土资源局（以下简称莆田市国土局）与福建欧氏建设发展有限公司（以下简称欧氏建设公司）土地行政管理非诉执行监督案

【基本案情】

欧氏建设公司于2006年3月22日竞得PS拍－2005－3号地块的国有土地使用权后，在建设中存在擅自变更容积率行为，根据规定超容积率部分必须收取土地出让金1540.747万元。因欧氏建设公司未缴清上述土地出让金及相应的滞纳金（按土地出让金未缴纳的0.1%/日缴纳），莆田市国土局于2010年11月25日向莆田城厢区法院申请强制执行。城厢区法院于2013年11月26日准予裁定执行，2014年4月3日作出执行裁定，裁定冻结欧氏建设公司在金融机构的存款，金额以履行该案债务为限，冻结期限为6个月。2014年7月1日，城厢区法院以经向金融机构、房屋管理中心等部门查询，均未发现被执行人有可供执行的财产，且申请执行人也同意终结本次执行程序为由，裁定终结本次执行程序。后又于当年7月17日查封欧氏建设公司名下欧氏领秀小区的10套房产。截至2016年年初，该案仍未执行到位。但实际上该公司银行账号明细显示：在执行期间，欧氏建设公司的银行账户仍有大额的资金往来。

【监督情况】

莆田城厢区检察院于2016年1月13日向城厢区法院发出检察建议，认为法院执行中存在以下违法情形：一是未查清欧氏建设公司的银行存款及房产情况，即告知申请执行人未发现被执行人有可供执行财产，从而终结执行程序；二是作出终结执行程序裁定后，对被执行人财产没有足额查封，查封的10套房产当时市价总值（约2480万元），远低于应执行的土地出让金及滞纳金总和（约3000万元）；三是没有按照法定期限执行，房产查封已一年多，仍没有作出进一步的执行措施。

【监督结果】

2016年3月14日，城厢区法院回复称：2016年1月13日裁定继续冻结被执行人银行存款账户，实际冻结被执行人银行账户6个，同日扣划被执行人银行存款52万元。目前该案已经执行到位1550万元，滞纳金也正在执行中。

【本案意义】

在执行案件中，法院较多存在不足额查封问题，导致在实际变现处理时，债权不能够得到足额受偿。本案欠缴土地出让金和滞纳金高达3000多万元，而城厢区法院在执行过程中没有对被执行人的财产足额查封，对申请执行人的利益保护明显不足。同时，法院未实际核查并冻结被执行人的银行账户，被执行人在执行期间的银行账户仍有大额资金往来。该案存在超期执行、怠于执行的违法行为，依法应予监督纠正。

第三，监督法院纠正执行不到位问题。主要是法院没有按照行政处罚决定书或行政征收决定书内容全面足额执行，执行中遇到障碍未穷尽法定执行措施就裁定终结执行。比较常见的是：在被执行人未申请延期或者分期缴纳罚款的情况下，仅执行一部分罚款就擅自结案；在存在罚款本金和逾期加处罚款或滞纳金情况下，只收缴罚款本金；在同时存在罚款处罚和责令恢复原状、限期拆除、退还土地等内容情况下，只执行罚款处罚。对此，我们加强审查把关，对于不符合终结执行程序条件的非诉行政执行案件，依法监督法院予以纠正，并跟踪实际执行效果。

典型案例：寿宁县文化体育新闻出版局与张某玉文化行政处罚非诉执行监督案

【基本案情】

2013年5月6日，寿宁县文化体育新闻出版局对张某玉无照经营“金色阳光音乐会所”行为作出行政处罚决定：对张某玉擅自从事歌舞娱乐场所予以取缔，并处罚款15,000元。但张某玉在法定期限内没有履行义务，也没有申请行政复议或提起行政诉讼。2013年9月3日，寿宁县文化体育新闻出版局向寿宁县法院申请强制执行。但法院在当事人未申请延期或者分期缴纳罚款的情况下，仅执行5000元罚款就予以结案。

【监督情况】

寿宁县检察院认为，根据《行政处罚法》第52条的规定，当事人确有经济困难，需要延期或者分期缴纳罚款的，经当事人申请和行政机关批准，可以暂缓或者分期缴纳，但本案法院在当事人未申请延期或者分期缴纳罚款的情况下，仅执行部分罚款就结案，缺乏法律依据。2015年9月17日，寿宁县检察院向寿宁县法院发出检察建议，建议法院依法纠正、恢复执行。

【监督结果】

寿宁县法院收到检察建议书后，裁定恢复该案执行。经动员，被执行人自觉缴纳了欠缴的罚款。

第四，监督法院纠正执行中的其他错误行为。实践中，我们发现法院非诉行政执行中存在执行裁定错误、执行程序不规范、执行措施不当、侵害行政相对人或者案外人合法利益的情形，具体表现为：(1)执行费计算错误；(2)留置送达、邮寄送达等送达程序不规范；(3)未将到账的执行款物及时发放给申请执行人；(4)行政决定明显存在错误而裁定执行；(5)未经申请执行人同意就擅自终结执行程序；(6)在行政处罚执行中，将被执行人账户资金全部冻结，导致其家庭生活困难；(7)在房屋拆迁行政裁决强制执行中，在根本无法安置情况下，要求被拆迁人立即搬迁。对此，我们坚持程序监督和实体监督并重，既依法理性监督又尊重法院自由裁量权，查清事实证据，找准法律依据，加强说理论证，有理有据有节地开展监督。

典型案例一：莆田市涵江区水务局（以下简称涵江区水务局）与莆田市新华利有限公司（以下简称新华利公司）水事行政处罚非诉执行监督案

【基本案情】

莆田市涵江区水务局在巡查中发现，新华利公司未经批准擅自在白塘镇埭里村填占河道。该局于2011年7月5日向新华利公司送达《责令停止水事违法行为通知书》，同年8月26日作出水行政处罚决定书。新华利公司在法定期限内不履行义务，也未申请复议或提起行政诉讼。涵江区水务局于2012年2月24日向涵江区法院申请强制执行。涵江区法院受理后，直接根据行政处罚决定书作出强制执行裁定。但实际上该处罚决定书具体处罚的内容不清，其中处罚决定中第二项要求清除河道内填占物，并恢复原状，但未明确新华利公司所填占的河道具体位置和面积等执行标的数据。因执行裁定所依据的行政处罚决定书内容不清，导致法院执行局出现执行不能的情况。法院执行局与涵江区水务局协商处理该事，但涵江区水务局认为已申请法院强制执行，法院也裁定予以执行，后续问题与该局无关。

【监督情况】

莆田市涵江检察院经审查法院卷宗，派员现场调查核实，认为法院强制执行裁定书认定事实不清、裁定错误，于2014年6月17日向涵江区法院发出检察建议，建议启动再审程序，并加强与法院沟通协调，两次派员列席法院审委会，阐述意见和观点，对遗漏的案情进行补充说明、阐明依据，促使法院审委会接受检察机关的观点，保障监督意见的落实。

【监督结果】

涵江区法院于2014年7月14日裁定再审，并于同年8月20日撤销(2012)涵执审字第61号行政裁定书。

【本案意义】

该案涉及环保领域，检察机关通过监督纠正法院的错误裁定，改变案件在执行阶段停滞不前的状况。该案引起当地党委、政府重视，将河道治理工作纳入涵江区2015年重点工作事项，彰显了检察机关维护生态建设方面的职能作用。该案入选最高人民检察院发布的“10起检察机关行政诉讼监督典型案例”。

典型案例二:南平市建阳区卫生和计划生育局与钱某弟、范某梅征收社会抚养费非诉执行监督案

【基本案情】

钱某弟、范某梅二人系夫妇,均为农村户口,2003年11月29日生育一女孩,2015年3月3日生育第二孩。建阳市人口和计划生育局认为钱某弟、范某梅生育第二孩违反了《福建省人口与计划生育条例》第14条的规定,属多生育一个子女,于2015年3月9日发出《征收社会抚养费决定书》,征收社会抚养费64,000元。2015年10月10日,南平市建阳区卫生和计划生育局向建阳区法院申请强制执行。2015年10月13日建阳区法院作出准予执行的裁定。钱某弟、范某梅对该裁定不服,于2015年11月4日向建阳区检察院申请监督。

【监督情况】

建阳区检察院于2016年9月12日向建阳区法院发出检察建议,认为被执行人夫妇二人系农村居民,《福建省人口与计划生育条例》第10条第4款规定:夫妻双方均为农村居民,已有一个女孩的,经批准可以再生育一个子女。根据条例规定,被执行人经批准可以再生一个子女。建阳区法院受理执行申请后,没有按《行政强制法》的规定,对征收决定认定的事实和适用法律依据进行审查,就准予强制执行。建议法院应予以纠正。

【监督结果】

2016年10月15日,建阳区法院作出回复,承认其在申请执行人未提供认定当事人生育第二孩的情形属多生育一子女的相关法律规定和规范性文件,可能导致适用法律存在错误的情况下,而裁定准予强制执行,工作中存在不足。目前,建阳区法院已裁定再审该案。

【本案意义】

本案是被执行人申请监督并成功的案例。法院在受案时未严格按照法律规定要求申请执行人提交材料,在审查过程中未认真审查,没有发现原征收决定适用法律错误的情况。检察机关通过介入监督及时纠正违法问题,有效维护了被执行人合法权益。法院也吸取教训,在此后规范了受案审查工作。

第五，对行政机关怠于向法院申请强制执行情形的监督。

典型案例：泉州市洛江区林业局怠于履行森林监管职责案

【基本案情】

2009~2011 年，王某柏擅自在洛江区河市镇坛顶村大园变电站旁建生猪养殖场，非法改变林地用途面积达 4067 平方米。2015 年 6 月 8 日，洛江区林业局作出行政处罚决定，责令王某柏在 3 个月内恢复林地原状，处以 81,340 元罚款。但王某柏仅缴纳了罚款，没有将林地恢复原状。洛江区林业局在该案未执行到位的情况下，即认为案件执行完毕作结案处理。经查，洛江区林业局没有申请法院强制执行的原因是，因该案涉及拆除建筑物、恢复林地原状等，法院要求林业局必须提供社会稳定风险评估报告，林业局认为其无能力作出社会稳定风险评估报告。法院遂以申请材料不全为由，不受理林业局的申请。

【监督情况】

洛江区检察院巡查“两法”衔接平台中行政处罚案件执行情况时发现了该案线索，于 2016 年 2 月 25 日，在申请强制执行期限即将届满前，向洛江区林业局发出检察建议。洛江区林业局按照检察建议要求向法院申请强制执行，并补充了社会风险评估报告、管控措施等相关材料。其后，洛江区检察院就法院应依法受理非诉行政执行案件问题多次与法院沟通协调。2016 年 3 月 28 日，法院对该案作出准予强制执行裁定。

【本案意义】

检察机关通过开展非诉执行监督，使长期以来林业部门因害怕担责而不敢作出社会稳定风险评估报告，法院以此为由拒绝受理林业非诉行政执行案件的困局得以改变。洛江区检察院办理同类型案件 5 件，涉及林地面积 13,374 平方米，其中省级生态公益林 2407.7 平方米，解决了洛江区林业行政处罚长期存在的“依罚代管”及法院受理执行难问题。

（三）探索改革，促进依法行政和规范执法

为了从源头上解决行政处罚、行政征收“白条化”现象，我们尝试将行政机关怠于申请法院强制执行也纳入非诉行政执行监督范围。2014 年 8 月，我们制定了《关于检察机关督促行政机关依法履行职责的工作意见》，将行政机关怠于申请

强制执行或者不依法强制执行作为督促履职的具体情形。十八届四中全会提出建立检察机关对行政违法行为的督促纠正机制，最高人民检察院部署开展公益诉讼试点后，我们进一步拓展思路，探索对行政强制执行中怠于履职、违法履职问题的有效监督方式。

第一，督促行政机关依法及时向法院申请强制执行专项工作。针对行政机关作出行政处罚后未及时申请法院强制执行现象比较普遍的问题，我们开展“督促行政机关申请执行”专项监督工作。从食药、环保、劳动保障等事关民生的关键领域入手，重点选择罚款即将超过申请强制执行期限的案件进行监督。一些地方结合当地情况，开展“小专项”行动，如南平延平区院在食品药品行政执法领域开展“督促行政处罚进入司法执行、强制执行”专项监督活动，促使收缴行政处罚罚款11 件共 33 万余元。实践中，发出检察建议把握的时间点是“行政机关在申请强制执行法定期限届满前 20 天仍未向法院申请强制执行的”，对于不履行行政决定的后果已经或者将造成重大公共利益损害的，立即发出督促履行职责的检察建议。

第二，延伸监督触角促进行政机关依法行政。在开展非诉行政执行监督过程中，注重发现行政机关在行使行政管理职权中执法不规范、履职不到位等情况，督促纠正错误的行政行为。如晋江市院在审查晋江市国土局申请非诉行政执行案件中，发现土地地籍调查中存在调查随意、私章使用不规范，造成错误办证而侵害第三人利益的问题，据此向晋江市国土局提出检察建议。该局采纳建议并撤销了错误颁发的土地使用权证。

同时，着眼于个案背后的共性问题，对于行政机关履职过程中的风险隐患进一步剖析研判，如行政机关对同类问题适用法律不一致、多次执法中适用法律存在同类错误或有相同违法行为，以及工作制度、管理方法、工作程序违法或者不当的，提出改进执法工作的检察建议，引起有关部门重视。如福鼎市院针对海洋渔业部门近年有来多起申请非诉行政执行案件被法院裁定不予执行现象，发现海洋渔业部门执法过程中存在未履行权利义务告知程序、立案决定通知程序，以及超期限申请强制执行等问题，提出了整改建议，帮助海洋渔业部门健全执法规范。

（四）协作联动，优化行政检察工作外部环境

第一，积极争取党委、人大重视支持。各地主动向当地党委、人大汇报行政检察工作情况，针对行政检察工作中发现的行政执法共性问题或者重点敏感领域新情况、新问题形成专题报告，提交党委、人大、政府参考。结合落实省、市、县人大常委会《关于加强人民检察院对诉讼活动的法律监督工作的决定》，有侧重地推介行政检察工作，主动邀请人大代表专题视察行政执法检察监督工作。针对行政检察工作开展初期，法院不重视对检察建议书的回复以及落实纠正，积极向人大反映向并提请督促法院履行职责，有的地方还建立了检察建议向人大报备制度。如厦门市人大常委会对法院无正当理由拒不采纳6件非诉行政执行检察建议情况予以通报，督促厦门市法院和翔安区法院纠正错误。在两级人大有力监督下，翔安区法院先后回复积存的检察建议9件，裁定准予执行行政处罚7件，切实解决了法院长期不回复检察建议及对环保、国土及海洋渔业等行政处罚未依法执行等问题。

第二，借助检察一体化联合推动形成合力。主要体现在以下三个方面：一是加强统筹推动。发挥省院牵头抓总作用，组织开展行政处罚执行等专项检察监督活动，就督促行政机关依法履行职责、行政诉讼法律监督规范适用检察建议等事项出台指导性意见，在工作开展初期要求各地确定工作较好的基层院作为试点单位，对各地好经验好做法予以转发推广。发挥设区市院直接督导和具体指导作用，沟通建立行政执法案件信息共享机制，掌握全市非诉执行案件办理情况，将监督线索按管辖分流到各基层院继续排查。发挥基层院主办作用，查清事实，找准方向，加强沟通，保证质量。二是加强业务指导与支持。上级院及时帮助厘清案件线索处理思路，解决实务中常见的调查取证难、建立工作机制难等问题，消除法律适用、监督依据等方面困惑。有些地方还建立检察建议、不支持监督申请决定书等法律文书同步抄送上级院制度。对法院拒不配合基层检察院监督的，依法介入跟进监督，协助排除干扰和阻力。建立类案指导机制，认真梳理分析各地法院、行政机关出现的案件性质相同、违法情节相似的案件，选择问题比较集中的特定领域和情形作为监督突破口，统一开展“小专项”活动，形成规模效应。三是加强业务部门资源整合。省院制定出台《关于加强民事行政检察部门与生态资源检察部门协作配合的若干意见（试行）》《关于加强职务犯罪侦查部门与行政检察部门协作配合的若干意见（试行）》，完善信息共享、线索移送、案件协查、结果反馈等工作机制，规定行政检察部门办案中可以商请自侦部门派员介入，参与案情分析和协助调取证据材料。

第三，加强检法两家协作配合。牢固树立“在监督中支持，在支持中监督”的理念，面对法律依据比较单薄的现状，省院行政检察处从2012年成立以来，多次与省法院相关业务庭交流探讨非诉行政执行监督工作相关问题，特别是2014年《行政诉讼法》修改后，就行政审判、检察监督等工作具体问题展开探索，化解分歧,统一认识。省检察院、省法院于 2013 年 2 月召开“行政审判与行政诉讼监督工作座谈会”,会签《关于加强行政审判与行政诉讼监督工作座谈会纪要》,明确法院要将行政机关申请非诉执行案件信息抄送检察机关,为开展非诉行政执行监督奠定基础。在省院推动下,各设区市院均与法院建立了行政审判与行政诉讼监督协作配合机制,一些基层检察院也与法院会签了加强行政诉讼监督工作意见,明确对法院非诉行政执行活动开展监督。如福州晋安区检察院与区法院建立行政执法案件线索共享机制,法院及时将行政机关申请强制执行案件中存在执法风险的案件线索通报检察机关,由检察机关审查决定是否予以监督。晋江市检察院与市法院确立备案审查制度,法院将超过 6 个月未予执行的非诉行政执行案件移交检察机关备案,并说明未予执行理由。莆田秀屿区检察院与区法院会签关于加强行政审判与行政诉讼监督良性互动形成司法合力工作机制,细化了非诉执行监督流程。

第四,探索行政执法与行政检察监督衔接机制。全国检察机关第二次民事行政检察工作会议提出,要加强对行政检察与行政执法相衔接机制探索。省院积极走访省政府法制办及有关行政部门,协调建立相关衔接机制,循序渐进,逐步推开,全省共会签行政检察与行政执法相衔接工作机制 120 余项。主要分三个层面:一是先期与政府法制部门会签,打好基础。2012 年 9 月,省检察院和省政府法制办联合下发《关于建立行政检察与行政执法监督相衔接工作机制的通知》,成为全国最早建立该项机制的省份。建立联席会议、信息和案件通报、案件线索移送、专项工作协作配合机制,专门就省政府法制办协同省检察院与涉民生领域行政部门建立衔接机制提出要求。各地也纷纷与法制办召开座谈会并会签文件,有的还被当地政府向各部门和乡镇、开发区转发。二是以民生领域为重点会同有关行政执法机关建立衔接机制,以点带面,扩大覆盖范围,目前已涵盖食药卫生、生态环保、劳动保障、安全生产、工商税务、海洋与渔业等主要执法部门。先探索点对点会签,继而实行几家相关部门会签,如环保、林业、水利、国土等涉生态环保部门。最后多部门统一会签,如德化县院与县公安局、国土局、经贸局等近 20 个行政机关联合制定《关于加强行政执法与检察监督协作配合的暂行规定》。平和县院与县国土局签订《关于建立行政非诉执行检察监督工作机制的意见》,就国土局每月报送行政处罚决定、检察机关调查取证、检察建议等作出规定。三是在各地探索形成一定经验基础上,2015 年 5 月,省检察院与省政府召开联席会议,决定建立依法行政与检察监督工作互动机制,确立探索建立检察机关对行政违法行为的督促纠正机制。目前各地也正在进一步沟通协商以及陆续建立中。

三、存在的问题与困难

近年来，虽然非诉行政执行监督工作取得一定成效，但受主客观因素的制约，总体上监督成效还不太理想，推动工作中还存不少困难和问题，需在下一阶段认真加以研究解决。

1. 办案规模偏小，工作开展不平衡。一是案件数量有待提升，5 年来全省共办理非诉行政执行监督案件 1778 件，平均每个基层院每年只有 5 件；其中监督法院案件仅 626 件，平均每个基层院每年不到 1.5 件，这与非诉行政执行案件的增长和群众的期望不相适应。二是地区发展不平衡，办案最多的地区达 800 多件，少的地区不足百件，还有基层院办案呈现空白状态，可见该项工作尚未在全省范围形成常态和规模。三是案件涉及领域狭窄，主要集中在生态、计生、国资等几个领域，未全面展开，特别是对数量庞大的公安机关行政处罚案件监督未打开局面。

2. 案源渠道有限，线索成案率不高。尽管主动探索建立了一些线索发现机制，但案源不足问题仍是开展该项业务的"瓶颈"。一是案件来源单一。现阶段办理的案件主要来源于每年抽查行政机关执法卷宗，少数通过"两法"衔接平台、裁判文书网发现。当事人申请监督的积极性不高，总共只有 33 件，仅占到1.9%。二是信息不对称。行政执法和法院非诉执行活动相对比较封闭，检察机关如果得不到对方配合，便无法准确获取相关信息。有的行政机关向法院申请强制执行后坐等法院执行，在法院怠于受理或作出裁定时，没有向检察机关申请监督。法院非诉执行信息不透明，不愿与检察机关分享执行信息，对检察机关调卷不配合。三是"两法"衔接平台没有深度运用。现在"两法"衔接平台主要在侦监部门使用，民行部门虽然偶有使用，但是没有形成常态。行政处罚案件一般只录入到作出处罚决定为止，对执行情况录入没有硬性要求；由于申请法院非诉执行时间相对滞后、周期长，一般没有录入。

3. 法律依据不足，监督缺乏刚性。一是在国家立法层面，由于法律规定粗疏，检察机关对非诉行政执行监督缺乏可直接适用的法律依据。十八届四中全会虽然对检察机关监督行政执法行为作了规定，但未上升到法律法规层面。立法上的先天不足制约了非诉行政执行监督工作的大胆突破。二是在具体操作层面，尚缺少一套完整的办案规则。当前，对法院非诉行政执行活动监督是适用 2016 年《人民检察院行政诉讼监督规则》的相关规定，对行政机关申请强制执行监督主要是以与行政机关会签文件作为办案依据。但许多实施细节还没有统一标准和规范，导致在办案中做法不一、程序各异，文书不统一。虽然检察机关与相关的行政机关建立了许多衔接机制,但可操作性不足、落实不到位,多停留在联席会议、联合调研等层面,信息共享、线索移送、协同开展个案监督等方面力度不够。三是监督手段单一,主要采取发检察建议的形式,但缺乏刚性,是否采纳往往取决于被监督单位的态度。一些单位对检察监督有抵触情绪,有的不回复或不按期回复,有的虽有回复但答非所问、敷衍应付,有的以案件太多为由拖延办理。检察机关即使进行后续跟踪调查,但缺乏法律上追责的依据,影响了监督效果。

4. 人员配备不足,监督能力有待提高。一是基层行政检察队伍力量薄弱,年龄结构不合理,熟悉行政检察业务的人才匮乏。办案人员大多为自侦、刑检部门退下的老干警,尤其在员额制改革之后,有独立办案资格的人数更少,人员配备已不能满足加强行政检察监督的需要。二是行政检察监督涉及法律法规繁多,办案过程中常常会遇到专业"瓶颈",由于对行政执法和法院执行活动的规律研究和探索不够,常常难以找准监督的切入点。三是行政非诉执行监督工作起步较晚,工作经验严重不足,加上没有明确的办案规则,许多人对法院、行政机关如何具体纠正违法行为没有概念,往往会被法院、行政机关提出的"已经尽力、确实无法执行到位"之类的答复所误导,最终不了了之。

5. 裁执分离改革给非诉行政执行监督带来困惑。非诉行政执行涉及行政权与司法权的分配问题,各界存在不同认识,法律规定也不统一,实践中操作混乱,行政机关与法院容易推诿扯皮。特别是涉及拆除违法建筑等难啃的"硬骨头",法院与行政机关在由谁具体组织实施、如何相互配合上本就存在互相推诿现象,而法律规定又比较粗疏,对相关权责没有明确规定,导致实践中提出的检察建议难以落实到位。2016 年 7 月,省法院《关于审查和执行非诉行政执行案件的指导意见》出台后,法院对林业、国土部门的涉及不动产的行政处罚强制执行申请,适用裁执分离,均裁定交由行政机关组织实施强制执行。而林业、国土部门认为法院的做法没有法律依据,以本部门无法定强制执行权为由,不执行法院的裁定,造成许多涉及林业和国土的非诉执行案件未能执行到位,致违法占用耕地、林地行为无法得到遏制。对此类现象,检察机关该如何进行监督,目前还存在争议。

四、非诉行政执行检察监督的路径探索

当前,在检察改革大背景下,特别是随着公益诉讼制度探索的推进,行政检察工作也面临转型,机遇与挑战并存。下一步,我们将把非诉行政执行监督与各类新兴业务结合起来,继续探索创新,统筹推进,形成一定规模,推动工作向常态化发展。

(一)建立检法良性互动机制

通过与法院会签非诉行政执行监督规范性文件,就检察机关非诉行政执行监督遵循的原则、监督范围、监督形式、监督程序、保障措施等内容作出具体规定,明晰法检两家各自职责,建立良性互动机制。借助法院系统开展执行案款集中清理、解决执行难系列活动的契机,开展非诉行政执行案件联合评查,推动法院提高非诉行政执行信息透明度,重点从法院立案庭获取数据、寻找案源。适时出台我省非诉行政执行检察工作细则,统一适用标准,规范操作流程。

充分运用检察机关与行政机关搭建的协作机制与平台,落实完善各项措施要求,增强发现监督线索的能力。重点要推动"两法"衔接共享平台的深度运用,协调行政机关明确将行政处罚执行情况录入信息共享平台作为一项硬性要求,添加专项报表生成功能,对错录漏录或有意不录予以追责,确保及时准确完整录入。赋予行政检察部门查看"两法"衔接平台的权限,有条件的地方,在行政检察部门配备专门设备,指定专人进行日常管理及审查监督。

(二)探索新的监督方向

对有强制执行权的行政机关自行强制执行活动监督是一个拓展点。为了提高行政管理效率和执法权威,法律将某些特定领域行政决定的强制执行,明确授权给行政机关。行政机关可以依据行政强制法和授权的部门法采取代履行、执行罚等间接手段,或者直接予以强制执行。例如《水法》第 65 条规定,县级水行政主管部门有权拆除在河道管理范围妨碍行洪安全的建筑物、构筑物;《城乡规划法》第 65 条授权乡镇人民政府拆除违反乡村规划的违法建筑,第 68 条规定县级以上政府可以责成有关部门强制拆除违法建筑。此外,拥有行政强制执行权的还有海关、税务、公安、国安等部门。但是,由于法律对自行强制执行的期限没有明确规定,行政机关作出行政决定之后往往怠于自行强制执行,依赖于相对人自动履行义务,有的反复给予宽限期,或者让相对人作出履行承诺,导致国家和社会公共利益一直处于受侵害状态。这在拆除违法建筑、非法养猪场、收缴罚款等方面较为常见。2014 年以来,我们以该领域作为探索行政违法行为监督的重要内容,对于行政机关不接受监督的,发出检察建议的检察院提请上级检察院向被建议机关的上一级部门提出监督意见,必要时向同级人大常委会报告。开展公益诉讼试点工作后,我们将该类监督案件导入诉前程序办理,对于行政机关怠于纠正违法行为或者怠于履行法定职责的,依法提起行政公益诉讼。

典型案例:福州市水利局怠于履行河道监管职责案

【基本案情】

自 2014 年 5 月起,有人在闽江公园北园华龙园防洪水域边上,陆续搭建起木屋、铁皮房等建筑物,并将违法建筑圈围起来,形成封闭区域,违法建筑总面积近 400 平方米,严重影响了行洪安全。2016 年 8 月 23 日,福州市水利局向福州市冬泳队华龙园点发出《责令停止水事违法行为通知书》,责令违建单位于 2016 年 8 月 31 日前自行拆除违法建筑物、构筑物,逾期不拆除,将强制拆除。但至今,违建单位未申请行政复议,亦未向法院提起行政诉讼,违法建筑始终未拆除。

【法律依据】

《水法》第 65 条第 1 款规定:“在河道管理范围内建设妨碍行洪的建筑物、构筑物,或者从事影响河势稳定、危害河岸堤防安全和其他妨碍河道行洪的活动的,由县级以上人民政府水行政主管部门或者流域管理机构依据职权,责令停止违法行为,限期拆除违法建筑物、构筑物,恢复原状;逾期不拆除、不恢复原状的,强行拆除,所需费用由违法单位或者个人负担,并处一万元以上十万元以下的罚款。……”

【监督情况】

2017 年 4 月 1 日,福州市台江区检察院向福州市水利局等单位发出检察建议,建议依法对闽江公园防洪水域的违法建设、阻碍防洪的障碍物进行清理;考虑到志愿者自发的救援行为,应当对福州市冬泳协会的其他冬泳救助点的建设进行排查,确保规范建设。2017 年 4 月 14 日,福州市闽江下游管理处对该违法建筑再次现场勘查,核实违法建筑面积近 450 平方米,另有场外空地面积 463 平方米,合计被用水泥固化人为破坏滩涂面积 900 多平方米。但福州市水利局仍未采取拆除措施。针对闽江汛期即将到来,为维护重大公共利益,经省院批准,台江区院于 2017 年 5 月 25 日以该局为被告提起行政公益诉讼,请求法院判决福州市水利局依法履行拆除等职责。这是我省首例对具有强制执行权的行政机关怠于执行问题提起的公益诉讼。

(三)加强监督能力建设

一是加强人才培养。通过专项培训、案例指导、岗位练兵、跟班学习和技能竞赛等形式，提高开展非诉行政执行监督能力与水平。把培养人才与引进人才结合起来，保持行政检察队伍特别是业务骨干的相对稳定。二是加大支持指导力度。充分发挥基层院办案主体作用，通过包干指导、定点帮扶，帮助基层院明确工作重点、排除干扰阻力、加强经验总结、打造特色亮点，将非诉行政执行监督办案情况纳入基层院考评工作范围。三是增强监督质量效果。摸索监督工作的特点和规律，准确把握监督范围、条件、方法、手段；提高检察建议的针对性和说理性，防止片面为提高数量而滥发检察建议。对拿准的已经启动的监督事项，积极与法院、行政机关互通信息，争取理解和配合，加强后续跟踪监督，确保问题得到实质性解决。

行政申诉案件的审查

李　颖* 　吉林省人民检察院

目　次

* 李颖，吉林省人民检察院行政检察部一级检察官，全国检察机关民事行政检察部门人才库人员，首批全国检察机关调研骨干人才，吉林省检察业务专家，国家检察官学院吉林分院、河南分院兼职教官。

一、课堂流程介绍

今天大家共同探讨行政申诉案件的审查。行政检察业务是检察业务中非常薄弱的环节,检察官在审查案件和制作法律文书过程中存在诸多问题,通过办理一个行政申诉案件,提高办理行政诉讼监督案件的能力,学会制作规范的抗诉书。本次授课采用实训教学模式,通过案例研讨、对话式教学、情景模拟等方式。把学员分成四个组,每组6人,通过研讨得出案件的审查要点、审查方法及步骤。每组要选派代表进行情景模拟,在法庭上宣读抗诉书。小组要进行互评,最后由授课教师得出结论性意见。

首先讲解行政申诉案件的审查要点。对行政诉讼案件进行监督,要注重对公权力的监督。行政诉讼监督不同于民事诉讼案件监督,不仅包括对法院审判过程的监督,还包括对行政权的监督。十八届四中全会的决定已经明确提出,检察机关有权对于行政不作为、行政乱作为进行监督。对于行政诉讼过程的监督,要全程监督,从立案登记,一直到执行。对于行政权的监督,主要是对行政行为的合法性及严重不合理行为的监督。包括以下几个方面:

第一,就是对行政主体是否适格的监督。行政主体必须是行政机关和法律法规规定授权的组织。

第二,行政机关认定事实和适用法律的正确性。

第三,行政机关行政程序的合法性。

第四,行政行为显失公正、行政机关滥用职权。

要树立全方位的监督思维,要注重对事的监督和对人的监督有机的结合,对审判人员和行政机关工作人员也要进行监督。对于行政诉讼监督案件,检察机关可以进行抗诉和发出再审检察建议;对于诉讼过程中的违法行为和行政机关的违法行为,检察机关可以发出检察建议;对于违法犯罪行为,检察机关可以移送监察机关处理。

二、案例介绍

此案是杨某不服工伤行政处理纠纷案。杨某与李某系夫妻关系,李某与某市环境卫生管理处签订劳动合同,成为公益岗位职工。2011年3月25日12时30分许,李某在工作时间突然口吐鲜血,市环境卫生管理处的领导及同事及时将其送往某市医院治疗,经医院抢救无效死亡。2011年3月26日,在市殡仪馆,杨某及家属与市环境卫生管理处签订协议书内容为:“李某系我单位公益工,从事清扫工作,2011 年 3 月 25 日 13 时因上班前饮酒,醉酒引发疾病送医院抢救,19 时因抢救无效死亡。我单位及时联系劳动工伤鉴定部门到场讲明工亡认定规定,亡者必须进行尸体检验,方可认定工亡。家属要求保持身体完整,不同意进行尸体检验,同时不要求工亡认定。我单位本着人道主义精神同家属协商,达成如下协议:一、我单位依据劳动部门规定,支付亡者家属丧葬费。二、亡者因抢救产生的医疗费用,先由医保进行认定报销,剩余费用由我单位进行支付。单位及亡者家属对本协议均无异议,同意签字,签字生效,之后再提出异议均无效,由异议方自行处理。"2011 年 4 月 1 日,杨某向市人力资源和社会保障局提交工伤认定申请书,2011 年 6 月 1 日,市人力资源和社会保障局以杨某在提出工亡认定申请时没有向本局提交证据;根据环境卫生管理处法定代表人高枫、常艳霞与原告杨某及其亲属签订的协议书及调查结果,依据《工伤保险条例》第 14 条、第 15 条、第 16 条第 2 项之规定,作出(2011)0501 号《不予认定工伤决定书》。诉讼过程:杨某不服市人力资源和社会保障局作出的《不予认定工伤决定书》,向人民法院提起行政诉讼。人民法院经开庭审理于 2011 年 10 月 20 日作出行政判决,认为:根据《工伤保险条例》第 5 条规定,被告市人力资源和社会保障局具有作出工伤行政确认的法定职责。根据本案查明的事实,本案原告在向被告提出工伤认定申请后,没有向被告提交李某死亡符合工亡认定的相应证据。被告依据李某的亲属杨某等人与第三人环境卫生管理处法定代表人高某等人签订的协议书及协议书中李某亲属自认的李某上班前饮酒、醉酒引发疾病死亡并不同意进行尸体检验的事实,被告作出的《不予认定工伤决定书》事实清楚,证据充分,符合法律规定,应予维持。虽然原告主张该协议不是其真实意思表示,但是没有向本院提交相应证据予以佐证,因此对原告主张本院不予支持。判决维持被告市人力资源和社会保障局作出的《不予认定工伤决定书》。杨某不服提起上诉。二审法院作出行政判决,经该院审理对原审查明的事实予以确认。根据《工伤保险条例》第 5 条规定,被告市人力资源和社会保障局具有作出工伤行政确认的法定职责。市人力资源和社会保障局依据李某的亲属杨某等人与第三人市环境卫生管理处法定代表人高某等人签订的协议书及协议书中李某亲属自认的李某上班前饮酒、醉酒引发疾病死亡并不同意进行尸体检验的事实,作出《不予认定工伤决定书》事实清楚,证据充分,符合法律规定,应予维持。上诉人提出该协议不是真实意思表示,是通过欺诈、胁迫手段签订的等主张,没有相应证据佐证,不予支持。综上,原审法院判决事实清楚,证据充分,应以维持。判决驳回上诉,维持原判。申诉人不服(2012)延中行终字第 2 号行政判决书,向检察机关提出申诉。

大家利用10分钟的时间,思考审查要点、方法及步骤,然后选派代表小组发言。

三、小组讨论——案件的审查要点、方法及步骤

(一)第一组发言

首先请第一组展示审查方案。

第一组:首先确定三个工作方向,第一个就是审查行政行为,主要是围绕合法性、合理性进行。第二个是对审判行为,一审、二审是否存在违反法定程序以及违法情形。第三个是对审判人员在审判过程中是否存在违法行为进行监督。准备工作应该做三个方面:

第一是法律检索,因为是工伤争议案件,法律法规规定比较烦琐,要事先做好法律法规检索工作。

第二是要审查材料,对当事人提供的各种证据材料进行审查,对法院一审、二审卷宗材料进行审查。

第三是重点,根据法院判决以及申诉人的申诉理由,确定案件的难点及争议焦点。

李颖:第一组认为从三个方向审查行政行为的合法性、合理性,审查法院审理的全过程,另外还要审查审判人员违法行为,准备工作主要是法律检索、审查材料和确定争议焦点。下一组希望能再详尽一些,与第一组不同的地方进行补充。请第二组发言。

(二)第二组发言

第二组:方案有两步。首先要审查一下全案卷宗,卷宗分三个节点,第一个节点是一审中的案由,案由直接决定了案件的性质和大方向,本案是一个工伤处理纠纷,这个案由基本上决定了本案的大方向。第二个节点是本案争议焦点的归纳,应该是有两个:一个是事实问题,应该是醉酒这个事实需要进一步通过相应的证据分析来加以认定。第二个是法律适用问题,是否醉酒直接决定了法律适用,这是一审的情况。二审主要是看法院的判决,其中重点看“法院认为”部分,也就是法院分析论证及得出的结论。关注法院裁判思路。第三个节点要紧密结合当事人申请监督的理由,通常和法院裁判是矛盾的,兼听则明。

第二步方案对认定事实的证据加以分析。把握案件的争议焦点之后,通过对

证据的分析来认定,关于醉酒先后有五组证据,其中工伤认定有两组证据,后期还有另外三组证据,要充分认识到各个证据之间的证明力的有无和证明力的大小。通过对证据的分析认定之后,归纳案件的事实,结论是醉酒的证据不是很充分,这样就没有充足证据证明醉酒。

第三是法律适用,应当依据《工伤保险条例》第 15 条,在工作时间、工作地点突发疾病,24 小时内抢救无效应当认定工伤,而不应当适用第 16 条的规定。

李颖:非常好,你们认为二审的裁判思路是什么,怎样得出结论,怎样进行比对、提炼。

第二组:二审的裁判思路和一审的裁判思路是一致的,认定事实没有对证据进行归纳总结,没有充分分析,仅凭行政机关认定,没有听取其他方面的意见。特别是本案比较关键的证据就是死者的住院诊断,如果诊断不能充分证明醉酒死亡,就要进行尸检。反之就不需要尸检。

李颖:二组的方案十分详尽,比较独到的是先确定了案由,然后结合法院的卷宗及其申诉材料,得出争议焦点。不仅分析认定事实和适用法律的问题,而且还分析了一审和二审的裁判思路。请三组发言。

(三)第三组发言

第三组:三组补充,要明确作出工伤认定的行政机关,环卫处属于用工单位,没有权力作出工伤认定,环卫处和当事人签协议,在协议中涉及工伤认定的问题,环卫处非行政机关,协议应该是无效的。工伤认定的行政机关是人力资源和社会保险局,人力资源和社会保险局是依据协议作出工伤认定,如果协议无效,工伤认定证据不充分。二审的判决依据也是双方的协议,以此类推,工伤认定及法院裁判证据都不充分。这个案件焦点是当事人是否醉酒,能认定他饮酒是有证据的,认定醉酒证据不充分,因为醉酒可以定量检测,我们认为认定醉酒和解剖关系不大。

李颖:你组也是把案件的焦点放在协议书是否有效的认定上,另外一个焦点就是醉酒问题。你组认为协议书证据证明力是不够的,又不能证明醉酒,所以法院裁判是存在错误的。

第三组:环卫处的法定职责就是申报,没有权力和当事人达成协议排除工伤认定。行政机关负有法定职责,认定醉酒证据不足,不能认定工伤。

李颖:下面请第四组发言。

（四）第四组发言

第四组：主要补充的是关于和解合法性的问题。要对和解合法性进行重点审查。

李颖：第一步是审查案件材料。

第四组：审查案件材料首先要吃透判决书。

李颖：怎样吃透判决书？

第四组：就是通过案件事实，根据裁判依据，认定是否合法。然后归纳焦点，找出实质问题。

李颖：实质问题是什么？

第四组：就是协议书的合法性，是否有法律依据，在没有违反法律禁止性规定的情形下，是否合法，这是焦点。此后根据案件实际情况，进行调查核实。

李颖：准备怎样调查核实？

第四组：询问知情人和见证人。

李颖：请展示调查方案。

第四组：调查方案应围绕饮酒事实，是否醉酒，应由相关机关来鉴定。

李颖：人死已无法鉴定。

第四组：根据医院抢救诊断来证明。

然后查找相关法律法规，准确适用法律法规得出结论。

最后是形成审查意见，同时判定法院审判人员、行政机关工作人员是否存在违法行为。

李颖：梳理四组发言，我进行补充提问。怎样审查材料更便捷有效？

学员：案件最核心的是法律关系，要总结好争议焦点。

李颖：是将判决书从头看到尾，然后先看一审，再看二审和再审，在审查顺序上是否有技巧？

学员：作为新人，应该细一点，从头到尾一项一项地提炼。如果是经验丰富的办案人员，可直接总结争议焦点。先看二审的判决，重点看法院的裁判部分，还有判决主文。把案件的主要内容掌握，再针对申诉的理由和相关证据，总结争议焦点。通过初步总结矛盾点，后续应该更细致比对，按照一审、二审顺序进行审查。

李颖：下面分享个人的办案经验。一些案件比较复杂，一个判决书 47 页，按顺序梳理无效率。先看一审效的判决、二审判决，然后看再审，而且看完判决以后再看申诉书。看判决从“本院认为”开始，因为“本院认为”就是法院的认定事实和适用法律的部分。看完“本院认为”以后，再回头看，顺序有一个颠倒，再看原告和被告的意见。再比对申诉书，进行归纳总结，梳理争议焦点。

行政案件大部分进入信访途径。案件驳回起诉和驳回诉讼请求也占四成，要重点关注。

还要关注裁判性语言，有些语言可以看出法官的内心确认无把握。如“依照相关规定，对企业法人罚没数额达到3万元以上的，工商管理部门应当依法举行听证，本案中未举行听政，属程序违法，行政行为依法应予以撤销”。如果列出法律条文，结合相关事实，通过演绎推理的方式，得出了结论，行政行为是应当予以撤销的，法官对这样判决应当是有把握的。

法院经常用“并无不当，驳回诉讼请求”，也是监督重点。如“本案中被告未在法定期限内作出拆迁裁决。本院对被告上述行为提出批评，被告应改进完善，并未对被告因为没有对原告的实体权益产生影响，驳回了原告的诉讼请求”。这些案件都是可以进行监督的。

在归纳案件焦点上，首先，要看定性问题，如，错把行政处罚案件当成行政强制案件。其次，归纳焦点是通过判决和申诉书的相关意见，归纳本案的事实问题，应该集中在是不是醉酒上。两审判决均认定醉酒，而申诉书认为本案不是醉酒，应该予以工伤认定。

在审理行政申诉案件过程中，还应关注举证责任问题。法院减少被告的举证责任，而加大原告的举证责任是错误的。法院诉讼过程违法问题，需要结合庭审笔录予以审查。本案最重要的是事实认定和法律适用问题。

关于法律检索问题，本案法律是没有的，法规有《工伤保险条例》，规章也有很多，司法解释有两个，规章和司法解释在本案中没有适用。吉林省有一个条例，内容为家属不同意解剖的不应给予工伤认定。此处涉及法律适用问题。审判思路的问题，给大家推荐的书目就是最高人民法院江必新副院长主编的《行政审判与行政执法案例选》，基本上代表法院最新的审判思路。此案还要考虑对于行政违法行为的监督。还要收集相关的案例、法学论文和理论专著。此案笔者还依据法律原则作出了抗诉的决定。

此案总结，审查此案步骤审查材料、总结焦点、法律检索、调查核实，形成案件审查意见和制作法律文书六个步骤。此案调取了某市医院的一个主治医生的证言，证明死者死前是否有醉酒表现。

归纳案件焦点包括定性问题、事实问题、法律问题、程序问题、法官违法问题和其他问题。

法律检索包括法律、法规、规章、司法解释、审判思路、政策、搜集案例、法学论文和理论专著等,要坚持穷尽原则。

在调查核实方面,要重点审查原审法院是否采信了伪证;人民法院应当调查收集的证据而没有调查收集;审判人员或执行人员可能存在贪污受贿、徇私舞弊、枉法裁判或其他违法行为。

在形成案件审查意见时,要树立以下理念:一是保证人民法院公正、及时审理行政案件;二是以解决行政争议为目标;三是保护公民、法人和其他组织的合法权益;四是监督行政机关依法行政与法院依法审判;五是坚持政治效果、社会效果和法律效果的有机统一。

结合本案价值判断所起的作用也应予以关注。死者女儿辍学,死者妻子又患有严重的糖尿病,家庭生活极端困难。当然,不能把朴素的善良心作为得出审查案件结果的依据,依据行政诉讼法的基本原则,检察监督应当把保障公民、法人和其他组织的合法权益,作为审查案件的价值判断。

同时要把解决行政争议作为监督重点,如果抗诉后,没有解决行政争议,就浪费了司法资源。

检察机关要树立监督和支持的理念,争取案件办理三个效果有机统一。检察机关和审判机关相互支持,来促进依法行政。支持法院依法审判和行政机关依法行政。案件结果是检察院给人力资源和社会保障局发了检察建议,要求行政机关进一步完善工伤认定当中证据采集和相关程序问题,起到良好的监督效果。

审查相关证据也很重要。要审查认定案件的事实是不是都有证据证明。此案认定的案件事实是醉酒,证据包括协议书和两份证人证言,都是间接证据,而且协议书的效力存在问题。还要重点审查法院对有充足证据证明的事实不予认定。有医生证人证言,是否定醉酒的最有力的证据,法院没有采信。另要审查法院举证责任分配问题。法院会减轻行政机关的举证责任。还要关注认定案件事实的证据是否充分的问题,虽然不是孤证,但证明力不足。还要审查证据的合法性、关联性、客观性。最后要考虑检察机关是否需要调取新证据,或者申诉人提供的新证据是否足以推翻原认定的事实。以上存在问题的方面,检察机关可以进行监督。

四、展示抗诉书、小组互评

(一)第一组展示和互评

1. 展示抗诉书

第一组:本院经审查认为,市法院行政判决适用法律错误,提出如下监督意见:(1)依据《工伤保险条例》第19条第2款的规定,职工或者其近亲属认为是工伤,用人单位不认为是工伤的,由用人单位承担举证责任。因此,被告方如果认为李某死亡不符合工伤认定标准,其应当承担相应的举证责任,而法院认为,应由原告承担举证责任,属适用法律错误。(2)工伤保险属于依法律规定建立的社会强制性保险,其所设立的权利及义务,不能够通过协议免除。因此,无论原告方与市环境卫生管理处签订免责协议时的真实意思表示如何,当原告方要求被告方履行保险义务时,被告方都应当履行。(3)依据《工伤保险条例》第18条的规定,提出工伤认定申请时应当提交医疗诊断证明或者职业病诊断证明,如果医疗诊断证明可以清楚判断李某的死亡原因,则尸体检验并不必要,因此市卫生管理处提出的进行工伤认定,必须进行尸体检验的说法事实上对原告方产生错误认识,二者之间签订的协议,不能体现原告方的真实意思表示。同时,入院报告记载,李某入院前,无诱因出现恶心呕吐等症状,表明饮酒非李某死亡诱因,李某的死亡诊断为上消化道出血,失血性休克,呼吸循环衰竭,弥漫性肝病脾大。而证人李某某的证言并不能够直接证明李某死亡前饮酒或者醉酒,证人罗某某的证言为传来证据。因此在本案证据不能证明李某系饮酒或醉酒引发死亡。综上所述,某市法院(2012)中行终字第2号行政判决适用法律错误,依据《行政诉讼法》第64条的规定,向你院提出抗诉,请依法再审。

李颖:进入互评阶段。互评可通过两个方面:一是论理,二是技术层面,包括体例格式。也可以得出不抗诉的结论。

2. 评价

李颖:请二组对优点点评。

嘉宾男:我组认为第一组抗诉书的格式比较规范。其抗诉书说理从以下两点进行分析:第一,对事实的认定,抗诉书抓住两个基本事实,一是在现有证据的分析上,不能证明李某系饮酒或醉酒引发死亡,抓住了案件焦点问题。第二,这份抗诉书在事实认定方面的优点,如果医院诊断证明可以清楚地判断李某的死亡原因,则尸检并不必要。尸检应当是本案的关键问题,但尸检的前提是医院的诊断是否能够足以证明他的死亡原因,也就是说其死亡之原因如果能够通过前期医疗诊断的合理性证明的话,那就不需要尸检;反之尸检是必要的。此份抗诉书概括精练。第三,在举证责任分配上有一个适用法律错误,根据《工伤保险条例》第15条第2款的规定,承担举证责任,应当是对用人单位的强制义务,那么用人单位就应当承担法律责任,法律适用问题归纳准确。

李颖:请第三组对缺点进行点评。

嘉宾男:抗诉书是制式文书,应当有文号,文号写得不准确。抗诉书的格式不准确,详略不当。抗诉格式第一部分写案件来源,这部分没有写。第二部分写案件的事实认定,是检察机关认定的事实,并不是写法院审查认定的事实,如果相同就写明和法院认定的事实一致,如果不一致,要重点写明。第三部分是诉讼过程,可以简写,重点写法院认定的事实和裁判结果。最后一部分是抗诉理由,此部分是重点,理由要详细、充分,写明法院认定事实和适用法律的错误。院印不用写,直接盖章。

李颖:非常好。请第四组来提出建设性的意见。

嘉宾男:第一是抗诉书的结论部分的表述不准确,应当表达出抗诉书的权威性,不能仅仅以意见二字进行表述。第二是事实不清和证据不足问题,要写得具体明确。

李颖:请第二组来展示抗诉书。

(二)第二组展示和互评

1. 展示抗诉书

第二组:分析本院审查认定事实,应该与一审、二审认定的部分事实一致,部分一致的事实已经在前面本文中的第二部分说明。对于抗诉书的抗诉理由从以下两点进行分析:(1)法院判决认定的事实是错误的,其认定事实是他死亡前曾饮酒以及醉酒进而引发疾病死亡,这种认定事实是错误的。对于饮酒以及醉酒的证据,前期法院采纳行政机关的两份调查笔录,再加上协议书,认为能够证明醉酒死亡,但是通过以下 3 份证据,一是李某在市医院的住院诊断,能够证明李某不是醉酒死亡,同时申请人在申请监督中又提出一个工友的证人证言,这份证人证言也证明李某发病时不是醉酒表现,另外一个比较关键的证据是医生证明李某在死亡前临床并没有醉酒的症状。3 份证据相互印证,证明力明显优于前三个证据,更能够还原案件的基本事实。

协议书需要注意的是:申请人没有法律知识,没有足够应对事故的能力,申请人申请工伤认定足以证明对协议书持反悔的态度。他签订协议书可能考虑风序良俗,考虑到保持亡者完整身体,具有一定的合理性。申请人会达成和解协议,所做妥协对案件事实的认可,不得在其后的诉讼中作为对其不利的证据。

(2)法律适用错误。现在没有充分证据证明李某系醉酒死亡,应当适用《工伤保险条例》第 15 条,而不是第 16 条。

2. 互评

李颖:请第三组对第二组抗诉书优点进行点评。

嘉宾男:二组的抗诉书主要优点是抗诉理由叙述充分具体,案件认定事实部分和法律适用部分做了详细的阐述,理由充分,适用法律正确。

李颖:请第四组对缺点进行点评。

嘉宾女:缺点是语言不够凝练,引用的证据过多过详,个别语言口语化,没有使用规范的法言法语。

李颖:请第一组提出改进性的意见。

嘉宾男:把对本院认定的事实和一审、二审分开表述,一审、二审的事实可以在抗诉书不予表述,这样表述会导致前后矛盾。另外建议,在第五页里申请人当时为达成协议作出妥协所涉及对案件事实的认可,不得其后作为对其不利的证据,应该写明法律依据。最后建议,引《行政诉讼法》第 64 条之后依法改判,对李某予以工伤认定,应该是由行政机关作出决定,司法权不能代行行政权。

李颖:这组学员也提出了检察监督职能定位的问题,监督的是行政权和审判权,但是绝对不要代行行政权和审判权。

(三)第三组展示和互评

1. 展示抗诉书

嘉宾女:本院经审查认为某州中级人民法院(2012)延中行终字第 2 号行政判决书认定事实错误,应予抗诉,理由如下:(1)市环境卫生管理处未履行法定职责,其与杨某及家属所签订的协议书无效。根据《工伤保险条例》第 17 条规定,职工发生事故伤害或者按照职业病防治法规定,被诊断鉴定为职业病,所在单位应该自事故伤害发生之日,或者被鉴定为职业病之日起 30 日内,向统筹地区社会保险行政部门提出工伤认定申请,可见自事故伤害发生之日起 30 日内,市环境卫生管理处负有法定职责,向工伤认定部门申报,李某是否构成工伤,市环境卫生管理处没有认定权,而是应当及时上报有权部门评定。本案中,市环境卫生管理处在李某事故伤害发生后的次日,同李某的亲属签订一份协议,通过一些自行收集的证据,自行认定李某醉酒的事实,私自推定李某不具备认定工伤的条件,以此推卸其所负的法定申报责任。所以,应认定市环境卫生管理处与杨某及家属所签订之协议书违法无效。

(2)李某是否醉酒是本案认定工伤的关键。根据《工伤保险条例》第 16 条的规定,醉酒后受到事故伤害的不得认定为工伤,这里明确规定是醉酒而不是饮酒,醉酒程度,是需要依照法律规定和程序进行确认的。某市人力资源和社会保障局及某中级人民法院认定李某醉酒,所依据的证据仅仅是市容环境卫生管理处同李某的亲属签订的协议中所列举的少量证据,本院认为此等证据证明李某饮酒是可以的,但绝对证明不了李某是醉酒,因为李某在事故伤害后根本没有进行过酒精浓度的检测,同时市环境卫生管理处也不能以李某亲属方不同意尸体解剖为由,而将责任推卸到李某亲属方,因为醉酒检测和尸体解剖是两回事。综上所述,市人力资源和社会保障局作出的20110501号不予认定工伤决定书,认定李某不构成工伤缺乏证据支持。某中级人民法院作出的2012延中行终字第2号行政判决同样有证据不足的问题。

(3)李某依法应当认定为工伤,《工伤保险条例》第1条规定,为了保障因工作遭受事故伤害或患职业病的职工获得医疗救治和经济补偿,促进工伤预防和职业康复,分散用人单位的工伤风险制定本条例。从此条例的立法宗旨看,作为具有认定工伤法定职责的人力资源和社会保障局,在作出工伤认定时应当依据事实和法律,最大限度地保障无恶意的劳动者和用人单位的合法权益,本案中李某发病是在工作时间内,而且是在工作岗位上,前述李某的发病没有证据证明系醉酒,发病后单位及时将其送往医院治疗,但是在病发后24小时之内经抢救无效死亡的,这完全符合《工伤保险条例》第15条第1项,关于在工作时间和工作岗位突发疾病死亡或者在48小时之内经抢救无效死亡的规定,所以应认定李某为工伤,综上所述,某中级人民法院2012延中行终字第2号行政判决书认定事实不清,证据不足,依据《行政诉讼法》第64条的规定,向你院提出抗诉,请依法再审。

2. 互评

李颖:请第四组点评优点。

嘉宾男:第一,这份抗诉书能准确概括归纳案件焦点,本案的焦点是李某是否认定为工伤的问题,抗诉书从事实认定到抗诉理由都是围绕这个焦点来展开的。第二,逻辑清晰,法律用语准确。第三,抗诉理由能够从正反两方面展开论述,第一点和第二点指出法院判决的错误之处,第三点从正面指出应当认定为工伤,也是检察机关作出抗诉的核心理由。

李颖:大家思考抗诉书是否要写出本案焦点,个人意见写明监督的要点即可,不一定非得写归纳焦点,归纳焦点是写抗诉书之前的准备,根据焦点调查取证。抗诉书可以采用正反论证的方式,逻辑清晰。

请第一组点评缺点。

嘉宾女:缺点主要有两方面:第一,文书不规范,文书要求不用写申请监督人和被申请监督人；格式上没有标页码。第二，写明予以工伤认定是代行行政权，表述不准确。

李颖：申请人还有后边的其他当事人都写其他当事人，检察机关制作文书对外代表其形象，一定要规范。请第二组提出建设性意见。

嘉宾男：提三点意见，第一点是仅仅抓住了案件的基本事实。第二点谈缺点，李某应当依法认定工伤这个表述不妥当，指出其法律适用错误即可。第三点谈疑问，说市环境卫生管理处未履行法定职责，其与杨某及其家属所签订的协议无效，其实这是有争议的问题，如果没有足够的证据表明无效的话，很有可能导致抗诉书的严谨性和权威性受损，因为协议书应该界定为两种性质，一方面是民事性质，属于双方当事人就民事赔偿问题达成一定的协议，在没有足够的证据证明这个协议是欺诈、胁迫或乘人之危，或者是其他形式所导致协议无效的情况下，不能完全认定无效。另一方面是行政性质，涉及对工伤认定，只有行政机关有这样的职责，不能通过协议形式来免除，所签订协议的无效应该更侧重于行政部分，这样表述更严谨。

李颖：一份协议部分有效，部分无效，是否矛盾？

嘉宾男：就赔偿而言如果没有足够的证据证明其无效，它就是有效的，涉及行政部分是无效的，行政机关应当行使职权，不能通过协议形式放弃。

李颖：违反法律法规强制性规定的认定为无效。

嘉宾男：还有补充，抗诉书本身逻辑关系清楚，可否再追加一个逻辑层次。用人单位提出不属于工伤，由用人单位来承担举证责任，并且由此承担举证不能风险。再有一个逻辑层次是行政机关履行职责义务不能推卸，不能片面依据某一个证据作出认定，应当全面客观地调查。

（四）第四组展示和互评

1. 展示抗诉书

嘉宾女：杨某申请检察机关监督一案，经本院审查认为某州中级人民法院2012 延中行终字第 2 号行政判决书，认定事实和适用法律错误，理由如下：

（1）杨某向市人力资源和社会保障局提交工亡认定申请的证据全面，并符合规定，市人力资源和社会保障局以杨某在提出工亡认定申请时，没有向被告提交证据为由，对工亡不予认定。经审查杨某向市人力资源和社会保障局提供：①工伤认定申请表；②与用人单位存在劳动关系的证明材料；③医疗诊断证明。依据《工伤保险条例》第 18 条的相关规定，市人力资源和社会保障局具有作出工伤行政确认的法定职责，其认定杨某未提交证据而作出不予工亡认定是错误的。

(2)现有证据不能认定李某系醉酒死亡，市人力资源和社会保障局作出对李某不予认定工亡的决定是错误的。市人力资源和社会保障局根据《工伤保险条例》第16条第2项，醉酒导致的伤亡不认定为工伤的规定，作出对李某不予认定工伤的决定，此决定的依据是罗玉某、李静某的证言及杨某与第三人环境卫生管理处签订的协议。经审查罗玉某、李静某的证言均系间接证据，同时李静某的证言证明，杨某发病时无醉酒表现，市医院主治医生证言证明杨某临床没有醉酒症状，医院的死亡诊断结论：消化道出血，失血性休克，呼吸循环衰竭，弥漫性肝病脾大。综合以上症状应当认定李某发病前无醉酒事实。

市人力资源和社会保障局具有认定工伤法定职责，在不能证明杨某死亡前醉酒的情况下，应当尊重客观事实，本着保障劳动者权益的原则作出工亡的认定，因此对李某不予认定工亡的决定是错误。

综上，某州中级人民法院2012延中行终字第2号行政判决书，认定事实和适用法律错误，依据《行政诉讼法》第64条规定，向你院提出抗诉，请依法再审。

2. 互评

李颖：请第一组点评优点。

嘉宾女：第一，从结构上，这份抗诉书基本符合最高人民检察院最新的文书规范；第二，从语言上，该份抗诉书叙述较流畅，语言较规范，体现了抗诉书的专业性。第三，从诉讼过程的叙述上，将二审的诉讼过程进行概括，制作抗诉书详略得当。第四，最为突出的是抗诉理由准确充分，从证据认定的角度直指法院认定的事实错误。

李颖：请第二组点评缺点。

嘉宾男：第一，论证不是很充分，梳理性不强。第二，论证的逻辑有问题。论证说理不具体。

李颖：在监督法院层面主要是认定事实和适用法律问题，层次要分明。相关的证据要具有关联性，不要说此证据论证彼事实。请第三组提出创新性建议。

嘉宾男：在这个表述当中用到一个词叫工亡，不准确。

李颖：各组都认为应当抗诉，是否有认为不应该抗诉？请说明理由。《吉林省实施〈工伤保险条例〉办法》规定，如果家属拒绝检测的，可以不予认定工伤，大家对这个法律适用提出意见。

嘉宾男：根据《吉林省实施〈工伤保险条例〉办法》第11条的规定，必须有充分的证据能够证明是醉酒和吸毒，针对本案，通过前期的证据评判，没有证据显示他是醉酒,所以本案如果适用也不矛盾,和《工伤保险条例》整体也是一致的。

李颖:吉林省的办法属于规章,从法律、行政法规,然后地方政府法规到规章是有层级的,在适用法律上有一个原则,就是下位法一定要服从上位法,如果下位法做了一些扩大性的解释,解释不符合《工伤保险条例》的原则,不要适用下位法。《行政诉讼法》规定法院可以对规范性文件进行附带审查,如果检察机关有充分的证据证明条文不符合立法宗旨,可以向省政府的相关法制部门提出检察建议,建议对法律条文作出具体的解释或者进行修改。

抗诉书代表检察院的形象,文书已经上网,在网上如果暴露错字连篇,格式不对,影响检察机关的公正形象。在抗诉中对于事实认定和法律适用等相关部分做了非常详尽的论证,当事人也服气,不会对检察机关进行闹访,起到服判息诉、维持稳定的作用。行政检察工作比较薄弱,通过呈现非常精美的行政抗诉书,增强民众对行政检察工作的了解,对于法院的审判权和行政机关的行政权可以进行监督,老百姓更信任检察机关,能提供更多案件线索。制作好的法律文书也是检察官必备的能力,推动检察官职业化建设。

五、教师总结

在制作法律文书的过程中,文书说理方面存在一些问题,抗诉的依据表达不太准确,对事实部分的陈述过多,对于法律的原理条文陈述很少,没有法律条文和原理作为支撑,得不到法院的支持。引用条文不充分、不恰当,说此事却引用彼条文,在事实和引用法律条文之间没有关联性。还存在语言不规范、不恰当、倾向申诉人的色彩比较浓重的情况。

在技术层面,文书文号要准确,在标题中的检察院名称和最后的院印一致。成文日期和印章的使用也要规范。对于人民法院的称谓应该写人民法院的全称,可以用一审、二审和再审代替,“我院”要一律改成“本院”。在4份抗诉书中出现的问题就是法律援引方面没有列明条款项目,也没有遵照先引用上位法再引用下位法的顺序,还出现了文字排版的问题。

制作高标准的抗诉书:一是依法制作,突出主旨。二是要遵循格式,要素完备。三是叙事清楚,焦点明确。四是分析论证,有理有据。五是语言精练,内容准确。

本案涉及法律原则的应用。要考虑到立法者的立法原则,行政诉讼法中也不否认适用法律原则来审理案件。我的抗诉意见是这样写的:“某市人力资源和社会保障局在作出是否予以工伤认定决定书时,应遵循依法和保障人权的原则,根据《工伤保险条例》第1条，为了保障因工作遭受事故伤害或患职业病的职工获得医疗救助和经济补偿，促进工伤预防和职业康复，分散用人单位的工伤风险，制定本条例。作为具有认定工伤法定职责的人力资源和社会保障局，在作出工伤认定是应当依据事实和法律，最大限度地保障无恶意劳动者和用人单位的权益。在没有证据证明李某死亡前饮酒醉酒的情况下，死者家属不同意进行尸检，要求保持亡者身体的完整性具有一定的合理性，市人力资源和社会保障局应当尊重事实的基础上，本着保障死者和用人单位权益的原则作出是否工伤认定。”

此案件抗诉后，省法院提审，作出责令行政机关重新作出行政决定的判决。人力资源和社会保障局也重新作出行政决定，把不予工伤认定的决定撤销，重新作出予以工伤认定的决定，死者的家属杨某及其女儿得到39万余元的社会保险金，切实解决了他们的生活困难。某市检察院又对某市人力资源和社会保障局发出检察建议，规范在工伤认定过程中的证据采信和调查的程序问题，有效地促进行政机关依法行政。省、州、市三级检察院联动，帮助辍学的女儿进入职校，同时也帮助其妻子大病保险的办理工作，此案体现了政治效果、社会效果和法律效果三者有机统一。使我深切感受到作为一名行政检察干警的职业价值感，希望在未来的工作中办更多精品案件。